해양안전심판 실무

The Practice and Procedure of the
Maritime Safety Tribunal

이정훈

박영사

머리말

해양안전심판원은 해양사고에 대한 조사와 심판을 통해 해양사고의 원인을 규명하고 재결로써 그 결과를 명백히 하는 해양수산부 소속 행정기관이다.

이 책은 저자가 해양안전심판원 심판관으로 근무하면서 나름대로의 체계를 세워 「해양사고의 조사 및 심판에 관한 법률」과 관련된 법적 쟁점과 해양안전심판에 대한 재결취소소송 판례를 정리한 책이다.

그간 해양안전심판에 관하여 전문적으로 다룬 서적이 없었고, 심판관, 심판서기, 심판변론인, 변호사 등 해양안전심판 관계자들이 해당 규정과 판례를 모두 찾아서 연구하는 것은 쉽지 않은 일이므로, 관계자들이 해양안전심판 절차를 보다 쉽게 이해하고 실제 사례를 통하여 해상교통법이 적용되는 과정을 이해할 수 있도록 도움이 되고자 집필을 시작하게 되었다. 본업 후 저녁이나 주말을 이용하여 집필을 하는 과정에서 처음에 계획한 내용을 모두 담지는 못하였으나, 부족한 부분은 차후 보충해 나갈 것을 약속드린다.

본서의 특징은 다음과 같다.

첫째, 「해양사고의 조사 및 심판에 관한 법률」을 기초로 하여 그 하위 법령에 이르기까지 단순한 법령의 해석에 그치지 않고 실무에서 문제되는 법적 쟁점을 다루었으며, 법원 판결이 있는 경우에는 해당 사례를 모두 소개하고자 노력하였다.

둘째, 1963년 중앙해난심판위원회(현 중앙해양안전심판원)가 발족한 이래 1965년부터 2018년까지의 대법원 및 대전고등법원 판례를 모두 분석하여 정리하였으며, 대부분의 판례에 간략한 해설을 달아 해양안전심판 절차를 이해하는 데 도움이 되고자 하였다.

셋째, 해양안전심판의 실무지침서를 지향하는 이 책의 특성상 가급적 실무적으로 정착된 내용을 위주로 설명하되, 추가논의가 필요한 쟁점은 법령과 판례, 재결례를 바탕으로 의문점을 해결할 수 있도록 노력하였다.

넷째, 사실관계 설명이 필요한 부분에서는 중앙해양안전심판원 재결서의 내용을 함께 언급하여 재결서를 찾아보지 않더라도 이해가 가게끔 정리하였다.

본서가 나오기까지 많은 분들의 도움이 있었다. 본서를 작성할 수 있도록 물심양면으로 지원해주신 인천지방해양안전심판원 김해광 원장님, 오랜 승선경험으로 항해실무에 대해 조언해주신 박철 심판관님, 김철홍 수석조사관님께 감사의 말씀을 올리며, 어려운 출판여건 속에서도 상업성 없는 전문서적의 출판을 결정해주신 박영사와 편집·교정을 해주신 나경선 편집위원님께도 깊이 감사드린다. 늘 함께 해준 가족에게 사랑한다는 말과 함께 이 기쁨을 나누고 싶다.

이 책이 해상교통법을 공부하는 학생과 해상교통법을 실무에 활용하는 실무가들에게 유용한 자료로 활용되어 사고 없는 안전한 바다를 만들어 가는 데 조금이라도 도움이 되기를 기원해본다.

2019. 10.
이 정 훈

1. 이 책은 실무가의 입장에서 「해양사고의 조사 및 심판에 관한 법률」 및 관련 법령의 판례, 재결례 및 실무를 정리한 것이고, 그 내용이 해양안전심판원의 공식견해를 나타내는 것은 아니다.

2. 이 책에서 인용한 법령의 표기방법은 다음과 같다.
   가. 조문만 표기한 것은 「해양사고의 조사 및 심판에 관한 법률」의 해당 조문을 가리킨다.
   나. 자주 쓰이는 법령명은 다음과 같이 약칭하였다.
      ① 국제규칙: 1972년 국제해상충돌예방규칙(International Regulations for Preventing Collisions at Sea, 1972)
      ② 해심법: 해양사고의 조사 및 심판에 관한 법률
      ③ 선박입출항법: 선박의 입항 및 출항 등에 관한 법률

3. 기관명칭은 다음과 같이 약칭하였다.
   중앙해양안전심판원 → 중앙해심 또는 중앙심판원
   부산지방해양안전심판원 → 부산해심
   인천지방해양안전심판원 → 인천해심
   목포지방해양안전심판원 → 목포해심
   동해지방해양안전심판원 → 동해해심

차 례
CONTENTS

제 1 장　해양안전심판 일반론

제 2 장   해양안전심판의 심판관계자

제 3 장　제1심 심판

제 4 장　제2심 심판 및 집행

제 5 장   재결취소소송

제 6 장 주요 판결 및 재결례

제1장

해양안전심판 일반론

제 1 절 해양안전심판 제도

해양안전심판은 내수면이나 바다에서 선박의 운용과 관련하여 발생한 각종 해양사고에 대하여 심판이라는 준사법적인 절차를 통하여 사고발생 원인을 밝히고, 재결로써 공시함으로써 유사한 사고의 재발방지에 기여하는 특별행정심판이다.

「해양사고의 조사 및 심판에 관한 법률(이하 '해심법'이라 한다)」은 제1조(목적)에서 "이 법은 해양사고에 대한 조사 및 심판을 통하여 해양사고의 원인을 밝힘으로써 해양안전의 확보에 이바지함을 목적으로 한다"고 규정하여 해양안전심판의 목적이 해양안전의 확보에 있음을 밝히고 있다.

우리나라는 1961. 12. 6. 일본의 「해난심판법」과 유사한 「해난심판법」을 제정·공포함으로써 1962. 12. 27. 서울에 '중앙해난심판위원회'가 설치되었고, 이어 부산, 인천 및 목포에 '지방해난심판위원회'가 설치되어 운영되어 오다가 '해난심판원'으로 명칭이 바뀌었으며, 1985년 '동해지방해난심판원'이 설치되었다.

1999. 2. 5. 「해난심판법」이 「해양사고의 조사 및 심판에 관한 법률」로 개정됨에 따라 1999. 8. 6.부터 '해난심판원'의 명칭이 '해양안전심판원'으로 바뀌었다.[1)]

---

1) 1999. 2. 5. 「해난심판법」을 「해양사고의조사및심판에관한법률」로 제명을 개정하면서 일본식 용어도 함께 바뀌었다. 대표적인 것으로는 ① 해난 → 해양사고, ② 해난심판원 → 해양안전심판원,

제 2 절 해양안전심판원

Ⅰ. 심판원의 기능

해양안전심판원은 해양사고의 조사와 심판에 관한 국가사무를 담당하기 위하여 해양수산부장관 소속하에 설치된 특별행정관청이다(제3조).

해양안전심판원은 해양사고의 원인을 밝히고 재결로써 그 결과를 명백하게 하고(제5조 제1항), 해기사·도선사의 직무상 고의·과실에 의하여 해양사고가 발생된 경우에는 이들을 징계하며(제5조 제2항), 해기사·도선사가 아닌 사람이 원인행위를 한 경우에는 시정·개선을 권고 또는 명령하거나(제5조 제3항) 해양사고관련자가 아닌 행정기관이나 단체에 대하여 해양사고를 방지하기 위한 시정 또는 개선조치를 요청(제5조의2)하는 방법으로 해심법의 목적을 구체화시키는 기능을 하고 있다.

해양안전심판원은 해양사고의 조사·심판 및 통계에 관한 공신력 있는 유일한 국가기관으로 자리 잡았으며, 근래에 이르러 사법기관과 보험사 등에서는 해양사고에 대한 민사 및 형사사건 처리와 보험금 지급 등에서 해양안전심판원의 재결서를 상당수 원용하고 있어 그 중요성과 책임이 날로 커지고 있다.[2]

해양안전심판이 가지는 장점으로는, ① 해양사고의 원인을 밝히기 위한 사실의 인정은 모두 증거에 의하여 증명되어야 하는 점(제50조 증거심판주의), ② 심판은 공개된 심판정에서 구술변론에 의하여 심리가 이루어지는 점(제41조 공개심판주의, 제45조 구술변론주의), ③ 심판원은 관계자가 제출한 증거에 구애받지 아니하고 해양사고의 진상을 규명하여야 하는 점(제48조), ④ 심판관의 신분이 법률에 의해 보장되고, 독립하여 심판직무를 수행하는 점(제12조 심판직무의 독립) 등이 있다.

단점으로는 조사 및 심판절차를 거쳐 재결이 이루어지기까지 수개월의 시

---

③ 수심인 → 해양사고관련자, ④ 해사보좌인 → 심판변론인, ⑤ 참심원 → 비상임심판관 등이 있다.

2) 정재용·나송진, "해양사고 조사·심판제도의 비교연구", 한국항해항만학회지 제27권 제2호, 2003, 129면.

일이 소요되는 것이다.3) 개별 사건의 난이도가 다양하고, 해양사고의 특성상 증거가 소멸되거나 불충분한 사건이 많으며, 해양사고 발생건수의 증가에 비해 인력이 확충되지 않아 조사·심판이 지연되는 측면이 있다.4)

Ⅱ. 심판원의 조직

심판원은 중앙해양안전심판원(이하 '중앙심판원')과 지방해양안전심판원(이하 '지방심판원')의 2종이 있다(제8조). 지방심판원은 제1심 심판을 하고, 중앙심판원은 제2심 심판을 한다(제21조). 조직도는 아래와 같다.

해양안전심판원 조직도(법 제8조 제1항, 시행령 제2조 제2항)

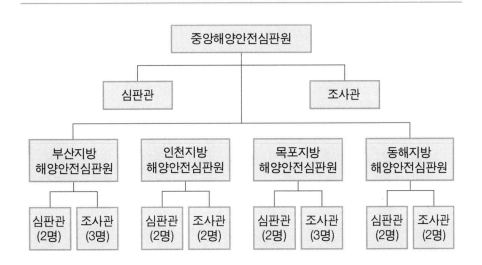

★ 지방해양안전심판원: 원장(고공단), 심판관(4급) 2명, 수석조사관(4급) 1명, 조사관(5급) 1~2명 근무

---

3) 행정심판의 재결기간은 심판청구서를 받은 날부터 60일 이내에 하여야 하지만(행정심판법 제45조 제1항), 해양안전심판의 재결기간은 법정되어 있지 않다. 심판횟수 및 심판계류일수에 관한 통계자료는 [참고자료 7] 5~6번을 참고하길 바란다.

4) 조사관은 해양사고의 조사, 심판의 청구, 심판관여, 재결의 집행 등을 담당하며(제17조), 그 밖에도 해양사고 통계의 종합·분석, 해양사고 사건의 현장검증, 해양사고에 대한 국제공조, 해양사고 법규자료의 수집 등 매우 다양한 업무를 수행하고 있다(시행령 제17조의3).

Ⅲ. 외국의 조사·심판기관

외국제도와 비교하면, ① 일본에는 국토교통성 소속 운수안전위원회(JTSB: Japan Transport Safety Board)와 해난심판소(JMAT: Japan Marine Accidents Tribunal)가, ② 영국에는 해양사고조사부(MAIB: Marine Accident Investigation Branch)와 해사연안경비청(MCA: Maritime Coast Agency)이, ③ 미국에는 국가교통안전위원회(NTSB: National Transportation Safety Board)와 해양경비대(USCG: United States Coast Guard)가, ④ 호주는 호주교통안전국(ATSB: Australian

일본 해난심판소 조직도[5]

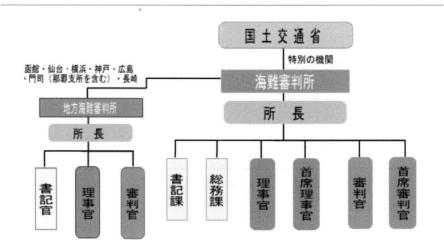

※海難審判所(中央)は、東京に置かれ、「重大な海難」を取り扱います。

※地方海難審判所は、函館、仙台、横浜、神戸、広島、北九州(門司区)、長崎に置かれ、那覇には門司の支所が設けられ、それぞれの管轄区域において発生した海難(重大事件を除く。)について審判を行います。

重大な海難とは…
●旅客のうちに、死亡者若しくは行方不明者又は2人以上の重傷者が発生したもの
●5人以上の死亡者又は行方不明者が発生したもの
●火災又は爆発により運航不能となったもの
●油等の流出により環境に重大な影響を及ぼしたもの
●次に掲げる船舶が全損となったもの
　◆人の運送をする事業の用に供する13人以上の旅客定員を有する船舶
　◆物の運送をする事業の用に供する総トン数300トン以上の船舶
　◆総トン数100トン以上の漁船
●前各号に掲げるもののほか、特に重大な社会的影響を及ぼしたと海難審判所長が認めたもの

Transport Safety Bureau)이, ⑤ 중국은 전담조직이 없어 교통부 해사국이 각각 해양사고를 조사·처리하고 있다.

특히, 일본은 사고의 경중으로 심판기능을 나누어 동경해난심판소가 중대한 해난사고[6]를, 지방해난심판소가 관할 구역 내에서 발생한 일반 해난사고를 담당하고 있다.

Ⅳ. 소관 법령

해양안전심판원의 소관 법령은 다음과 같다.

구분	명칭	제·개정일
법령	해양사고의 조사 및 심판에 관한 법률	제정 : 1961. 12. 6. 개정 : 2018. 12. 31.
	해양사고의 조사 및 심판에 관한 법률 시행령	제정 : 1962. 4. 3. 개정 : 2014. 9. 18.
	해양사고의 조사 및 심판에 관한 법률 시행규칙	제정 : 1988. 7. 5. 개정 : 2017. 3. 15.
훈령	해양사고의 조사 및 심판에 관한 법률 사무처리요령	제정 : 1988. 10. 18. 개정 : 2019. 8. 12.

---

5) http://www.mlit.go.jp/jmat/profile/sosiki/sosiki.htm (2019. 6. 30. 방문)
6) 일본 해난심판소가 열거하는 '중대한 해난'은 다음과 같다.
   중대한 해난이란…
   - 여객 중, 사망자 또는 행방불명자 또는 2인 이상의 중상자가 발생한 사건
   - 5인 이상의 사망자 또는 행방불명자가 발생한 사건
   - 화재 또는 폭발에 의한 운항불능 사건
   - 기름의 유출에 의하여 환경에 중대한 영향을 끼친 사건
   - 아래 해당하는 선박이 전손이 된 경우
     1. 사람을 운송하는 사업에 사용되는 여객정원 13인 이상의 선박
     2. 물건을 운송하는 사업에 사용되는 총톤수 300톤 이상의 선박
     3. 총톤수 100톤 이상의 어선
   - 전 각호에 언급한 사건 이외에도, 특히 중대한 사회적 영향을 끼친 것으로 해난심판소장이 인정한 사건

예규	해양사고 조사업무 처리지침	제정 : 2006. 10. 1. 개정 : 2013. 12. 19.	
	해양사고 특별조사부 운영지침	제정 : 2013. 12. 19.	
	재결평석위원회의 운영규정	제정 : 2011. 12. 30. 개정 : 2016. 7. 21.	
	해양안전심판원 심판관·조사관 연수교육 운영 지침	제정 : 2015. 11. 2. 개정 : 2019. 1. 7.	
	해양사고관련자 징계량 결정 지침	제정 : 2006. 10. 31. 개정 : 2016. 6. 27.	
고시	해양사고의 조사 및 심판에 관한 법률의 적용대상이 아닌 수상레저기구	제정 : 2002. 3. 30. 개정 : 2016. 6. 27.	
지침	충돌사고 원인 제공 비율 산정 지침	제정 : 2007. 1. 1. 개정 : 2017. 7. 9.	

제 3 절 해양안전심판원의 관할

Ⅰ. 사고발생장소에 따른 관할

심판에 부칠 사건의 관할권은 해양사고가 발생한 지점을 관할하는 지방심판원에 속한다. 다만, 해양사고 발생지점이 분명하지 아니하면 그 해양사고와 관련된 선박의 선적항을 관할하는 심판원에 속한다(제24조 제1항).

지방심판원은 총 4곳(부산, 인천, 목포, 동해)이 있으며, 관할구역은 아래와 같다(시행령 제2조).

국내에서 발생한 사건의 관할(법 제8조 제3항, 시행령 제2조 제2항)

국외에서 발생한 사건의 관할(법 제24조 제5항, 시행령 제2조 제2항)

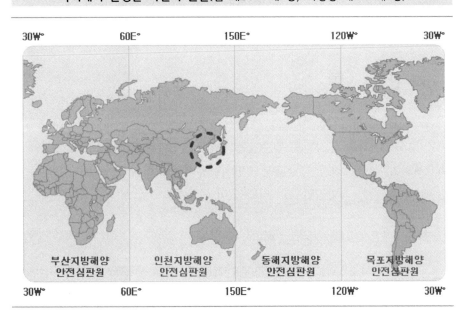

Ⅱ. 사건의 병합

하나의 선박에 관한 2개 이상의 사건이 2곳 이상의 지방심판원에 계속되었을 때에는 최초의 심판청구를 받은 지방심판원이 심판한다(제24조 제3항).

하나의 선박에 관한 2개 이상의 사건을 심판하는 지방심판원은 필요하다고 인정하는 때에는 직권으로 또는 조사관, 해양사고관련자나 심판변론인의 신청에 따라 결정으로 그 심판을 분리하거나 병합할 수 있다(제24조 제4항).

과거에는 하나의 선박에 관한 2개 이상의 사건은 의무적으로 병합하도록 규정하였으나, 2018. 12. 31. 해심법 개정으로 반드시 병합심판할 필요는 없다(제24조 제4항).[7]

Ⅲ. 사건의 이송

지방심판원은 사건이 자기 관할이 아니라고 인정할 때에는 결정으로써 이를 관할 지방심판원에 이송하여야 하는데, 이송을 받은 지방심판원은 다시 사건을 다른 지방심판원에 이송할 수 없으며, 이송된 사건은 처음부터 이송을 받은 지방심판원에 계속된 것으로 본다(제25조).

Ⅳ. 관할의 이전

조사관이나 해양사고관련자는 해양사고관련자가 관할 지방심판원에 출석하는 것이 불편하다고 인정되는 경우에는 중앙심판원에 관할의 이전을 신청할 수 있다(제26조 제1항). 신청인은 관할 지방심판원에 신청서를 제출하여야 하며, 이를 제출받은 관할 지방심판원은 지체 없이 중앙심판원에 보내고, 중앙심판원은

---

7) 해양사고의 조사 및 심판에 관한 법률(법률 제16164호, 2018. 12. 31. 일부개정) 제정·개정이유 참조.
　"나. 동일선박 2개 이상 사건의 병합여부에 대한 판단 규정의 정비(제24조 제4항)
　현행법에서는 동일선박 2개 이상 사건에 대해 의무적으로 병합하도록 규정하고 있으나, 해양사고관련자 또는 심판변론인의 신청이나 심판원의 직권에 의하여 결정으로써 사건의 병합 또는 분리 심판 여부를 심판부에서 판단하도록 함."

관할 이전 신청이 있는 경우로서 심판상 편의가 있다고 인정할 때에는 결정으로 관할을 이전할 수 있다(제2항).

이러한 관할이전 신청은 ① 심판정에서 해당 사건에 대하여 이미 진술한 경우 또는 ② 심판불필요처분(審判不必要處分)이 올바른지에 대한 심판이 신청된 경우에는 할 수 없다(시행령 제3조 제2항).

중앙심판원은 관할 이전의 결정을 하였을 때에는 결정서의 정본을 원(原) 관할 지방심판원을 거쳐 그 신청인에게 송달하여야 하고, 지체 없이 새로 그 사건을 관할하는 지방심판원에 알려야 하며, 원 관할 지방심판원은 중앙심판원의 결정이 있을 때에는 그 사실을 관할 이전의 신청을 한 자 외의 조사관 및 해양사고관련자에게 알려야 한다(시행령 제6조).

제 4 절 해양안전심판원의 심판권 및 징계권

Ⅰ. 개   관

해심법은 국내·국외에서 발생한 해양사고에 대한 관할권을 규정하나(제8조 제3항, 제24조 제5항), 외국적 선박이 일으킨 모든 해양사고에 대하여 심판원이 심판권을 갖는 것은 아니다. 이와 관련하여, 외국적 선박의 해양사고에 대하여 심판원이 어느 범위까지 심판권을 갖는지 여부가 문제된다.

또한, 외국적 선박에 대한 심판권이 인정되더라도, 그 선박에 승선한 해기사에 대한 징계권이 있는지는 별개의 문제이다. 특히 한국·외국적 선박에 승선한 외국인 해기사나 외국적 선박에 승선한 한국인 해기사에 대한 징계권 존부가 문제된다.

Ⅱ. 외국적 선박의 해양사고에 대한 심판권 존부

해심법에는 '조사 및 심판의 대상이 되는 선박'을 구체적으로 명문화한 규정이 없다. 다만, 사무처리요령 제22조는 '비해당사건'으로 처리해야 하는 사건 중 하나로 '한국영해 밖에서 한국선박과 관련 없는 외국적 선박의 해양사고'를 규정한다(제22조 제1항 제1호).[8)]

따라서 영해 내에서 발생한 외국적 선박의 해양사고, 영해 밖에서 한국선박과 관련 있는 외국적 선박의 해양사고 등에 관하여는 일응 심판권이 인정될 수 있다.

중앙해심은 공해에서 발생한 외국적 선박의 한국인 선장이 선박을 침몰시킨 사고와 관련하여, '선장이 행사한 면허가 외국면허이므로 그 면허를 징계할 수 없더라도, 해양사고의 원인을 규명하기 위한 심판권'이 있다고 판단한 바 있다(중앙해심 제2014–006호).

❖ 중앙해심 제2014-006호

① 공해에서 선장 A(한국인, 캄보디아 해기사면허 행사)가 캄보디아 선적의 선박을 운항하다가 침몰시켜 선원 2명(한국국적, 캄보디아 해기사면허 행사)이 사망한 사건이 발생하였다.

② 부산해심은 "이 침몰사건은 선박이 캄보디아 선적이고 선박소유자도 외국의 법인이므로 심판권이 없어 기각한다"고 재결하였다(부산해심 제2013–042호).

③ 그러나 중앙해심은 선장 A의 면허를 징계할 수 없지만 해양사고의 독립적인 조사·심판은 가능한 것이므로 해양안전심판원의 심판권이 있다고 판단하고, 부산해심의 재결을 파기·환송하였다(중앙해심 제2014–006호).[9)10)]

---

8) 참고로, 「항공·철도 사고조사에 관한 법률」 제3조는 사고조사 적용범위를 규정하고 있다. 해양안전심판의 경우에도 법률에 적용범위 조문을 마련하는 것이 바람직하다고 보인다.

9) 중앙해심 제2014-006호
"이 침몰사건의 경우 사고발생장소가 공해이고, 선박의 기국은 캄보디아 왕국이며, 선장을 포함한 선원 중 3명의 국적이 대한민국이고 그 중 2명이 사망하였으며, 선장 및 선원들이 행사한 해기사 면허를 발급한 국가가 캄보디아 왕국인 점 등을 종합하면 이 침몰사건에 대한 IMO 해양사고조사 코드에 의한 조사는 사고선박의 기국인 캄보디아 왕국이 수행하고 당해 조사에 관한 보고서를 발행하는 의무가 있다 할 것이고, 대한민국은 주요 이해당사국(Substantially Interested State)으로서 그 해양사고의 조사에 참여·협력하여야 할 의무가 있는 것으로 볼 수 있으며, 선원에 대한 형사책임을 위한 절차로서의 조사는 대한민국 사법당국이 제기할 수 있다고 볼 수 있고, <u>선원들이</u>

❖ 공해에서 발생한 충돌사고에 대한 형사재판관할권 존부

1. 개 요

1927년 상설국제사법재판소(PCIJ)는 이른바 'Lotus 사건'[11]에서 가해국과 피해국 관할권의 경합을 인정하였으나, 1958년 공해에 관한 제네바협약 제11조 및 1982년 유엔해양법협약 제97조에서 가해선 기국에만 형사·징계의 관할권을 인정하여 오늘에 이르고 있다.

2. 관련 법령 및 판례

가. 해양법협약 제97조 제1항

"공해에서 발생한 선박의 충돌 또는 선박에 관련된 그 밖의 항행사고로 인하여 선장 또는 그 선박에서 근무하는 그 밖의 사람의 형사책임이나 징계책임이 발생하는 경우, 관련자에 대한 형사 또는 징계절차는 그 선박의 기국이나 그 관련자(가해자)의 국적국의 사법 또는 행정당국 외에서는 제기될 수 없다."[12]

나. 2015년 헤밍웨이호 충돌사건 [부산지법 2015. 6. 12. 선고 2015고합52 판결, 부산고법 2015. 12. 16. 선고 2015노384 판결(확정)]

2015. 1. 16. 부산 수영구 민락동 동방 10마일 해상(공해)에서 라이베리아 국적 컨테이너선 헤밍웨이호(54,271톤)가 우리나라 어선 건양호(4.97톤)와 충돌하여 건양호 선원 2명 사망, 선박침몰, 연료유 유출 등의 사고가 발생하였다. 검찰은 헤밍웨이호 선원 2명을 특가법위반(선박교통사고도주), 업무상과실선박매몰, 해양환경관

행사한 면허를 발행한 국가가 캄보디아 왕국이므로 대한민국 행정당국이 그 면허의 행사에 대한 징계를 위한 절차를 제기할 수 있다고 보기는 어려울 것이나, 면허의 행사에 대한 징계를 위한 절차가 아닌 한 대한민국의 주권이 미치는 대한민국 국민이 관련된 해양사고에 대한 독립적인 조사·심판이 제한되거나 금지되는 근거는 어디에서도 찾아볼 수가 없음을 알 수 있으며, 대한민국의 「해양사고의 조사 및 심판에 관한 법률」 규정에 의한 해양사고 조사·심판의 목적은 '해양사고의 원인을 밝힘으로써 해양안전의 확보에 이바지함'이지 해양사고관련자의 징계가 아닌 사실은 법의 목적(「해양사고의 조사 및 심판에 관한 법률」 제1조)으로 명확히 하고 있음을 알 수 있다.

그렇다면 제1심 심판부가 심판권이 없다는 이유로 조사관의 심판청구를 기각한 것은 「해양사고의 조사 및 심판에 관한 법률」 제52조 규정의 적용에 관한 법리를 오해하여 법령 적용을 잘못하였다 할 것이므로 제2심 청구이유에 관한 판단을 생략한 채 제2심 관여 심판관의 일치된 의견으로 제1심 재결을 파기하고 사건을 다시 심리·판단하게 하기 위하여 제1심 재결 심판원인 부산지방해양안전심판원에 환송하기로 한다."

10) 당해 침몰사건은 ① 부산해심 제2013-042호(심판청구 기각), ② 중앙해심 제2014-006호(파기·환송), ③ 부산해심 제2014-056호(본안판단)의 순으로 진행되었다.

리법위반의 점으로 부산지방법원에 기소하였다. 그러나 부산지법과 부산고법은 모두 '해양법협약 제97조 제1항에 따라 가해선박의 기국 또는 가해자의 국적국만이 관할권을 가지므로 우리나라는 이 사건 재판관할권을 가지지 않는다'고 판단하였다 (다만, 연료유 유출에 따른 해양환경 오염에 대하여만 관할권을 인정하여 벌금형 선고).

○ 해설

위 대상판결 및 해양법협약 제97조는 마치 '중앙해심 제2014－006호' 재결과 배치되는 것처럼 보일 수 있다. 우리나라 법원에 형사재판을 진행할 관할권이 없다고 판단하였기 때문이다.

그러나 위 중앙해심 재결은 '심판원에게 해양사고원인을 규명할 심판권이 있다'는 것일 뿐, 해기사에 대한 징계절차를 진행하겠다는 것은 아니므로 대상판결과 반드시 배치된다고는 볼 수 없다. 이는 해양안전심판이 징계절차인 동시에 해양사고의 원인을 밝히는 절차인 점에서 기인한다.[13]

---

11) The Case of the S.S. "Lotus", PCIJ Reports(1927).

　　1926년 프랑스 우편선 Lotus호와 터키 석탄운반선 Boz-Kourt호가 충돌하여 터키 선박은 침몰하고 그 선박 내에 승선하고 있던 터키선원 8명이 사망한 사건이다. 터키 당국은 Lotus호가 터키항에 입항하자 1항사인 프랑스인 Demon 대위를 과실치사 혐의로 기소하였고, 프랑스 당국은 이러한 터키 당국의 조치에 강력히 항의하여 양국정부는 상설국제사법재판소(PCIJ)에 터키의 관할권 존부 판단을 의뢰하였다. PCIJ는 터키의 관할권 행사를 금지하고 있는 국제법의 존재는 입증되지 않는다고 판단하여 터키의 관할권을 인정하였다. Lotus 판결 이후 피해선박의 기국으로부터 보복적 재판을 받을 수 있다는 우려로 판결에 반대하는 운동이 전개되어, 1958년 공해에 관한 제네바협약 제11조에 '공해상 선박충돌 사건의 경우 기국이나 가해자 국적국 이외에는 재판권이 없다'고 규정하기에 이르렀고, 이후 동일한 내용이 1982년 유엔해양법협약 제97조에도 규정되었다.

12) "1. In the event of a collision or any other incident of navigation concerning a ship on the high seas, involving the penal or disciplinary responsibility of the master or of any other person in the service of the ship, no penal or disciplinary proceedings may be instituted against such person except before the judicial or administrative authorities either of the flag State or of the State of which such person is a national."

13) 원인규명재결만 있는 재결로는, 중앙해심 제2015-009호, 중앙해심 제2018-007호.

Ⅲ. 외국인 해기사에 대한 징계권 존부

1. 외국적 선박에 승선한 외국인 해기사

외국적 선박이 우리나라 영해 내 또는 영해 밖에서 한국선박과 관련된 해양사고를 일으킨 경우 심판원에게 심판권이 있을 수 있다(제8조 제3항, 제24조 제5항, 사무처리요령 제22조 제1항 제1호). 그러나 외국적 선박에 대한 심판권이 있다고 하더라도, 그 선박에 승선한 해기사에 대한 징계권이 있는지는 별개의 문제이다.

심판원은 외국 해기사면허를 징계할 권한이 없으므로, 외국인 해기사를 '면허행사 해양사고관련자'로 지정할 수 없다. 해심법상 '일반 해양사고관련자'로 지정하는 것은 가능하나, 외국인 해기사에 대한 시정권고의 실익이 없다고 보아 권고재결을 하지 않은 중앙해심 재결이 있다(중앙해심 제2014-013호, 중앙해심 제2015-012호).

> ❖ 중앙해심 제2014-013호
>
> "해양사고관련자 A(중국국적 선장)의 이러한 행위에 대하여는 「해양사고의 조사 및 심판에 관한 법률」 제5조 제3항의 규정에 따라 시정할 것을 권고하여야 하나, 외국인으로 권고의 실익이 없어 권고하지 아니한다."

2. 한국선박에 승선한 외국인 해기사

한국선박에 승선한 외국인 해기사의 경우, 우리나라에서 해기사면허를 부여받지 않았으므로 그 면허를 징계할 수 없다. 이에 외국인 해기사의 승무자격을 정지한 지방심판원 재결이 있다.

> ❖ 부산해심 제2018-012호
>
> "이 충돌사건은 기상악화로 B선박이 주묘되면서, 정박 중인 C선박을 피하지 못

하여 발생한 것이다. 해양사고관련자 A(2등항해사, 인도네시아 국적)의 승무자격을 1개월 정지한다."

○ 해설

한국선박의 선박직원이 되려는 사람은 해양수산부장관으로부터 해기사면허를 발급받아야 한다(선박직원법 제4조 제1항). 다만, 외국의 해기사 자격을 가진 사람은 해수부장관으로부터 '승무자격증'을 발급받아 한국선박의 선박직원이 될 수 있다(선박직원법 제10조의2).

위 재결은 외국인 해기사를 '면허행사 해양사고관련자'로 지정하여, 한국선박에 승무할 수 있는 승무자격을 정지한 재결이다.

Ⅳ. 한국인 해기사에 대한 징계권 존부

1. 한국선박에 승선한 한국인 해기사

심판원은 우리나라 해기사면허를 징계할 권한이 있으므로, 한국인 해기사가 한국선박에 승선하여 해양사고를 일으킨 경우 징계가 가능하다.

2. 외국적 선박에 승선한 한국인 해기사

외국적 선박에 승선한 한국인 해기사의 경우, 외국 해기사면허를 행사한 것이므로 행사하지 않은 우리나라 해기사면허를 징계할 수 없다. 또한, 심판원이 외국 해기사면허를 징계할 권한이 없으므로 외국 해기사면허도 징계할 수 없다. 이러한 점을 고려하여 당해 해기사를 '일반 해양사고관련자'로 지정하여 시정권고를 명한 지방심판원 재결이 있다(부산해심 제2014-056호).

❖ 부산해심 제2014-056호

① 주문: "해양사고관련자 A(한국국적 선장, 캄보디아 면허 행사)에게 시정할 것을 명한다."

② 시정명령: "이 침몰사건은 귀하가 공해상에서 황천을 조우하였는데도 B선박

의 어창 창구에 대한 방수 조치를 부실하게 한 채 항해를 하던 중 높은 파도에 의해 상갑판으로 올라온 해수가 밀폐되지 않은 어창 덮개를 통하여 어창 안으로 다량 유입되면서 부력을 상실하여 발생한 것입니다. 앞으로 이러한 사고의 재발을 방지하기 위하여 「해양사고의 조사 및 심판에 관한 법률」 제5조 제3항의 규정에 따라 귀하에게 항해 중 황천이 예상될 때에는 사전에 황천에 대비한 준비를 철저히 하도록 시정할 것을 명하니 적극 조치하여 주시기 바랍니다."

○ 해설

A선장(한국인, 캄보디아 면허 행사)이 캄보디아 선적의 B선박(선적항: 프놈펜)을 운항하다가 황천항해 중에 침몰한 사건에서, 부산해심은 A선장에게 시정을 명한 것이다.

제 5 절   용어의 정의

Ⅰ. 해양사고

해양안전심판의 대상은 해양사고이다. 해심법상 '해양사고'란 해양 및 내수면에서 발생한 ㉮ 선박의 구조·설비 또는 운용과 관련하여 사람이 사망 또는 실종되거나 부상을 입은 사고, ㉯ 선박의 운용과 관련하여 선박이나 육상시설·해상시설이 손상된 사고, ㉰ 선박이 멸실·유기되거나 행방불명된 사고, ㉱ 선박이 충돌·좌초·전복·침몰되거나 선박을 조종할 수 없게 된 사고, ㉲ 선박의 운용과 관련하여 해양오염 피해가 발생한 사고 등을 의미한다(제2조 제1호).

❖ '해양사고'의 종류

사무처리요령 제13조(사고의 종류) ① 법 제2조 제1호 나목부터 라목까지에 따른 해양사고는 다음과 같이 구분한다.
  1. 선박에 손상이 생긴 경우에는 다음 각 목 중 어느 하나로 한다.

가. 충돌: 항해중이거나 정박중임을 불문하고 다른 선박과 부딪치거나 맞붙어 닿은 것(선박과 「수상레저안전법」 제2조 제4호에 따른 동력수상레저기구 간 충돌을 포함한다). 다만, 수면하의 난파선과 충돌한 것은 제외한다.

나. 접촉: 다른 선박이나 해저를 제외하고 외부물체나 외부시설물에 부딪치거나 맞붙어 닿은 것. 다만, 수면 아래의 시설물 등과 선저가 부딪쳐서 침수되거나 선체에 손상이 발생된 경우에는 좌초로 분류한다.

다. 좌초: 해저, 암초, 수면 아래의 난파선 또는 간출암이나 해안가 등에 얹히거나 부딪친 것.

라. 선복: 선박이 뒤집혀진 것(가목부터 다목까지, 마목 및 바목의 결과로 발생한 것은 제외한다)

마. 화재: 불로 인하여 재산·인명 피해가 발생하는 것(가목 내지 라목 등에 뒤따라 발생한 것은 제외한다)

바. 폭발: 급속한 연소로 인하여 급격한 팽창이나 파열 등이 따르는 것(가목 내지 마목 등에 뒤따라 발생한 것은 제외한다)

사. 침몰: 가목부터 바목까지 이외에 악천후 조우, 외판 등의 균열이나 파공, 절단 등에 의한 침수의 결과 가라앉은 것.

아. 행방불명: 선박의 존부여부가 90일간 불분명하거나 기타 보험관계기관 등에서 행방불명으로 처리된 것.

자. 기관손상: 「선박기관기준」 제2조에 따른 주기관, 주보일러, 주요한 보조기관 또는 주기관·주보일러·주요한 보조기관 등에 연료·윤활유·공기·냉각수 등을 공급하기 위한 펌프 등 선박추진과 관련된 보기 등이 손상된 것.

차. 추진축계 손상: 추진축계, 추진기 또는 클러치(동력전달장치)가 손상된 것.

카. 조타장치 손상: (유압)조타장치 또는 키가 손상된 것

타. 속구손상: 속구 등이 손상된 것.

파. 기타: 가목부터 타목 이외의 것

Ⅱ. 준해양사고

'준해양사고'란 선박의 구조·설비 또는 운용과 관련하여 시정 또는 개선되

지 아니하면 선박과 사람의 안전 및 해양환경 등에 위해를 끼칠 수 있는 사태로 서 ① 항해 중 운항 부주의로 다른 선박에 근접하여 충돌할 상황이 발생하였으 나 가까스로 피한 사태, ② 항로 내에서의 정박 중 다른 선박에 근접하여 충돌 할 상황이 발생하였으나 가까스로 피한 사태, ③ 입·출항 중 항로를 이탈하거나 예정된 항로를 이탈하여 좌초될 상황이 발생하였으나 가까스로 안전한 수역으 로 피한 사태, ④ 화물을 싣거나 묶고 고정시킨 상태가 불량한 사유 등으로 선 체가 기울어져 뒤집히거나 침몰할 상황이 발생하였으나 가까스로 피한 사태, ⑤ 전기설비의 상태 불량 등으로 화재가 발생할 상황이었으나 가까스로 화재가 나 지 아니하도록 조치한 사태, ⑥ 해양오염설비의 조작 부주의 등으로 오염물질이 해양에 배출될 상황이 발생하였으나 가까스로 배출되지 아니하도록 조치한 사 태, ⑦ 그 밖에 위의 사태와 유사한 사태 등을 말한다(제2조 제1호의2, 시행규칙 제2조).

선박소유자 또는 선박운항자는 해양사고를 방지하기 위하여 선박의 운용과 관련하여 발생한 준해양사고를 중앙수석조사관에게 통보하여야 한다(제31조의 2).[14]

Ⅲ. 선   박

해양안전심판에서의 '선박'은 수상 또는 수중을 항행하거나 항행할 수 있는 구조물로서 대통령령으로 정하는 것을 말한다(제2조 제2호). 해심법은 해상에서 의 안전을 확보하여 해상사고의 방지에 기여함을 목적으로 하기 때문에 심판의 대상이 되는 선박은 그 용도나 크기에 관계없이 항행에 사용될 수 있는 모든 선 박을 포함시키고 있으나, 심판의 실익이 없는 선박은 심판대상에서 제외하고 있 다.[15]

---

14) 국제해사기구(IMO)는 2010년 해양조사코드(CI Code)를 발효하면서 체약국에게 준해양사고 관리 를 권고하였고, 이에 해양안전심판원은 2011년 준해양사고 통보제도를 해심법에 도입하였다.

15) 박경현, "우리나라 해난심판법의 문제점과 개정방향에 관한 연구", 한국해양대학교 박사학위논문, 1997, 217면.

❖ **해양안전심판의 대상이 되는 '선박의 범위'**

시행령 제1조의2(선박의 범위) 「해양사고의 조사 및 심판에 관한 법률」제2조제2호에서 "대통령령으로 정하는 것"이란 다음 각 호의 것을 말한다. 다만, 다른 선박과 관련 없이 단독으로 해양사고를 일으킨 군용 선박 및 국가경찰용 선박, 그 상호간에 해양사고를 일으킨 군용 선박 및 국가경찰용 선박, 그 밖에 해양수산부장관이 정하여 고시하는 수상레저기구는 제외한다.

1. 동력선(기관을 사용하여 추진하는 선박을 말하며, 선체의 외부에 추진기관을 붙이거나 분리할 수 있는 선박을 포함한다)
2. 무동력선(범선과 부선을 포함한다)
3. 수면비행선박(표면효과 작용을 이용하여 수면에 근접하여 비행하는 선박을 말한다)
4. 수상에서 이동할 수 있는 항공기

선박이 건설기계관리법상 건설기계로 등록되어 있더라도 여전히 선박인 것이므로 그 선박이 침몰하였다면 해양사고에 해당한다.

❖ **건설기계로 등록된 준설선의 침몰사건이 해양사고에 해당하는지 여부**

자력항행능력이 없어 다른 선박에 의하여 끌리거나 밀려서 항행되는 준설선인 이 사건 선박은 선박법상 부선에 해당하고(선박법 제1조의2 제1항 제3호), 부선인 이 사건 선박이 침몰된 사고는 해심법 제2조 제1호 라목에 규정된 해양사고에 해당한다.

❖ **준설선이 건설기계관리법에서 정한 안전도검사를 받지 않은 과실을 인정한 사례**

건설기계관리법 시행규칙은 구조변경 검사 시에는 안전도 검사증명서를 제출하도록 규정하고 있는데(제25조 제1항 제5호), 원고는 스퍼드 지지대의 설치로 이 사건 준설선의 깊이가 1.95m로 낮아지는 결과가 되는 등의 구조변경이 발생하였음에도 건설기계관리법이 정한 안전도검사를 수반하는 구조변경검사의무를 이행하지 아니하였고, 이와 같은 잘못이 이 사건 사고 발생에 하나의 원인이 되었다고 볼 수 있으며, 이는 이 사건 준설선의 준설펌프 누출수 관리를 소홀히 하였던 A건설회사 등의 과실이 인정된다고 하여 달리 보기 어렵다.

원고의 관리의무 소홀이 이 사건 사고와 규범적·법적 관점에서 관련성이 있다고 볼만한 합리적 근거가 있고, 이 사건 사고가 남긴 교훈을 살려 향후 유사한 해양사고의 방지 및 안전 확보를 도모한다는 관점에서 시정권고가 해양사고 관련자인 원고에게 객관적으로 귀속될 수 있다고 보이므로, 이 사건 재결이 위법하다고 할 수 없다(대법원 2014. 2. 13. 선고 2012추107 판결)

Ⅳ. 해양사고관련자

1. 의   의

'해양사고관련자'란 조사관이 심판을 청구함에 있어 해양사고 발생의 원인과 관계가 있다고 인정하여 지정한 자를 말한다(제2조 제3호). 구 해난심판법에서는 '수심인(受審人)'이라고 칭하였으며, 조사관에 대립되는 당사자이다.

2. 종   류

해양사고관련자는 '면허행사 해양사고관련자'와 '일반 해양사고관련자'로 나뉜다. 전자는 해기사 또는 도선사가 해당 면허로서 직무를 수행하다가 해양사고를 일으킨 경우에 지정되는 것이고, 후자는 면허가 없거나 면허가 있더라도 해당 면허로서 직무를 수행한 것이 아닌 경우이다.

'면허행사 해양사고관련자'와 '일반 해양사고관련자' 중 어느 것으로 심판청구가 되었는지는 조사관의 심판청구서에 기재되며, 재결서에서는 이를 구분하지 않고 단순히 '해양사고관련자'라고만 기재된다.

3. 권리와 의무

해양사고관련자에게는 다음과 같은 권리가 인정된다.
① 심판관, 비상임심판관 기피신청권(제15조)

② 관할이전신청권(제26조)

③ 심판변론인 선임권(제27조)

④ 증거보전 신청권(제35조)

⑤ 약식심판의 거부권(제38조의2)

⑥ 관계 서류 및 증거물의 열람·복사권(제44조의4)

⑦ 구술변론권(제45조)

⑧ 증거신청권(제48조)

⑨ 제2심 청구권(제58조)

　　해양안전심판의 심판관계자(해양사고관련자, 이해관계인, 심판변론인, 심판관, 조사관)에 대하여는 장을 나누어 자세히 서술하기로 한다.

제2장

해양안전심판의 심판관계자

제 1 절   면허행사 해양사고관련자

Ⅰ. 의   의

해기사 또는 도선사(당해 면허로서 당해 직무를 수행한 해기사 또는 도선사에 한한다)가 그 직무를 행함에 있어서 당연히 기울여야 할 주의를 게을리 하였거나 당연히 하여야 할 일을 하지 아니하여 해양사고가 발생하였다고 인정되는 경우에 조사관은 그 사람을 '면허행사 해양사고관련자'로 지정하여 심판을 청구한다(제38조 제1항, 제39조 제1항, 사무처리요령 제53조 제1항).

Ⅱ. 면허행사의 판단에 관한 기준

해기사를 면허행사 해양사고관련자로 지정함에 있어서 면허행사의 판단에 관한 세부 적용기준은 다음 각 호와 같다(사무처리요령 제53조 제3항).

1. 가지고 있는 면허가 사고당시 종사한 직무내용(갑판, 기관 및 통신관계를 말한다)과 동일 종류의 것일 것. 이 때 소형선박 조종사의 면허는 갑판 및 기관관계 양방의 직무를 포함하는 것으로 본다.

1의2. 가지고 있는 면허가 사고당시 종사한 직무내용과 동일 종류의 것이 아니더라도 해당 해기사가 행한 직무상 고의 또는 과실에 의하여 해양사고가 발생한 것으로 인정되는 경우에는 해당 해기사를 면허행사 해양사고관련자로 지정할 것.

2. 해기사면허를 소지한 자가 선원법상 공인 또는 고용계약 등에 의거 유효한 면허관련 선박직원으로서 직무를 수행한 경우에 한하여 면허행사 해양사고관련자로 지정할 것. 다만, 해기사면허를 소지한 자가 선원법상 공인을 받지 않았거나 고용계약상 직무에 대한 사항이 규정되어 있지 않은 상태라도 실제로 선박에 승선하여 선박직원의 업무를 수행한 경우에는 면허행사 해양사고 관련자로 지정한다.

3. 신조선의 경우 인도전에 행하는 시운전 중에 승무한 자가 시운전 주체로서 책임이 있는 경우에는 그 면허와 직무내용에 따라 면허행사 해양사고관련자로 지정할 것.

4. 외국선박이 우리나라 영해 내에서 사고가 발생한 경우 외국선박에 승무하는 한국인 해기사는 면허행사 해양사고관련자로 지정할 것.

5. 군 또는 경찰용의 함정이나 선박에 승무하는 해군장병 또는 경찰대원은 면허행사 해양사고관련자로 지정할 수 없다.

Ⅲ. 해양사고관련자의 추가 · 철회 · 변경

조사관은 심판청구서에 기재된 해양사고관련자를 추가·철회 또는 변경할 수 있다(제49조의2 제1항, 시행령 제32조의3). 또한, 심판장은 심리의 경과에 비추어 필요하다고 인정하면 조사관에게 해양사고관련자를 추가·철회 또는 변경할 것을 서면으로 요구할 수 있다(제49조의2 제2항).

1. '해양사고관련자 추가'와 관련된 문제

해양사고관련자의 추가·철회·변경은 해심법 제5장 '지방심판원의 심판'에 규정되어 있으므로, 제2심 중앙해심의 심판절차에서도 가능한지 여부가 문제될 수 있다.

즉, ① 제1심에서 해양사고관련자를 추가지정하는 것은 추가지정된 사람의 심판을 받을 권리가 침해되지 않는 점에서 별다른 문제가 없으나, ② 제2심에서 해양사고관련자를 추가하는 것은 그 사람의 제1심 심판을 받을 권리를 침해할 여지가 있다.

과거에는 제2심에서 해양사고관련자의 추가가 가능하였으나,[1][2] 2011. 6. 15. 해심법 개정으로 제66조 단서가 신설되어 현재는 제2심에서 해양사고관련자를 추가지정할 수 없게 되었다.[3]

생각건대, 해양사고와 관련이 있음에도 제1심에서 해양사고관련자로 지정되지 않은 자에 대하여 제2심 심판부가 해양사고와 관련이 있다고 판단한 경우 해심법 취지상 그 추가 지정의 필요성은 매우 크다고 할 것이다. 기존 대법원 판결도 1개의 해양사고에 대하여 1개의 심판을 진행하는 해양안전심판의 특성을 고려하여 제2심에서의 해양사고관련자 추가 지정을 적법하다고 판단한 것으로 보인다.

---

1) 대법원 1969. 8. 14. 선고 67후19 판결

"해난심판법 시행령 제66조(현행 해심법 제60조)에 의하면, '2심 청구의 효력은 당해 사건과 수심인 및 지정 해난관계인 전부에 미친다'라고 규정하고 있는바, 그 취지는 해난심판의 대상이 해난의 원인을 규명하는 데 있으므로 1개의 해난이 수인의 행위로 발생한 때라도 해난은 1개이므로 그 해난의 일부에 대하여 해난 심판청구가 있으면 그 전부에 미친다는데 있으므로 1심에 있어서는 수심인이 아니었던 본건 A선박 선장이 2심에 있어서는 조사관의 심판청구로 수심인이 된 것은 당연한 것이다."

2) 중앙해심 제2009-011호

"해양사고관련자 A는 자신이 제2심에서 해양사고관련자로 추가 지정된 것은 자신의 「해양사고의 조사 및 심판에 관한 법률」상 절차적 권리 및 평등권이 침해받음과 동시에 같은 법의 다른 조항과도 모순되는 위법한 조치라고 주장하고 있다. 그러나 현행 법 규정상 제2심에서도 해양사고의 명확한 원인규명을 위해서는 추가로 해양사고관련자를 지정할 수 있도록 되어 있어 위법하다는 그의 주장은 옳지 않으며, 해양사고의 명확한 원인규명을 위하여 선박소유자를 해양사고관련자로 추가 지정한 것 자체가 그에 대한 절차적 권리나 평등권을 침해한다고 보이지는 않는다. 선의의 선박소유자라면 오히려 이 건 사고와 같이 자신의 소유 선박이 침몰되고 승무원이 3명이나 희생되어 여러 가지 복잡한 문제가 야기될 가능성이 있는 사건에서는 스스로 조사 및 심판에 참여할 마음의 자세를 갖는 것이 바람직하며 해양사고의 원인 규명에 발 벗고 나서는 것이 옳은 자세라 할 것이다."

3) 해양사고의 조사 및 심판에 관한 법률(법률 제10802호, 2011. 6. 15. 일부개정) 제정·개정이유 참조.

"제66조에 단서를 다음과 같이 신설한다.

다만, 제41조의3과 제49조의2 제1항 및 제2항(해양사고관련자의 추가·철회 또는 변경 부분만 해당한다)은 준용하지 아니한다."

그러나 제2심에서 해양사고관련자를 추가 지정하는 것은 그 사람의 제1심 심판을 받을 권리, 불이익변경금지원칙 등을 침해하는 것이고, 이를 감안하여 해심법 제66조 단서규정이 신설된 것으로 볼 수 있다. 결론적으로, 현행 해심법 제66조 단서는 제2심에서 해양사고관련자의 추가를 허용하지 않으므로, 제1심 심판시 해양사고와 관련된 사람이 누락되는 일이 없도록 주의하여야 할 것이다.[4]

2. '해양사고관련자 변경'과 관련된 문제

해양사고관련자의 변경은, 예를 들어 '일반 해양사고관련자'로 심판청구된 사람을 '면허행사 해양사고관련자'로 변경하는 것이다.

제1심에서 해양사고관련자를 변경하는 것은 특별한 문제가 없으나, 제2심에서 변경하는 것은 그 사람에게 실질적으로 불이익할 수 있다. 예를 들어, 1심에서 '일반 해양사고관련자'로 지정되어 권고재결을 받았는데, 2심에서 '면허행사 해양사고관련자'로 변경되면 징계처분을 받기 때문이다.

앞서 설명한 바와 같이, 2011. 6. 15. 해심법 개정으로 제66조 단서가 신설되어 현재는 제2심에서 해양사고관련자를 변경할 수 없게 되었다.

중앙해심은 ① 제1심에서 '면허행사 해양사고관련자'로 지정된 경우, 제2심에서 '일반 해양사고관련자'로 변경할 수 없으며(중앙해심 제2016－008호), ② 제1심에서 '일반 해양사고관련자'로 지정된 경우, 제2심에서 '면허행사 해양사고관련자'로 변경할 수 없다(중앙해심 제2017－006호)고 판단한 바 있다.

[관련쟁점 1] 심판청구 후 해양사고관련자가 사망한 경우의 처리방법

1. 문 제 점
조사관의 심판청구 후 해양사고관련자가 사망한 경우 그 처리방법에 관하여 해심법은 아무런 규정을 두지 않고 있다. 심판부가 조사관의 심판청구를 기각하여야

---

4) 참고로, 형사재판에서는 반드시 1개의 재판에서 모든 공범에 대한 재판이 이루어질 필요가 없으며, 기소되지 않은 공범에 대해 다른 사건번호를 부여하여 별건으로 진행하는 것이 가능하다. 해양안전심판은 1개의 해양사고에 대하여 1개의 심판을 진행하므로 해양사고와 관련된 자가 누락될 경우 이를 바로잡기 어렵다.

하는지 아니면 해양사고관련자가 없는 상태에서 심판절차를 진행하여야 하는지, 해양사고관련자 측은 심판변론인을 선임할 수 있는 것인지 등이 문제될 수 있다.

2. 판례의 태도(대법원 1969. 7. 22. 선고 68후41 판결)

해난심판은 해난원인을 규명하고, 해난 발생의 방지에 기여함을 목적으로 하는 제도로서, 해난심판법 제5조, 제27조의 규정에 의하면, 해난심판절차에 있어 그 어느 경우를 막론하고 반드시 수심인이 있어야 하는 것도 아니며, 수심인이 있었으나 수심인이 사망한 경우, 수심인에 대한 심판권 및 징계권은 소멸하고, 해난에 대한 심판권만 의연 존속하여, 수심인 또는 그의 지위승계란 있을 수 없다고 해석함이 상당하다.

원재결 판단 취의에 의하면 본건에 있어 수심인이었던 A는 제2심 청구 이전에 이미 사망하였다는 사실이 확정된 격이므로, 그 이후로는 수심인이 없고 수심인의 지위 승계도 없는 것이어서 해사보좌인의 선임이 있을 수 없고, 위 법 제19조 소정 해사보좌인을 선임할 수 있는 자에 관한 규정 또한 수심인 있음을 전제로 한 것에 불과하여 수심인이었던 A의 장남B에 의한 변호사C를 해사보좌인으로 선임하는 행위는 그 효력이 인정될 수 없는 것임에도 불구하고 C가 수심인의 지위를 승계한 B의 해사보좌인이라는 자격으로 소송대리인으로 변호사를 선임하고 그들이 대리인으로서 제기한 본건 상고는 부적법한 것임을 면치 못하여 각하되어야 할 것이다.

3. 검   토

해양안전심판원은 해양사고의 원인을 밝히고 재결로써 그 결과를 명백하게 하여야 하고, 해양사고가 해기사나 도선사의 직무상 고의 또는 과실로 발생한 것으로 인정할 때에는 재결로써 해당자를 징계하여야 한다(제5조). 즉, 심판원은 ① 해양사고관련자에 대한 심판권·징계권뿐만 아니라 ② 해양사고에 대한 심판권을 가지므로, 해양사고관련자가 사망한 경우 해양사고관련자에 대한 징계권은 소멸하더라도 해양사고에 대한 심판권은 여전히 존속한다고 보아야 한다. 위 대법원 판례도 "수심인이 있었으나 수심인이 사망한 경우, 수심인에 대한 심판권 및 징계권은 소멸하고, 해난에 대한 심판권만 의연 존속하여"라고 설시하여 이를 명확히 하고 있다.

한편, 해심법 사무처리요령 제79조 제2항은 '지방심판원 조사관은 심판청구 후에 해양사고관련자의 사망·해산 또는 흡수·합병 등으로 당해 해양사고관련자가 존재하지 아니하거나 기타의 사유로 그 지정을 취소하고자 할 때에는 심판청구변경서에 그 사실을 증명할 수 있는 서류를 첨부하여 지방심판원에 제출하여야 한다'고 규정하여, 마치 해양사고관련자가 사망하면 심판청구를 취하하여야 하는 것은 아닌지 문제될 수 있다. 그러나 사무처리요령 제79조는 사망한 '해양사고관련자의 지정취소'를 요구할 뿐 '심판청구 취하'를 규정하지는 않았으며, 해양사고관련자가 지정취소되더라도 해양사고 자체에 대하여는 여전히 심판이 계속된다고 볼 수 있으므로 심판부로서는 원인규명을 위한 심판절차를 계속하여야 할 것이다. 나아가, '심판원의 심판청구기각사유(해심법 제52조)', '조사관의 심판청구 취하(해심법 제49조의3, 시행령 제32조의4)'에는 해양사고관련자의 사망은 열거되어 있지 않다.

결국 현행법상 해양사고관련자가 사망한 경우에 심판의 각하·기각사유가 된다고 보기는 어려우며, 심판원으로서는 심판절차를 계속하고 재결로써 해양사고의 원인을 밝히는 것이 타당하다고 생각된다. 이는 심판원의 주기능이 해양사고의 원인을 판단하는 것이고, 부차적으로 고의 혹은 과실로 해양사고를 야기한 해기사 또는 도선사를 징계하는 것[5]이라는 해석과도 부합한다고 생각된다. 앞으로 해심법 법령에 해양사고관련자가 사망한 경우의 처리방법에 관한 내용을 마련할 필요성이 있다.

Ⅳ. 감독청에 의한 이중징계 금지

해양안전심판원이 심판을 시작하였을 때는 해양수산부장관은 해기사에 대한 징계처분을 할 수 없고(선박직원법 제9조 제1항), 해양사고가 해양안전심판원에 계류 중이면 해양수산부장관은 도선사에 대한 징계처분을 할 수 없다(도선법 제9조 제4항).

해양안전심판원이 심판을 통하여 해기사나 도선사를 징계할 경우, 감독관청이 거듭 해기사나 도선사를 징계하는 것은 부당하기 때문이다.

❖ **감독관청에 의한 이중징계 금지**(해난사고가 해난심판법에 의한 해난심판의 대상이 된 경우, 그 절차 종료 후 해운항만청장이 위 해난사고를 낸 도선사를 징계할 수 있는지 여부―소극)

구 도선법 제9조 제1항, 제4항, 해난심판법 제5조 제2항, 제6조 제1항의 규정을 종합하여 볼 때, 구 도선법 제9조 제4항 전문의 취지는 해난사고가 해난심판법에 의

---

5) 김인현, 「해상교통법」 제5판, 삼우사, 2018, 77면.

한 해난심판의 대상이 되었을 때에는 해운항만청장은 당해 해난사고를 낸 도선사에 대하여 그 해난사고를 이유로 별도로 면허의 취소나 업무의 정지를 명하는 징계를 할 수 없음을 규정한 것이라고 해석함이 상당하다 할 것이고, 그렇지 아니하고 이를 감독관청에 의한 징계절차의 일시적인 정지를 규정한 것으로 보아 해난심판원에 의한 해난심판절차가 계속 중인 때에는 감독관청이 당해 해난사고를 이유로 도선사에 대하여 징계처분을 할 수 없지만 그 절차가 종료되면 다시 징계처분을 할 수 있다는 취지로 해석할 것은 아니다.

해난심판원은 어느 누구보다도 해난의 원인이나 도선사의 잘못에 관하여 잘 알고 있다고 보아야 할 것이어서, 해난사고가 해난심판원의 심판대상이 된 경우에 굳이 감독관청이 당해 해난사고를 이유로 도선사를 또다시 징계할 수 있다고 해석할 합리적인 이유가 없다.

그 밖에 만약 감독관청이 다시 징계할 수 있는 것이라고 해석하게 되면, 많은 인원이 막대한 비용과 장기간의 시간을 들여 확정한 해난심판원의 징계재결이 감독관청의 또다른 징계처분에 의하여 아무런 쓸모가 없게 되어버릴 수 있고 징계대상자로 하여금 오랜기간 동안 법률적으로 매우 불안정한 상태에 놓이게 된다(대법원 1998. 12. 8. 선고 97누15562 판결).

[관련쟁점 2] 심판원과 해양수산청의 징계권

심판원과 해양수산청 사이의 징계문제는 보다 복잡한 측면이 있다. 즉, 선박직원법 제9조 제1항 및 도선법 제9조 제4항은 해양안전심판원이 심판을 시작하였을 때에는 징계처분을 할 수 없도록 규정하고 있으나, 그 외의 경우에 관하여는 특별한 언급이 없기 때문이다.

즉, ① 심판원 조사관이 '조사 중인 해양사고의 해기사'에 대하여 해양수산청이 징계를 할 수 있는지 여부, ② 심판원 조사관이 '심판불필요처분'을 한 경우 해양수산청이 징계를 할 수 있는지 여부 등이 문제될 수 있다.

①의 경우, 아직 조사관이 심판청구를 하지 않았으므로 해양수산청이 징계를 내리는 것이 법적으로 금지되는 것은 아니지만, 추후 심판원이 동일한 사안에 대하여 이중징계를 할 수 있으므로 바람직하다고 볼 수 없다.

②의 경우, 조사관이 심판불필요처분을 한 경우 심판원이 심판을 시작한 것이 아니므로 해양수산청이 징계를 내리는 것이 법적으로 금지된다고 볼 수 없다.

해사안전법·선박안전법 위반행위에 대한 과태료 부과는 심판원의 징계와 별개이므로, 해양수산청은 심판과 무관하게 과태료를 부과할 수 있다.

한편, 동일한 해양사고에 대하여 지방해양수산청이 심판원보다 먼저 징계를 한 경우, 심판원이 징계를 할 수 있는지 문제될 수 있다. 지방해심 재결 중에는 이를 긍정한 재결이 있다.

❖ **동일한 해양사고에 대하여 해양수산청과 심판원의 징계가 각각 이루어진 사례**
   (인천해심 제2017-051호)

A지방해양수산청은 2016. 12. 16. 이 충돌사고에서 주취운항한 사실이 밝혀진 선장에 대하여 「해사안전법」 제41조 제1항 및 「선박직원법」 제9조 제1항 제7호 위반으로 이 사람의 소형선박조종사 면허에 대해 업무정지 3개월의 행정처분을 하였고, 당해 면허에 대한 제재는 2017. 1. 10.부터 2017. 4. 9.까지 집행된 후 최종 해제되었다. 이러한 경우 지방해양수산청의 해기사 행정처분에 추가하여 해양안전심판원이 해기사 징계를 할 수 있는지 여부에 대해 살펴본다.

해양안전심판원은 해양사고관련자인 해기사나 도선사를 징계함에 있어 해양사고의 원인이 되는 직무상 과실의 정도, 해양사고로 인한 피해의 경중, 해양사고 발생당시의 상황 및 해양사고관련자 해양사고관련자의 반성 여부나 과거의 징계이력 등 여러 사정을 종합적으로 판단하여 해양사고관련자를 징계하게 된다. 이 충돌사고에서 선장의 주취운항 과실은 졸음운항으로 인한 주위경계 소홀, 피항동작 미이행, 충돌사고 후 피해선박 구호조치 미이행 등 여러 가지 직무상 과실 중의 일부에 불과하다. 따라서 해양안전심판원은 선장의 주취운항만을 이유로 한 A지방해양수산청의 해기사 행정처분과는 별개로 주취운항을 포함한 모든 직무상 과실에 근거하여 추가로 징계할 수 있다고 판단된다. 다만, 해양안전심판원은 징계량 결정시 A지방해양수산청의 해기사 행정처분에 의한 징계량을 참작할 수 있을 것이다.

아울러, 동일한 해양사고에 관련된 해기사 등에 대한 이중처벌을 방지하기 위하여 「선박직원법」 제9조는 해양안전심판원이 심판을 시작하였을 때에는 지방해양수산청은 해기사에 대한 행정처분을 하지 못하도록 규정하고 있으므로, 지방해양수산청은 해기사 행정처분을 하기 전에 해양안전심판원의 심판 시작 여부를 반드시 확인할 필요가 있다.

○ 해설

선박직원법 제9조에 따라 해양수산청은 심판이 시작된 해기사(도선사 포함. 이하 동일함)에 대하여는 징계권이 없으나, 조사관이 심판원에 심판을 청구하기 전에는 징계권 행사가 법적으로 금지되지 않는다.

따라서 조사관이 심판원에 심판을 청구하기 전에 해양수산청이 해기사를 징계한 경우, 심판원이 당해 해기사를 징계할 수 있는지 여부가 문제될 수 있다. 생각건대, ① 해양수산청의 징계는 개개의 법규위반 행위에 대한 제재인 반면, 심판원의 징계는 해양사고를 일으킨 인과관계 있는 해기사의 직무상 고의 또는 과실행위에 대한 제재이어서 제도의 취지와 법적 성질이 다른 점, ② 징계대상 행위가 일부 중복될 수 있으나, 법규위반 행위 자체를 해양사고와 인과관계 있는 행위와 동일하다고 볼 수 없는 점, ③ 해양수산청의 징계 여부에 따라 심판원 징계 가능여부가 결정되는 것은 타당하지 않은 점, ④ 심판원의 징계량 결정시 해양수산청의 징계량을 참작하는 것이 가능한 점 등에 비추어 볼 때, 해양수산청이 먼저 징계를 한 경우에도 심판원이 징계를 할 수 있다고 보는 것이 타당하다.

위 사건에서도 주취운항에는 졸음운항으로 인한 주위경계 소홀, 피항동작 미이행, 피해선박 구호조치 미이행 등과 같은 행위가 포함되지 않으며, 주취운항을 포함한 모든 직무상 과실에 근거하여 추가로 징계할 수 있다고 보았다. 다만, 이러한 절차상의 문제점을 감안하여 각 기관의 징계처분 절차·우선순위 등을 담은 법령의 정비가 필요하다고 보인다.

제 2 절   일반 해양사고관련자

I. 의   의

면허행사 해양사고관련자 이외의 자로서 해양사고의 원인에 관계있는 자에 대하여 시정 또는 개선을 권고하거나 명할 필요가 있다고 인정되는 경우에는 일반 해양사고관련자로 지정할 수 있다(사무처리요령 제54조).

Ⅱ. 구체적 사례

해기사 또는 도선사 이외의 자로서 해양사고의 원인에 관계있는 자에는 자연인, 법인, 국가기관, 지방자치단체 등이 있을 수 있다. 예를 들어, 선박소유자, 선박검사기관, 안전관리회사, 부선의 선두, 당직 타수 등의 행위가 해양사고와 관련이 된 경우 조사관은 이들을 일반 해양사고관련자로 지정하여 심판을 청구한다.

해기사 또는 도선사 면허가 있더라도 당해 면허로서 당해 직무를 수행한 것이 아니라면 일반 해양사고관련자로 지정하여야 한다(사무처리요령 제53조 제1항). 그 예로는 ① 대한민국 소유의 해군경비정 정장(대법원 1992. 10. 13. 선고 92추48 판결), ② 대한민국 소유의 해경 경비함정 정장(인천해심 제2017－060호), ③ 5톤 미만 선박의 선장(인천해심 제2018－016호), ④ 동력수상레저기구 조종자(중앙해심 제2005－017호) 등이 있다.

법인에게 과실이 있는 경우, 당해 법인이 아닌 대표이사를 해양사고관련자로 지정함은 적절하지 않다.

❖ 법위 대표이사의 해양사고관련자 적격 여부

자연인인 원고의 소위, 즉 구체적인 작위나 부작위와 이 사건 해난의 발생 사이에 법률상의 인과관계가 있는 것으로 인정되는 때에는 원고를 이 사건 해난의 원인에 관계있는 자로 보아 원고에 대하여 권고하는 재결을 할 수 있을 것이다.

이 사건 선박의 주기관은 법인인 소외회사가 조립·제작한 것임이 명백하므로, 소외회사를 이 사건 해난의 원인에 관계있는 자로 보는 것은 별론으로 하고, 소외회사의 대표이사인 원고를 이 사건 해난의 원인에 관계있는 자로 볼 수는 없는 것이다(대법원 1989. 6. 27. 선고 86추4 판결).

○ 해설

회사의 대표이사도 해양사고와 관련이 있는 경우 이론상 해양사고관련자로 지정될 수 있을 것이다. 그러나 회사와 대표이사는 각각 독립된 법인격을 갖고 있고, 법인 자체의 행위능력이 있으므로 대부분의 사안에서 해양사고관련자는 회사가 될 것이다.

Ⅲ. 심판절차상 특징

1. 대리인의 심판정 출석

일반 해양사고관련자는 심판정에 대리인을 출석시킬 수 있다(시행령 제44조 제1항). 즉, 해양사고관련자 중 해기사 및 도선사 외의 사람은 심판정에 대리인을 출석시킬 수 있다. 따라서 일반 해양사고관련자는 자연인, 법인, 국가기관, 지방자치단체인지 여부를 구분함이 없이 자신의 대리인을 출석시킬 수 있다.

❖ **일반 해양사고관련자가 회사일 때 대표이사 대신 대리인이 출석가능함**

해양사고관련자 중 해기사 및 도선사를 제외한 자는 심판정에 대리인을 출정시킬 수 있으므로, 재결절차에서 심판정에 회사의 대표이사가 직접 출석하지 않고 대리인으로 선임된 자가 출석하였다고 하여 그 절차의 진행에 어떠한 위법이 있다고 할 수 없다(대법원 2013. 12. 26. 선고 2011추100 판결).

○ **해설**

해심법 시행령 제44조는 '해양사고관련자 중 해기사 및 도선사 외의 사람은 심판정에 대리인을 출석시킬 수 있다(제1항)', '대리인은 위임장으로 그 자격을 증명하여야 한다(제2항)'고 규정한다. 따라서 일반 해양사고관련자는 자연인, 법인, 국가기관, 지방자치단체인지 여부를 구분함이 없이 자신의 대리인을 출석시킬 수 있다. 예를 들어, 선박국적증서상 선박소유자가 A로 기재되어 있어 조사관이 A를 해양사고관련자로 지정하여 심판을 청구하였으나 선박관리인은 B인 경우, A는 선박관리인 B를 대리인으로 심판에 출석시켜 진술하게 하는 것이 가능하며 이것이 당사자의 편익 및 심판경제에도 기여하는 것이다.

2. 시정 등 권고재결

일반 해양사고관련자는 면허가 없거나 면허를 행사한 자가 아니므로, 심판원은 징계재결이 아니라 시정 등 권고재결을 하게 된다(제5조 제3항). 즉, 일반 해양사고관련자에게는 시정권고, 시정명령, 개선권고, 개선명령 등의 재결(이하 이를 통칭하여 '권고재결'이라고 한다)을 할 수 있다.

징계재결과 권고재결은 그 성질이 다르므로 어느 것이 과중한지 비교교량
할 수 없다.

❖ **징계재결과 권고재결의 양정**

원재결중 원고에 대한 재결은 징계재결이 아니라 권고재결임은 위에서 본 바와
같으므로, 징계재결을 받은 A와의 징계양정과 과실의 비교교량은 있을 수 없다(대
법원 1994. 6. 24. 선고 93추182 판결).

○ **해설**

면허행사 해양사고관련자에게는 징계재결(면허취소·업무정지·견책)이 내려지
나, 일반 해양사고관련자에게는 징계의 대상이 되는 면허가 없으므로 징계재결이
아닌 시정권고 등의 재결이 내려진다. 전자는 징계재결이고, 후자는 징계재결이 아
니어서 성질이 서로 다르므로 어떤 처분이 더 과중한지 비교교량을 할 수 없으며 재
결취소소송에서 징계양정의 부당함을 주장하는 논거가 될 수 없다.

---

3. 행정기관에 대한 권고재결

행정기관도 일반 해양사고관련자로 지정될 수 있으나, 행정기관에 대하여
는 시정 또는 개선을 명하는 재결을 할 수 없다(제5조 제3항). 즉, 시정권고 또는
개선권고 재결을 하여야 한다.

[관련쟁점 3] 행정기관에 대한 재결

재결대상이 행정기관인 경우에는 다음과 같은 사항을 주의하여야 한다.

첫째, 행정기관이 해양사고관련자인 경우, 시정 또는 개선을 명하는 재결을 할
수 없다(제5조 제3항). 이를 반대해석하면, 시정권고 또는 개선권고 재결은 가능하
다. 행정기관도 조사관이 지정하는 한 해양사고관련자가 될 수 있으나, 행정청은 상
호간 다른 행정관청의 권한을 존중하여 그것을 침범하지 않도록 배려하여야 하므로
행정기관에 대하여 시정 또는 개선을 명하는 재결을 못하도록 한 것이다.

둘째, 행정기관이 해양사고관련자가 아닌 경우, 시정 또는 개선조치를 요청할

수 있다(제5조의2). 이를 반대해석하면, 심판원은 시정권고·개선권고·시정명령·개선명령 등의 재결을 할 수 없다. 해양사고관련자가 아닌 행정기관은 해양안전심판의 당사자가 아니어서 소명기회가 부여될 뿐이므로(사무처리요령 제92조), 권고재결을 할 수 없도록 규정한 것이다.

제 3 절   이해관계인

Ⅰ. 해심법상 지위

'이해관계인'이란 해양사고의 원인과 직접 관계가 없는 자로서 해양사고의 심판 또는 재결로 인하여 경제적으로 직접적인 영향을 받는 자를 말한다(제2조 제3의2호).

이해관계인의 심판참여 제도(제44조의2)는 2011. 6. 15. 해심법에 신설되었는데, 이해관계인은 재결 결과에 따라 자신의 경제적 이익에 영향을 받으므로 이해관계인이 심판원의 허가를 받아 심판에 참여할 수 있도록 함으로써 이해관계인의 권익을 보호하고, 이해관계인의 심판방해에 대하여는 그 지위를 박탈함으로써 원활하게 심판을 진행하려는 취지로 도입된 것이다.[6] 실무상 주로 해양사고관련자의 유족, 선박소유자, 피해자, 피해자의 유족 등이 이해관계인으로서 심판참여를 신청하고 있다.

Ⅱ. 권리와 의무

해심법상 이해관계인에게는 다음과 같은 권리가 인정된다.
① 심판변론인 선임권(제27조)
② 심판신청권(제39조의2)

---

[6] 해양사고의 조사 및 심판에 관한 법률(법률 제10802호, 2011. 6. 15. 일부개정) 제정·개정이유 참조.

③ 심판출석권(제43조, 제44조)

④ 심판참여 및 의견진술권(제44조의2)

⑤ 최후진술(시행령 제55조)

⑥ 재결서 등본청구권(시행령 제61조)

⑦ 관계 서류 및 증거물의 열람·복사권(제44조의4)

[관련쟁점 4] 이해관계인의 심판신청권

이해관계인의 심판신청권(제39조의2)은 아래와 같이 다른 권리와 구별되는 이질적인 권리이다.

① 행사시기

이해관계인의 심판신청권(제39조의2)은 '조사관의 심판청구 이전'에 행사할 수 있는 권리이다. 즉, 나머지 권리들은 조사관의 심판청구 이후 이해관계인에게 주어지는 권리임에 비하여, 심판신청권은 조사관의 심판청구 이전에 행사할 수 있는 권리이다.

② 해양사고관련자 지정가능성

심판신청권은 해양사고에 대하여 이해관계가 있는 자가 조사관의 심판청구 전에 행사하는 권리이기 때문에 신청인의 해심법상 지위가 형성되어 있지 않다. 따라서 조사관은 제39조의2 제2항에 따라 심판을 청구하면서 신청인을 이해관계인이 아닌 해양사고관련자로 지정할 수도 있다.

③ 소 결

이처럼 제39조의2(이해관계인의 심판신청)는 다른 권리와 이질적인 권리이나, 조문의 제목에서 '이해관계인'이라고 규정하여 개념이 혼용되고 있다.

심판절차에서 일반적으로 '이해관계인'은 조사관의 심판청구 후 이해관계인으로 지정된 자를 의미하므로, 제39조의2 조문제목을 정비할 필요가 있다고 생각된다.

※ 심판신청 사례(인천해심 제2018-005호 결정, 인천해심 제2019-010호 재결)

① 부선A호가 2016. 9. 20. 군산내항에서 침몰한 사건과 관련하여, 조사관은 2016. 12. 23. 사고원인이 비교적 간명하다고 판단하여 심판불필요처분을 하였다.

② 부선 소유자는 2018. 12. 5. 사고원인의 철저한 규명을 요청하며 해심법 제39조의2 제1항에 따라 심판신청을 하였고, 심판원은 2018. 12. 14. 사고재발방지를 위하여 심판의 필요성이 있다는 이유로 조사관에게 심판을 청구할 것을 내용으로 하는 결정을 하였다(인천해심 제2018-005호 결정).

③ 조사관은 부선 소유자에게 '조위 차에 따른 선박의 안전관리를 소홀히 한 과실'이 있다고 판단하여 부선 소유자를 일반 해양사고관련자로 지정하여 심판을 청구하였고, 심판원은 부선 소유자에게 시정권고 재결을 하였다(인천해심 제2019-010호 재결).

다만, 이해관계인에게 ① 제2심 청구권(제58조 제1항), ② 재결취소소송의 당사자 적격(대법원 2002. 8. 23. 선고 2002추61 판결) 등은 인정되지 않는다.

❖ **이해관계인의 제2심 청구권 인정여부**

① 이해관계인은 「해양사고의조사및심판에관한법률」 제58조 제1항의 규정에 의한 제2심 청구권자에 해당되지 않으므로 같은 법 제62조의 규정에 의하여 이를 기각한다(중앙해심 제2009-003호).

② 이해관계인의 심판변론인이 신청한 제2심 청구는 이해관계인의 심판변론인이 「해양사고의조사및심판에관한법률」 제58조의 규정에 정한 제2심 청구권자가 아니므로 같은 법 제62조의 규정에 의거 이 청구를 기각한다(중앙해심 제2002-015호).

○ **해설**

해심법 제58조는 제1항은 '조사관 또는 해양사고관련자'를 제2심 청구권자로 규정하고 있고, 제2항은 '심판변론인은 해양사고관련자를 위하여 제1항의 청구를 할 수 있다'고 규정한다.

위 규정에 의하면, 이해관계인과 이해관계인의 심판변론인은 제2심을 청구할 수 없다. 반면, 해양사고관련자의 심판변론인은 해양사고관련자의 명시한 의사에 반하지 않는 한 제2심을 청구할 수 있다.

❖ **이해관계인의 재결취소소송 원고적격 여부**(소극)

「해양사고의조사및심판에관한법률」은 제27조 제1항, 제39조의2 등에서 해양사고의 이해관계인에게 심판변론인 선임권과 조사관의 심판불요처분에 대한 심판신청권 등을 인정하고 있지만, 나아가 해양사고의 이해관계인이 중앙해양안전심판원의 재결에 대하여 대법원에 소를 제기할 수 있다는 규정은 두고 있지 않고, 같은 법 제74조 제1항에서 규정하는 중앙해양안전심판원의 재결에 대한 소는 행정처분에 대한 취소소송의 성질을 가지므로, 중앙해양안전심판원의 재결에 대한 취소소송을 제기하기 위하여는 행정소송법 제12조에 따른 원고적격이 있어야 할 것이다.

침몰선박의 부보 보험회사는 같은 법 제2조 제3호에 의한 해양사고관련자도 아니고 재결의 취소로 간접적이거나 사실적, 경제적인 이익을 얻을 뿐, 재결의 근거 법률에 의하여 직접 보호되는 구체적인 이익을 얻는다고 보기도 어렵다고 할 것이므로, 재결의 취소를 구할 법률상 이익이 없어 원고 적격이 없다(대법원 2002. 8. 23. 선고 2002추61 판결).

○ **해설**

이해관계인은 재결의 취소로 간접적, 사실적, 경제적 이익을 얻을 뿐 법률에 의하여 직접 보호되는 구체적인 이익을 얻는다고 보기 어려우므로 재결취소소송의 당사자적격이 인정되지 않는다. 이러한 점에서 이해관계인에게 조사관과 해양사고관련자의 대등당사자 구조나 해양사고관련자의 방어권을 침해하는 수준의 권리행사가 보장된다고 보기 어려우므로 법령상 이해관계인 권리의 내용과 한계가 불명확한 경우에는 위와 같은 이해관계인의 절차상 지위를 고려하여 해석되어야 할 것이다.

심판참여의 허가를 받은 이해관계인이 심판원의 소환과 신문에 연속하여 2회 이상 불응하거나 심판의 진행을 방해하는 것으로 인정되는 경우 심판장은 직권으로 해당 이해관계인의 심판참여 허가를 취소할 수 있다(제44조의2 제2항).

[관련쟁점 5] 이해관계인의 증거신청권

실무상 이해관계인은 제2심 청구권, 재결취소소송의 당사자 적격이 인정되지 않을 뿐 그 외 심판절차에서 해양사고관련자와 동등한 수준의 권리를 행사하고 있다. 즉, 이해관계인은 심판변론인을 선임하여 증거신청, 현장검증신청, 증인신문 등 심판에 적극적으로 개입하고 있다.

그러나 해심법 제44조의2는 "이해관계인은 심판장의 허가를 받고 심판에 참여하여 진술할 수 있다"고 규정할 뿐이므로, 심판참여권의 구체적 내용을 열거하여 심판절차에 혼란이 없도록 근거법령을 마련할 필요가 있다.

참고로, 형사재판에서 피해자에게는 진술권이 인정될 뿐 증거신청 등의 권리는 인정되지 않는다(형사소송법 제294조, 제294조의2).[7] 해심법 제48조는 '조사관, 해양사고관련자 또는 심판변론인'의 증거신청을 인정할 뿐이므로, 이해관계인의 증거신청권에 대한 근거를 보다 명확히 하는 것이 필요할 것으로 보인다.

---

7) 형사소송법 제294조(당사자의 증거신청)
① 검사, 피고인 또는 변호인은 서류나 물건을 증거로 제출할 수 있고, 증인·감정인·통역인 또는 번역인의 신문을 신청할 수 있다.
형사소송법 제294조의2(피해자등의 진술권) ① 법원은 범죄로 인한 피해자 또는 그 법정대리인(피해자가 사망한 경우에는 배우자·직계친족·형제자매를 포함한다. 이하 이 조에서 "피해자등"이라 한다)의 신청이 있는 때에는 그 피해자등을 증인으로 신문하여야 한다. 다만, 다음 각 호의 어느 하나에 해당하는 경우에는 그러하지 아니하다.
1. 삭제
2. 피해자등 이미 당해 사건에 관하여 공판절차에서 충분히 진술하여 다시 진술할 필요가 없다고 인정되는 경우
3. 피해자등의 진술로 인하여 공판절차가 현저하게 지연될 우려가 있는 경우
② 법원은 제1항에 따라 피해자등을 신문하는 경우 피해의 정도 및 결과, 피고인의 처벌에 관한 의견, 그 밖에 당해 사건에 관한 의견을 진술할 기회를 주어야 한다.
③ 법원은 동일한 범죄사실에서 제1항의 규정에 의한 신청인이 여러 명인 경우에는 진술할 자의 수를 제한할 수 있다.
④ 제1항의 규정에 의한 신청인이 출석통지를 받고도 정당한 이유없이 출석하지 아니한 때에는 그 신청을 철회한 것으로 본다.

제 4 절 심판변론인

Ⅰ. 개   관

심판변론인은 해양사고관련자나 이해관계인을 위하여 심판원에 대하여 하는 신청·청구·진술 등의 대리 또는 대행을 하는 자를 말한다(제29조 제1항). 해양사고관련자, 이해관계인 및 조사관은 서로 대립하는 관계에서 심리가 진행되는데, 조사관은 국가기관의 우월한 행정력과 전문지식을 바탕으로 심판절차를 진행하는 반면, 해양사고관련자나 이해관계인은 심판절차에 대한 전문지식과 경험이 부족하기 때문에 해양안전심판을 공정하게 하기 위해서 자격을 갖춘 자를 심판변론인으로 선임하여 심판절차를 진행할 수 있도록 한 것이다. 구 해난심판법에서는 '해사보좌인'으로 불렸다.

심판변론인에는 ① 해양사고관련자나 이해관계인이 선임하는 '사선 심판변론인'과 ② 심판원이 국가의 비용으로 해양사고관련자를 위하여 선정해주는 '국선 심판변론인'이 있다.

Ⅱ. 사선 심판변론인

1. 의   의

사선 심판변론인은 해양사고관련자, 이해관계인, 그 밖의 관계인의 위임에 따라 이들의 정당한 권리를 보호하고 변론하는 자를 말한다.

2. 선임권자

해양사고관련자나 이해관계인은 심판변론인을 선임할 수 있으며, 해양사고관련자의 법정대리인·배우자·직계친족과 형제자매는 독립하여 심판변론인을 선임할 수 있다(제27조 제1항, 제2항).

'선임'이란 해양사고관련자나 이해관계인이 사건에 관하여 심판변론인 자격이 있는 사람을 사선 심판변론인으로 선임하고 그 사건을 담당하는 심판원에 신고하는 행위를 말한다. 따라서 그 전제가 되는 선임권자와 심판변론인 간의 계약 등 사법(私法)상의 행위는 여기서 말하는 선임행위에 해당하지 않는다. 선임권자는 심판변론인과 연명날인한 서면을 심판원에 제출하여야 한다(시행령 제24조).

❖ 해양사고관련자가 사망한 경우 심판변론인 선임 가부

해난심판법 제5조 제27조의 규정에 의하면, 해난심판 절차에 있어 그 어느 경우를 막론하고 반드시 수심인이 있어야 하는 것도 아니며, 수심인이 있었으나 수심인이 사망한 경우, 수심인에 대한 심판권 및 징계권은 소멸하고, 해난에 대한 심판권만은 의연 존속하여, 수심인 또는 그의 지위승계란 있을 수 없다고 해석함이 상당하다.

본건에 있어 수심인이었던 소외 1은 제2심 청구이전에 이미 사망하였다는 사실이 확정된 격이므로, 그 이후로는 수심인이 없고 수심인의 지위 승계도 없는 것이어서 해사보좌의 선임이 있을 수 없고, 해난심판법 제19조 소정 해사보좌인을 선임할 수 있는 자에 관한 규정 또한 수심인 있음을 전제로 한 것에 불과하다(대법원 1969. 7. 22. 선고 68후41 판결).

○ 해설

해양사고관련자(舊 수심인)가 사망한 경우 당해 해양사고관련자는 더 이상 해양안전심판의 당사자가 아니다.

해심법 제27조 제2항은 '해양사고관련자의 법정대리인·배우자·직계친족과 형제자매는 독립하여 심판변론인을 선임할 수 있다'고 규정하나, 이는 해양사고관련자가 존재함을 전제로 한 것이므로, 다른 선임권자가 해양사고관련자를 위하여 심판변론인을 선임할 수도 없다.

---

3. 선임방법

심판변론인은 중앙심판원에 심판변론인으로 등록한 사람 중에서 선임하여야 한다. 다만, 각급 심판원장의 허가를 받은 경우에는 그러하지 아니하다(제27조 제3항).

4. 선임의 시간적 범위

해양사고관련자나 이해관계인은 심판정에서의 변론이 끝나기 전까지는 언제든지 심판변론인을 선임할 수 있다(시행령 제23조). 심판변론인을 선임하고자 할 때에는 심급마다 선임하여야 하며, 심판변론인과 연명날인한 서면을 심판원에 제출하여야 한다(시행령 제24조). 심판변론인 선임의 효력은 그 심급의 종료 시까지 계속된다.

[관련쟁점 6] 심판변론인의 제2심 청구서 제출

제1심의 재결고지 후 '심판변론인'이 제2심 청구서를 제출하는 것이 적법한지 문제될 수 있다. 즉, 심판변론인이 지방심판원에 제2심 청구서를 제출하는 경우 해양사고관련자의 기명날인이 없어도 적법한 것인지 문제된다.

○ 해설

해심법 제58조는 조사관 또는 해양사고관련자는 지방심판원의 재결에 불복하는 경우 중앙심판원에 제2심을 청구할 수 있고(제1항), 심판변론인은 해양사고관련자의 명시한 의사에 반하지 않는 한 해양사고관련자를 위하여 제2심의 청구를 할 수 있다고 규정한다(제2항).

심판변론인 선임은 심급마다 하여야 하므로(시행령 제24조), 심판변론인 선임의 효력은 '그 심급의 종료 시'까지 계속되는 것이다. 제1심이 확정되기까지 제1심이 종료된 것이 아니고, 심판변론인에게는 제2심 청구권이 있으므로 해양사고관련자의 의사에 반하지 않는 한 심판변론인이 제2심 청구서를 제출할 수 있다고 보아야 한다. 다만, 그 후의 심판절차와 관련된 행위에 관하여는 새로운 선임을 필요로 한다.

참고로, 위 해심법 제58조 제2항은 형사소송법상 변호인의 상소권에 관한 규정과 유사하며,[8] 형사재판에서도 1심 변호인의 항소장 제출이 인정되고 있다.

---

8) 형사소송법 제341조(당사자 이외의 상소권자) ① 피고인의 배우자, 직계친족, 형제자매 또는 원심의 대리인이나 변호인은 피고인을 위하여 상소할 수 있다.
② 전항의 상소는 피고인의 명시한 의사에 반하여 하지 못한다.

Ⅲ. 심판변론인의 자격과 등록

1. 심판변론인의 자격

심판변론인은 심판변론인으로 등록한 사람 중에서 선임하여야 하는데(제27조 제3항), 심판변론인의 등록자격은 다음과 같다(제28조 제1항).

1. 제9조의2 제3항 제1호부터 제4호까지의 규정에 해당하는 사람(지방심판원의 심판관이 될 수 있는 사람)
2. 심판관 및 조사관으로 근무한 경력이 있는 사람
3. 1급 항해사, 1급 기관사 또는 1급 운항사 면허를 받은 사람으로서 5년이상 해사 관련 법률자문업무에 종사하였거나 해양수산부령으로 정하는 해사 관련 분야의 법학박사 학위를 취득한 사람
4. 변호사 자격이 있는 사람

2. 심판변론인의 등록

심판변론인의 업무에 종사하려는 사람은 대통령령으로 정하는 바에 따라 중앙심판원장에게 등록하여야 한다(제28조 제2항).

Ⅳ. 심판변론인의 권리와 의무

심판변론인은 ① 해양사고관련자나 이해관계인이 이 법에 따라 심판원에 대하여 하는 신청·청구·진술 등의 대리 또는 대행, ② 해양사고관련자 등에 대하여 하는 해양사고와 관련된 기술적 자문 등을 수행한다(제29조 제1항).

해심법상 심판변론인에게는 다음과 같은 권리가 인정된다.

심판변론인은 수임한 직무를 성실하게 수행하여야 하며, 직무상 알게 된 비밀을 누설하여서는 아니 된다(제29조 제2항, 제3항).

심판 전	① 심판관, 비상임심판관 기피신청(제15조 제2항) ② 증거보전신청(제35조) ③ 제1회 심판이전의 선박·기타장소 검사 입회(시행령 제40조) ④ 관계 서류 및 증거물의 열람·복사권(제44조의4)
심판진행 중	① 심판기일 지정통지 접수, 심판기일 변경신청(제43조) ② 증거조사신청(제48조) ③ 심판관계인 신문(시행령 제45조) ④ 조사관의 의견에 대한 의견진술(시행령 제54조) ⑤ 최후진술(시행령 제55조)
재결 이후	① 재결서 송달(제56조) ② 제2심 청구(제58조) ③ 재결서 등본 청구(시행령 제61조)

Ⅴ. 국선 심판변론인

1. 도입배경

심판원이 국가의 비용으로 해양사고관련자를 위하여 선정한 심판변론인을 '국선 심판변론인'이라고 한다. 해심법은 2011. 6. 15. 개정에서 국선심판변론인 제도를 도입하여 심판과정에서 타인의 법률적 자문이 필요하나 경제적 부담 등으로 심판변론인을 선임하지 못하여 상반된 이해관계를 가진 자로부터 스스로 권리를 보호하지 못하는 사회적 약자, 빈곤한 자 및 권리보호가 필요한 자 등에 대해 '심판원이 직권으로 심판변론인을 선정할 수 있다'고 하여 사회적 약자 등의 권익을 보호하도록 하였다.[9]

---

9) 해양사고의 조사 및 심판에 관한 법률(법률 제10802호, 2011. 6. 15. 일부개정) 제정·개정이유 참조
　"국선심판변론인제도 도입(안 제30조 신설)
　　1) 심판당사자는 심판과정에서 타인의 법률적 자문이 필요하나 경제적 부담 등으로 심판변론인을 선임하지 못하여 상반된 이해관계를 가진 자로부터 스스로 권리를 보호하지 못하는 문제점이 있음.
　　2) 해양안전심판원은 사회적 약자, 빈곤한 자 및 권리보호가 필요한 자 등에 대하여 예산의 범

2. 국선 심판변론인의 선정

① 직권선정: 다음 각 호의 어느 하나에 해당하는 경우로서 심판변론인이 없는 때에는 심판원은 예산의 범위에서 직권으로 심판변론인을 선정하여야 한다 (제30조 제1항).

    1. 해양사고관련자가 미성년자인 경우

    2. 해양사고관련자가 70세 이상인 경우

    3. 해양사고관련자가 청각 또는 언어 장애인인 경우

    4. 해양사고관련자가 심신장애의 의심이 있는 경우

이는 필수적으로 국선 심판변론인을 선정하여야 하는 사유를 열거한 것으로, 국선 심판변론인을 선정하지 않거나 국선 심판변론인의 참여 없이 이루어진 심판은 위법하다. 대법원도 형사재판에 있어 '형사소송법 제33조의 필수적 변호 사건에서 변호인의 관여 없이 공판절차를 진행한 것은 위법하다'고 판단한 바 있다.[10]

② 청구에 의한 선정: 심판원은 해양사고관련자가 빈곤 또는 그 밖의 사유로 심판변론인을 선임할 수 없는 경우로서 해양사고관련자의 청구가 있는 경우에는 예산의 범위에서 심판변론인을 선정할 수 있다(제30조 제2항).

❖ **빈곤 또는 그 밖의 사유로 심판변론인을 선임할 수 없는 경우**(시행규칙 제17조)

제17조(국선 심판변론인의 선정 청구 등) ① 법 제30조제2항에 따른 빈곤 또는 그 밖의 사유로 심판변론인을 선임할 수 없는 경우는 해양사고관련자가 다음 각 호의 어느 하나에 해당하는 경우로 한다.

위에서 직권으로 심판변론인을 선정할 수 있도록 함.

  3) 국선심판변론인 제도를 도입함으로써 사회적 약자 등의 권익을 보호할 수 있을 것으로 기대됨."

10) 대법원 2011. 4. 28. 선고 2011도2279 판결

    "원심은 피고인이 변호인을 선임한 바 없음에도 불구하고 국선변호인을 선정하지 않고 개정, 사건을 심리해 항소기각 판결을 선고했는데 이와 같이 필요적 변호사건에 있어 변호인의 관여 없는 공판절차에서 이뤄진 소송행위는 무효이다."

1. 「국민기초생활 보장법」제2조제1호에 따른 수급권자인 경우
2. 월 소득이 「국민기초생활 보장법」제2조제11호에 따른 기준 중위소득(4인가구의 기준 중위소득을 말한다)의 100분의 60에 해당하는 금액 미만의 사람인 경우
3. 「국가유공자 등 예우 및 지원에 관한 법률」제4조제1항 각 호에 따른 국가유공자, 그 유족 또는 가족인 경우
4. 그 밖에 관할 해양안전심판원이 국선 심판변론인을 선임할 필요가 있다고 인정하는 경우

② 법 제30조제2항에 따라 해양사고관련자가 심판변론인 선정을 청구하려는 경우에는 별지 제7호서식의 국선 심판변론인 선정 청구서에 제1항 각 호의 어느 하나에 해당됨을 증명하는 서류를 첨부하여 관할 해양안전심판원에 제출하여야 한다.

③ 법 제30조제3항 전단에 따른 연령·지능 및 교육 정도 등을 고려하여 권리보호를 위하여 필요하다고 인정하는 경우는 해양사고관련자가 다음 각 호의 어느 하나에 해당하는 경우로 한다.

1. 최종학력이 고등학교 졸업 이하인 경우
2. 「선박직원법」제2조제3호에 따른 선박직원이 아닌 경우

○ 해설

국선심판변론인 제도의 활성화를 통하여 해양사고의 원인을 규명하고 해양사고관련자의 실질적인 방어권을 보장하기 위해서는 '빈곤 또는 그 밖의 사유로 심판변론인을 선임할 수 없는 경우'의 소명을 엄격히 요구할 것은 아니고, 해양사고관련자가 제출한 청구서의 기재내용과 사건기록철의 자료 등을 검토하여 해양사고관련자의 가정형편 기타 제반사정에 비추어 사선 심판변론인을 선임하기 어렵다고 인정되는 경우에는 특별한 사정이 없는 한 국선 심판변론인을 선정하는 것이 타당하다고 생각된다.

3. 보수·수당

국선 심판변론인에게는 심판변론인 수당이 지급되는데, 그 금액은 예산의 범위 내에서 중앙심판원장이 정하는 금액을 지급하도록 규정되어 있다(시행령 제79조의2).

2019년 국선심판변론인 수당지급기준은 심판 1회 참여당 40만원이다(다만, 재

결고지는 변론인의 조력 필요성이 없어, 2017. 1. 이후부터 수당이 지급되지 않고 있다).

구분	1회 참여	2회 이상 참여시 매 회마다
2019년 지급액	40만원	1회 참여 수당의 1/2

제5절 심 판 부

Ⅰ. 심판부의 구성

해양안전심판원은 해양사고의 원인을 명백히 밝히고 심판의 공정성을 확보하기 위하여 풍부한 운항경험이 있거나 해운관련 분야의 전문지식을 갖춘 사람을 심판관으로 임명하여 행정심판을 진행하고 있다.

심판관은 심판행정사무에 대하여는 소속 심판원장의 지휘·감독을 받지만 (제11조), 심판합의체의 구성원으로서 심판사무를 행할 때에는 독립직권이 보장되어 있어 누구의 간섭도 받음이 없이 자기의 양심에 따라 독자적으로 직무를 행할 수 있다.[11]

1. 심판관의 자격 및 신분

가. 심판관의 자격

해양사고의 원인을 명백히 규명하고 심판권의 공정한 발동을 위하여 심판관의 임명자격을 다음과 같이 법률로 정하고 있다.

---

11) 박경현, "우리나라 해난심판법의 문제점과 개정방향에 관한 연구", 한국해양대학교 박사학위논문, 1997, 226면.

	중앙심판원 심판관	지방심판원 심판관
임명	해양수산부장관의 제청에 따라 대통령이 임명	중앙심판원장의 추천을 받아 해양수산부장관이 임명
자격	1. 지방심판원의 심판관으로 4년 이상 근무한 사람 2. 2급 이상의 항해사·기관사 또는 운항사의 해기사면허를 받은 사람으로서 4급 이상의 일반직 국가공무원으로 4년 이상 근무한 사람 3. 3급 이상의 일반직 국가공무원으로서 해양수산행정에 3년 이상 근무한 사람 4. 제1호부터 제3호까지의 경력 연수를 합산하여 4년 이상인 사람	1. 1급 항해사, 1급 기관사 또는 1급 운항사의 해기사면허를 받은 사람으로서 원양구역을 항행구역으로 하는 선박의 선장 또는 기관장으로 3년 이상 승선한 사람 2. 2급 이상의 해기사면허를 받은 사람으로서 5급 이상의 일반직 국가공무원으로 2년 이상 근무한 사람 3. 2급 이상의 해기사면허를 받은 사람으로서 대통령령으로 정하는 교육기관에서 선박의 운항 또는 선박용 기관의 운전에 관한 과목을 3년 이상 가르친 사람 4. 제1호부터 제3호까지의 경력 연수를 합산하여 3년 이상인 사람 5. 변호사 자격이 있는 사람으로서 3년 이상의 실무경력이 있는 사람

나. 심판관의 신분 및 임기

심판원장과 심판관은 일반직공무원으로서 「국가공무원법」 제26조의5에 따른 임기제공무원으로 하며, 그 임기는 3년으로 하며, 연임할 수 있다(제13조 제1항, 제2항). 심판원장과 심판관은 형의 선고, 징계처분 또는 법에 의하지 아니하고는 그 의사에 반하여 면직·감봉이나 그 밖의 불리한 처분을 받지 아니한다(제3항).

2. 심판부의 구성 및 의결

중앙심판원은 심판관 5인 이상으로 구성하는 합의체에서 심판을 행한다

(제22조). 지방심판원은 심판관 3인으로 구성하는 합의체에서 심판을 행한다. 합의체 심판부는 합의체를 구성하는 심판관(심판장과 비상임심판관을 포함한다)의 과반수의 찬성으로 의결한다. 심판장과 심판관은 독립하여 심판직무를 수행한다.

3. 비상임심판관

해양사고의 원인규명이 특히 곤란한 사건에 학식과 경험을 가진 사람을 심판에 참여시켜 전문적인 심판을 구현하기 위한 제도이다(제14조, 시행령 제10조). 심판에 참여하는 비상임심판관의 직무 및 권한은 심판관과 동일하며, 각급 심판원에 두는 비상임심판관의 수는 20인 이내로 한다(시행령 제8조).

비상임심판관은 형법 제129조부터 132조까지의 벌칙규정을 적용할 때에는 공무원으로 의제되는바(제88조의2), 해양안전심판 참여시 직무수행의 공정과 그 직무행위의 불가매수성이 강조된다고 할 것이다.

비상임심판관의 자격은 다음에 해당하는 분야에 관하여 학식과 경험이 있는 사람 중에서 위촉하며(시행령 제10조), 각급 심판원장이 비상임심판관을 위촉할 때에는 심판원장 및 심판관의 결격사유에 해당되지 않아야 하며, 지방심판원장이 비상임심판관을 위촉할 때에는 중앙심판원장의 승인을 받아야 한다(제14조).

선박분야	항만분야	기타 분야
• 선박운항 또는 선박용기관의 운전 • 어로기술 • 조선·조기·의장 • 선박의 구조 • 선박통신 • 선박운영	• 해사의 검정 또는 항만하역 • 항만의 축조 • 수로도서지 또는 항로표지	• 기상·해상 • 해사법 • 전자기기 • 화물의 특성 또는 적재 • 해양오염방지 • 기타 당해사건과 관련된 특수한 분야

2019. 3. 31. 기준 비상임심판관 위촉현황은 아래와 같다.

중앙해심	부산해심	인천해심	목포해심	동해해심	합계
13	13	14	16	11	67

Ⅱ. 심판관의 제척·기피·회피

심판은 공정하여야 하고, 공정한 심판은 공평한 심판부 구성을 전제로 한다. 구체적인 특정사건에서 심판관에게 개인적인 특수관계가 있다면 공정한 심판을 기대하기 어렵다. 여기에서 공정한 심판부 구성을 보장하기 위하여 마련된 제도가 바로 제척·기피·회피제도이다(제15조).

1. 제   척

'제척'이란 구체적인 사건의 심판에 있어서 심판관이 불공평한 심판을 할 우려가 현저한 것으로 법률에 유형적으로 규정되어 있는 사유에 해당하는 때에 그 심판관을 직무집행에서 배제시키는 제도이다. 기피나 회피와 취지를 같이 하지만, 제척의 효과가 법률의 규정에 의하여 당연히 발생한다는 점에서 당사자 또는 심판관 스스로의 신청이 있을 때에 결정에 의하여 심판관이 직무집행에서 배제되는 기피·회피와 구별된다. 심판관은 다음의 어느 하나에 해당하는 경우에는 직무집행에서 제척된다(제15조 제1항).

1. 심판관·비상임심판관이 해양사고관련자의 친족이거나 친족이었던 경우
2. 심판관·비상임심판관이 해당 사건에 대하여 증언이나 감정을 한 경우
3. 심판관·비상임심판관이 해당 사건에 대하여 해양사고관련자의 심판변론인이나 대리인으로서 심판에 관여한 경우
4. 심판관·비상임심판관이 해당 사건에 대하여 조사관의 직무를 수행한 경우
5. 심판관·비상임심판관이 전심(前審)의 심판에 관여한 경우[12]

---

12) 참고로, 형사소송법 제17조는 "법관이 사건에 관하여 전심재판 또는 그 기초되는 조사, 심리에 관여한 때"라고 규정한다. 대법원은 ① 제1심판결에서 피고인에 대한 유죄의 증거로 사용된 증거를 조사한 판사는 항소심 재판에 관여할 수 없고(대법원 1999. 10. 22. 선고 99도3534 판결), ② 수

6. 심판관·비상임심판관이 심판 대상이 된 선박의 소유자·관리인 또는 임차인인 경우

제척사유 중 가장 문제가 되는 것은 제5호의 '전심(前審)의 심판에 관여한 경우'라 할 것이다. 제1심에서 증거조사에 관여한 심판관이라도 제1심의 최종 심판기일과 재결의 합의에 관여하지 않은 이상, 제2심에서 제척사유에 해당하지 않는다. 재결의 내부적 성립 전에 심판에서 배제되었기 때문이다.

❖ 심판관 제척사유인 '전심의 심판에 관여한 경우'의 판단기준

해심법 제15조 제1항 제5호는 심판관이 '전심의 심판에 관여한 경우'에는 직무집행에서 제척된다고 규정하고 있는데, 여기서 '전심의 심판에 관여한 경우'란 최종 심판기일과 재결의 합의에 관여함을 말하고 그 전의 심판기일이나 증거조사에 관여한 경우는 포함되지 아니한다.

원고의 주장과 같이 제1심 심판절차에서 제1, 2회 심판기일에 심판장으로 관여하였으나 제3~6회 심판기일에는 관여하지 아니한 A가 제2심 심판절차와 이 사건 재결에 관여하였다고 하더라도, 이를 두고 해양심판법 제15조 제1항 제5호의 '전심의 심판에 관여한 경우'에 해당한다고 할 수 없다. 이에 반대되는 전제에서 심판관의 전심관여로 인해 이 사건 재결이 위법하다는 원고의 주장은 독자적인 견해로서 받아들일 수 없다(대법원 2015. 1. 29. 선고 2013추104 판결).

〇 해설

위 사건에서 A심판관은 ① 제1심 심판절차에서 제1, 2회 심판장으로 관여하였으나, 제3~6회 심판기일에는 관여하지 않았고, ② 제2심 심판관으로 심판에 관여하였다. 원고는 A심판관이 제1심 심판장으로 관여하였으면서 제2심 심판관으로 심판에 관여한 것은 위법하다고 주장하였으나, 법원은 이를 기각하였다.

심판관이 제1심의 증거조사에 관여하였더라도 최종 심판기일과 재결합의에 관여하지 않았다면 '재결의 내부적 성립' 전에 심판에서 배제된 것이므로 전심관여가 아니라고 볼 수 있다. 해심법 제15조 제1항 제5호(전심의 심판에 관여한 경우)는 형

탁판사로서 증거조사를 한 경우(대법원 1969. 7. 22. 선고 68도817 판결) 제척사유에 해당한다고 판단한 바 있다.

사소송법 제17조(전심재판 또는 그 기초되는 조사, 심리에 관여한 때)와 문언상 달리 규정되어 있으므로, 제1심에서 증거조사를 한 심판관이더라도 제2심의 제척사유에 해당하지 않는다는 점을 유의하여야 한다.

실무상 지방심판원 원장이 심판관 수 부족으로 중앙해심의 심판관을 겸임하는 경우가 발생하고 있는바, 전심관여에 관한 판단기준을 제시한 의미 있는 판례이다.

❖ **겸무발령에 의하여 지방해난심판관이 중앙해난심판관으로서 관여한 재결의 적법 여부**

중앙해난심판원장이 해난심판법 제11조 제1항 제4호에 의하여 지방해난심판원장을 중앙심판원 심판관 충원시까지 중앙심판원 심판관의 직무를 겸하도록 인사발령하고 이에 따라 동인이 중앙해난심판원 재결에 관여하였다면 위법이라 할 수 없다.

기록에 의하면 중앙해난심판원장은 1980. 7. 19. 인천지방심판원장인 A를 위 날짜부터 중앙심판원 심판관 충원시까지 중앙심판원 심판관의 직무를 겸무하도록 인사발령을 하였고 이에 따라 위 A가 중앙심판원 재결에 관여한 사실을 인정할 수 있으므로 위 A가 정당한 발령도 없이 재결에 관여하였다는 논지는 이유 없다(대법원 1983. 5. 24. 선고 81추5 판결).

○ **해설**

실무상 지방심판원 원장이 심판관 수 부족으로 중앙해심의 심판관을 겸임하는 경우가 발생하고 있다. 해심법 제22조 제2항은 '중앙심판원은 심판관 5명 이상으로 구성하는 합의체에서 심판을 한다'고 규정하고 있고, 제11조 제1항 제4호는 '중앙심판원장은 각급 심판원의 심판관에 결원이 있거나 그 밖의 부득이한 사유가 있을 때에는 중앙심판원의 심판관은 지방심판원장으로, 지방심판원의 심판관은 다른 지방심판원의 심판관으로 하여금 심판관의 직무를 하게 할 수 있다'고 규정하고 있으므로, 이러한 심판원의 실무는 적법하다고 볼 수 있다.

실무상 중앙해양안전심판원장 명의로 '직무대행(겸임)심판관 지정 통보'로 직무대행심판관 인사발령을 하고 있다.

2. 기　　피

'기피'라 함은 위의 제척사유가 있음에도 불구하고 심판관이 심판에 관여하고 있는 경우 또는 제척사유는 없지만 그 밖의 사유로 심판관이 불공평한 심판을 할 우려가 있는 경우에 조사관, 해양사고관련자 및 심판변론인의 신청에 의하여 그 심판관을 직무집행으로부터 제외시키는 제도이다(제15조 제2항).

'심판관이 불공평한 심판을 할 우려가 있는 경우'란 통상인의 판단으로서 심판관과 사건과의 관계로 보아 편파적이고 불공평한 심판을 하지 않을까 하는 우려를 일으킬 객관적 사정이라고 볼 수 있다.[13]

기피신청은 이유를 분명히 밝힌 서면으로 해당 심판관이 소속된 심판원에 하여야 하고(시행령 제13조), 기피신청을 당한 심판관은 그 신청에 대하여 의견서를 지체 없이 제출하여야 한다(시행령 제14조). 심판원은 기피신청이 이유 있다고 인정할 때에는 해당 심판관에 대한 제척 결정을 하여야 한다. 다만, 기피신청을 당한 심판관이 기피 신청이 이유 있다고 인정할 때에는 제척 결정이 있었던 것으로 보며, 심판원은 기피신청이 이유 없다고 인정할 때에는 신청기각 결정을 하여야 한다. 기피신청을 당한 심판관은 기피신청에 대한 결정에 관여하지 못한다(시행령 제15조).

3. 회　　피

'회피'는 심판관 스스로가 제척·기피사유가 있음을 알고 자발적으로 심판 직무집행을 피하는 것이며, 이러한 사유가 있다고 인정할 때에는 의무적으로 직무집행에서 회피하여야 한다(제15조 제4항).

---

13) 대법원 1987. 10. 21. 자 87두10 결정
　　"행정소송법에서 준용되는 민사소송법 제39조 제1항의 '재판의 공정을 기대하기 어려운 사정이 있는 때'라 함은, 당사자가 불공평한 재판이 될지도 모른다고 추측할 만한 주관적인 사정이 있는 때를 말하는 것이 아니고 통상인의 판단으로서 법관과 사건과의 관계로 보아 불공정한 재판을 할 것이라는 의혹을 갖는 것이 합리적이라고 인정될 만한 객관적인 사정이 있는 때를 말한다. 재판장이 재판진행 중 소송당사자에 대하여 상기된 어조로 '이 사람아'라고 칭하였고 이로 인하여 위 당사자가 모욕감을 느꼈다고 하더라도 이것만으로는 재판의 공정을 기대하기 어려운 객관적인 사정이 있는 때에 해당한다고 할 수 없다."

심판관은 이유를 명시한 서면으로 소속된 심판원에 회피신청을 하여야 하고(시행령 제16조), 소속 심판원 합의체심판부에서 회피에 대한 결정을 한다(제15조 제5항).

4. 심판절차의 정지

제척·기피·회피의 신청이 있을 때에는 심판원은 특히 긴급을 요하는 경우 외에는 심판절차를 정지하여야 한다(시행령 제17조).

Ⅲ. 심판부의 직원

심판부에는 서기, 심판정 경위(警衛) 및 심판 보조직원을 두는데, 서기는 심판에 참석하며 심판장과 심판관의 명을 받아 서류의 작성·보관 또는 송달에 관한 사무를 담당하고, 심판정 경위는 심판장의 명을 받아 심판정의 질서유지를 담당하며, 심판 보조직원은 심판장과 심판관의 명을 받아 증거조사 및 서기업무를 제외한 심판 보조업무를 담당한다(제23조).

서기, 심판정 경위 및 심판 보조직원은 심판원장이 그 소속 직원 중에서 지명하거나 임명한다.

제6절 조 사 관

Ⅰ. 해심법상 지위

해양사고의 조사 및 심판청구에 관한 사무를 관장하게 하기 위하여 각급 심판원에 수석조사관, 조사관 및 조사사무를 보조하는 직원을 두고 있다(제16조 제1항). 현재 각급 심판원에는 수석조사관 1명, 조사관 1~2명이 각각 배치되어 있다.

조사관은 해양안전심판의 청구뿐만 아니라 해양사고의 조사, 재결의 집행 및 해양사고 방지에 관한 사무를 담당하는 공무원으로서 그 역할이 형사소송법상의 검사의 역할과 유사하다.

조사관은 ① 해양사고관련자와 대립하여 심판원에 심판을 청구하고(제38조), ② 지방심판원의 재결에 불복하여 중앙심판원에 제2심을 청구할 수 있으며(제58조 제1항), ③ 중앙심판원의 재결에 불복하여 법원에 재결취소소송을 제기할 수 있는바(대법원 2002. 9. 6. 선고 2002추54 판결), 이는 해양안전심판에서 조사관에게 공익의 대표자로서의 지위가 인정되기 때문이다.

❖ **해양안전심판에 있어 공익의 대표자 지위인 조사관**

해양사고의 조사 및 심판에 관한 법률에서 규정하는 조사관의 직무와 권한 및 역할 등에 비추어 보면, 조사관은 해양사고관련자와 대립하여 심판을 청구하고, 지방해양안전심판원의 재결에 대하여 불복이 있을 때에는 중앙해양안전심판원에 제2심의 청구를 할 수 있는 등 공익의 대표자인 지위에 있는바, 징계재결이 위법한 경우에 징계재결을 받은 당사자가 소로써 불복하지 아니하는 한 그 재결의 취소를 구할 수 없다고 한다면, 이는 공익에 대한 침해로서 부당하므로, 이러한 경우 조사관이 공익의 대표자로서 대법원에 대하여 위법한 징계재결의 취소를 구할 법률상의 이익이 있고, 따라서 이 사건에서 원고 적격이 있다고 봄이 상당하다(대법원 2002. 9. 6. 선고 2002추54 판결).

○ **해설**

조사관이 중앙해심의 재결에 대해 불복하여 법원에 재결취소소송을 제기한 사건에서, 피고(중앙해심)는 조사관이 취소를 제기할 당사자 적격이나 법률상 이익이 없다고 주장하였다. 그러나 법원은 해양안전심판에 있어 조사관을 공익의 대표자로 보고 위법한 재결의 취소를 구할 법률상 이익이 있다고 판단한 것이다.

해양사고관련자가 재결취소소송을 제기하지 않더라도 조사관이 취소소송을 제기함으로써 위법사항을 바로잡을 수 있다.

Ⅱ. 지휘·감독체계

중앙심판원의 수석조사관은 일반적 조사사무의 최고 감독자로서 모든 조사관을 지휘·감독한다. 조사관의 조사사무와 관련하여, 과거에는 '조사관 동일체의 원칙'[14]을 규정하여 조사관이 상관의 명령에 복종하고 자의적으로 권한을 행사하지 못하도록 하였으나, 2011. 12. 16. 해심법 개정으로 위 원칙은 삭제되고 '조사사무에 관한 지휘·감독'으로 변경되었다.

즉, '조사관 동일체의 원칙'은 조사관의 사무처리에 있어 신속성, 통일성, 공정성 등을 기하고, 조사관이 자의적으로 권한을 행사하지 못하도록 만들어진 것이고, 이 원칙에 따라 조사관이 각기 분리된 관청이 아니라 전체의 하나로써 일체성이 인정되었다. 그러나 이 원칙에 따라 조사관이 상급자의 부당한 지시에도 적용될 소지가 있어, 상급자의 지휘, 감독의 적법성이나 정당성에 이견이 있을 시 이의를 제기할 수 있도록 변경된 것이다.[15][16]

---

14) 구 해양사고의 조사 및 심판에 관한 법률(2011. 6. 15. 법률 제10802호로 개정되기 전의 것)
    제18조(조사관 동일체의 원칙) ① 조사관은 그 사무에 관한 상관의 명령에 복종하여야 한다.
    ② 수석조사관은 소속 조사관으로 하여금 그 권한에 속하는 직무의 일부를 처리하게 할 수 있다.
    ③ 수석조사관은 소속 조사관의 직무를 자신이 처리하거나 다른 조사관으로 하여금 처리하게 할
    수 있다.
15) 해양사고의 조사 및 심판에 관한 법률(법률 제10802호, 2011. 6. 15. 일부개정) 제정·개정이유
    참조
    "나. 해양사고 조사사무에 관한 지휘·감독(안 제18조)
        1) 해양사고 조사사무에 관한 상사의 명령에 복종하도록 한 조사관 동일체의 원칙은 부당한
           지시에 대해서도 포괄적으로 적용될 소지가 있어 합리적인 개선이 필요함.
        2) 조사관이 조사사무에 관하여 소속 상급자의 지휘·감독에 따르도록 하되, 지휘·감독의 적
           법성 또는 정당성 여부에 대하여 이견이 있는 때에는 이의를 제기할 수 있도록 함.
        3) 조사관이 상급자의 부당한 지휘·감독에 대해 이의를 제기할 수 있도록 보장함으로써 보
           다 적법하고 공정한 조사가 이루어질 수 있을 것으로 기대됨."
16) 검사의 경우에도 과거 검찰청법 제7조에 '검사동일체의 원칙'이 규정되어 있었으나, 2003. 12. 검
    찰청법 개정을 통하여 '검사동일체의 원칙'을 '검찰사무에 관한 지휘·감독관계'로 변경하였다.

Ⅲ. 조사관의 자격

해심법 제16조의2는 수석조사관, 조사관의 자격요건에 대해 규정한다.

	자 격
중앙심판원 수석조사관	1. 지방심판원의 심판관으로 4년 이상 근무한 사람 2. 2급 이상의 해기사면허를 받은 사람으로서 4급 이상의 일반직 국가공무원으로 4년 이상 근무한 사람 3. 3급 이상의 일반직 국가공무원으로서 해양수산행정에 3년 이상 근무한 사람 4. 제1호부터 제3호까지의 경력 연수를 합산하여 4년 이상인 사람
중앙심판원 조사관, 지방심판원 수석조사관	1. 1급 항해사, 1급 기관사 또는 1급 운항사의 해기사면허를 받은 사람으로서 원양구역을 항행구역으로 하는 선박의 선장 또는 기관장으로 3년 이상 승선한 사람 2. 2급 이상의 해기사면허를 받은 사람으로서 5급 이상의 일반직 국가공무원으로 2년 이상 근무한 사람 3. 2급 이상의 해기사면허를 받은 사람으로서 대통령령으로 정하는 교육기관에서 선박의 운항 또는 선박용 기관의 운전에 관한 과목을 3년 이상 가르친 사람 4. 제1호부터 제3호까지의 경력 연수를 합산하여 3년 이상인 사람
지방심판원 조사관	1. 1급 항해사, 1급 기관사 또는 1급 운항사의 해기사면허를 가진 사람 2. 2급 항해사, 2급 기관사 또는 2급 운항사의 해기사면허를 가진 사람으로서 다음 각 목의 경력 연수를 합산하여 5년 이상인 사람 가. 7급 이상의 해양수산직 공무원으로 근무한 경력 나. 「선박안전법」 제77조제1항에 따라 선박검사원으로 근무한 경력 다. 제7조의4에 따른 교육기관 또는 「초·중등교육법 시행령」 제91조제1항에 따른 특성화고등학교에서 선박의 운항 또는 선박용 기관의 운전에 관한 학과를 교수한 경력

Ⅳ. 권　　한

　　해심법상 수석조사관과 조사관은 해양사고의 조사, 심판의 청구, 재결의 집행, 그 밖에 해양사고 통계의 종합·분석, 해양사고 사건의 현장검증, 해양사고의 국제공조, 해양사고 법규자료의 수집에 관한 사항과 같은 사무를 행할 수 있다(제17조, 시행규칙 제17조의3).

　　해심법상 조사관에게는 다음과 같은 권리가 인정된다.

　　① 심판관, 비상임심판관 기피신청권(제15조), ② 관할이전신청권(제26조), ③ 해양사고발생사실의 통지수령권 및 협조요청권(제31조), ④ 준해양사고 통지수령권(제31조의2), ⑤ 증거보전 신청권(제35조), ⑥ 조사에 필요한 각종 처분행위(제37조), ⑥ 심판청구권(제38조), 약식심판청구권(제38조의2), ⑦ 해양사고관련자의 지정(제39조), ⑧ 증거조사 신청권(제48조), ⑨ 심판청구서 변경권(제49조의2), ⑩ 심판청구 취하권(제49조의3), ⑪ 제2심 청구권(제58조), ⑫ 결정에 대한 이의신청권(제67조), ⑬ 원심결정의 집행정지와 이의신청의 결정에 대한 의견진술권(제70, 71조), ⑭ 재결의 집행권(제79 내지 81조), ⑮ 면허증의 무효선언과 고시(제82조), ⑯ 재결의 공고(제83조), ⑰ 재결 등의 이행 조치내용 통보요구권(제84조).

　　해심법상의 조사관과 형사소송법상의 검사의 업무와 기능은 다음과 같이 유사성을 갖고 있다.[17] ① 조사관의 심판청구권(제38조 제1항)과 형사소송법상 검사의 기소독점권(형소법 제246조), ② 조사사무에 관한 지휘·감독(제18조)과 검찰청법상 검찰사무에 관한 지휘·감독(검찰청법 제7조 제1항), ③ 조사관의 심판청구 재량권(제38조)과 검사의 기소편의주의(형소법 제247조), ④ 조사관의 심판청구서 변경(제49조의2 제1항)과 검사의 공소장 변경(형소법 제298조).

---

17) 정영석, "행정심판과 해양안전심판의 인적 요소에 대한 비교 고찰", 부산대학교 법학연구, 2017. 8, 5~6면.

제3장

제1심 심판

제 1 절 제1심의 심판절차

Ⅰ. 심판의 청구

1. 심판불필요처분

조사관은 조사 결과 사건을 심판에 부칠 필요가 없다고 인정하는 경우에는 심판불필요처분(審判不必要處分)을 하여야 한다(제34조 제2항).

심판불필요처분 기준은 사무처리요령 제46조에 자세히 열거되어 있으며, ① 해양사고로 인한 인적·물적 피해가 경미한 사건, ② 해양사고 원인이 간명한 사건, ③ 심판의 실익이 없는 사건 등이 그 대상이다.

2. 심판에 부쳐야 할 사건

조사관은 사건을 심판에 부쳐야 할 것으로 인정할 때에는 지방심판원에 심판을 청구하여야 한다(제38조 제1항). 다만, 사건이 발생한 후 3년이 지난 해양사고에 대하여는 심판청구를 하지 못한다.

심판청구의 필요성에 대한 가치판단은 본래 조사관의 전권에 속하며, 이 가치판단의 토대가 되는 것은 해양사고의 사회적 영향력, 해양사고로 인한 인적·물적 손상 정도, 유사한 해양사고의 재발방지를 위한 행정정책적 필요성 등이다.[1]

---

1) 박경현, "우리나라 해난심판법의 문제점과 개정방향에 관한 연구", 한국해양대학교 박사학위논문,

사무처리요령 제51조는 사건이 심판불필요처분의 기준에 해당하지 아니할 경우 심판청구대상으로 할 것을 규정한다.

3. 약식심판

조사관은 1) 사람이 사망하지 아니한 사고, 2) 선박 또는 그 밖의 시설의 본래의 기능이 상실되지 아니한 사고, 3) 대통령령으로 정하는 기준 이하의 오염물질이 해양에 배출된 사고 등 어느 하나에 해당하는 경미한 해양사고로서 해양사고관련자의 소환이 필요하지 아니하다고 인정할 때에는 약식심판을 청구할 수 있다(제38조의2).

약식심판이 청구된 사건에 대하여는 심판의 개정(開廷)절차를 거치지 않고 서면으로 심판한다. 심판장은 약식심판을 할 경우 해양사고관련자에게 기한을 정하여 서면으로 변론의 기회를 주어야 하며, 심판원은 약식심판으로 심판을 하기에 부적당하다고 인정할 때에는 심판의 개정절차에 따라 심판할 것을 결정할 수 있다(제41조의3).

약식심판 사건은 제1심에만 있으며 1명의 심판관이 심판을 한다(제22조 제1항).

Ⅱ. 심판의 준비

1. 사건의 배당

지방심판원장은 조사관이 심판을 청구하면 당해 사건을 담당할 심판관을 지정하고 그에게 사건을 배당한다. 지방심판원장을 포함한 3인의 심판관이 심판부를 구성하며, 사건을 배당받은 심판관이 주심심판관이 된다(심판원장이 사건을 배당받아 주심심판관이 될 수 있다).

2. 주심심판관의 심판준비

가. 심판청구요건에 관한 검토

주심심판관은 사건기록철을 받은 후 심판청구서가 심판청구요건을 구비하

1997, 248면.

고 있는지에 관하여 검토하고, 요건을 갖추지 못한 경우 심판청구를 기각한다 (제52조).

1) 사건에 대하여 심판권이 없는 경우

① 해심법상 해양사고가 아닌 경우(제2조 제1호), ② 심판대상이 아닌 선박의 사고인 경우(시행령 제1조의2), ③ 한국영해 밖에서 한국선박과 관련 없는 외국적 선박의 해양사고(사무처리요령 제22조 제1항) 등이 이에 해당한다.

2) 심판의 청구가 법령에 위반하여 제기된 경우

사건이 발생한 후 3년이 지난 해양사고를 심판청구한 경우(제38조 제1항) 등이 이에 해당한다.

3) 일사부재리원칙을 위반한 경우

심판원은 본안에 대한 확정재결이 있는 사건에 대하여 거듭 심판할 수 없다 (제52조 제3호, 제7조).

나. 제1회 심판기일 전의 심판준비

주심심판관은 심판청구가 심판청구요건을 구비한 것으로 판단되면, 사건기록철을 검토하고 추가로 필요한 자료를 확보하는 등 심판을 준비한다.

즉, 심판관은 제1회 심판기일 전이라도 ① 선박이나 그 밖의 장소를 검사하는 일, ② 장부·서류 또는 그 밖의 물건을 제출하도록 명하는 일, ③ 관공서에 대하여 보고 또는 자료제출을 요구하는 일 등의 조사를 할 수 있다(제48조 제2항).[2]

예를 들어, ① 사고발생 해역이나 선박에 방문하여 검사하거나, ② 해양사고관련자에게 항해일지, 기관일지, 안전관리체제 매뉴얼, 수리내역 등의 제출을 요구하거나, ③ 수사기관에 대한 형사기록 제출요청, 선박검사기관에 대한 선박자료 제출요청 등을 통하여 심판을 준비한다.

그 외에도 전자적 수단으로 선박의 항적을 기록한 정보(이른바 '선박위치정

---

2) 심판원이 제48조 제2항 제1호의 규정에 따른 검사를 하려면 미리 그 뜻을 조사관, 해양사고관련자 및 심판변론인에게 알려 입회할 기회를 주어야 한다(시행령 제40조).

보’)를 검토하기도 한다(해사안전법 제37조).

3. 심판기일의 지정

심판장은 심판기일을 정하여 해양사고관련자를 소환하고, 조사관·심판변론인·이해관계인 등에게 심판기일을 알려야 한다(제43조 제1항, 제3항). 그러나 1회 이상 출석한 해양사고관련자에 대하여는 소환하지 아니할 수 있다(제2항). 심판장은 직권으로 또는 해양사고관련자, 조사관 및 심판변론인의 신청을 받아 제1회 심판기일을 변경할 수 있다(제4항).

Ⅲ. 심판절차

해양안전심판은 심판기일에 심판정에서 행하는 심리가 중심이 된다. 해심법은 심판절차상 원칙으로 공개심판주의, 구술변론주의, 증거심판주의 및 자유심증주의를 규정한다.

1. 공개심판주의

해심법은 ‘심판의 대심(對審)과 재결은 공개된 심판정에서 한다’고 규정하여, 해양사고관련자에게 공개심판을 받을 권리를 보장하고 있다(제41조). 심판이 비밀리에 이루어진다면 공정하지 못한 심판이 내려질 수도 있기 때문에 모든 심판의 과정과 결과가 일반인에게 공개된다. 다만, 심판절차상의 결정은 결정서를 송달하는 방법으로 할 수 있고(시행령 제64조), 심판부의 합의는 공개되지 아니한다(제22조).

심판은 각 지방심판원에 마련된 심판정에 출석하여 심리하는 대심(對審)이 원칙이나, 심판원장은 해양사고관련자가 교통의 불편 등으로 심판정에 직접 출석하기 어려운 경우에는 원격영상심판을 할 수 있다(제41조의2). 원격영상심판도 해양사고관련자가 심판정에 출석하여 진행하는 심판으로 본다(제41조의2 제2항).[3]

---

3) 해양사고의 조사 및 심판에 관한 법률(법률 제16164호, 2018. 12. 31. 일부개정) 제정·개정이유 참조.
　　“라. 원격영상심판에 대한 법적 효력의 명확화(제41조의2제2항 신설)

2. 구술변론주의

심판의 재결은 구술변론을 거쳐야 한다(제45조). 구술변론주의란 당사자의 변론 및 증거조사를 구술로 행하는 원칙으로서 서면심리주의에 대립하는 것이다.[4]

예외적으로 ① 해양사고관련자가 정당한 사유 없이 심판기일에 출석하지 않은 경우, ② 해양사고관련자가 심판장의 허가를 받고 서면으로 진술한 경우, ③ 조사관이 사고 조사를 충분히 실시하여 해양사고관련자의 구술변론이 불필요한 경우, ④ 약식심판을 행하는 경우 등에는 구술변론을 거치지 않고 재결을 할 수 있다.[5]

3. 증거심판주의

가. 의   의

심판정에서 직접 조사한 증거만을 심판의 기초로 삼을 수 있다는 것을 증거심판주의 또는 직접주의(直接主義)라고 한다. 해심법 제50조는 '사실의 인정은 심판기일에 조사한 증거에 의하여야 한다'고 하여 증거심판주의와 직접주의를 규정한다. 직접주의는 심판관에게 정확한 심증을 형성하게 하고자 하는 취지에

해양안전심판은 당사자가 공개된 심판정에 출석하여 심리하는 대심(對審)이 원칙이나 해양사고관련자의 교통 불편 등의 사유로 심판정에 출석하기 어려운 경우 예외적으로 실시할 수 있는 원격영상심판에 대해서도 해양사고관련자가 심판정에 출석하여 진행하는 심판으로 보도록 명확히 함."

4) 이시윤, 「신민사소송법」 제10판, 박영사, 2016, 313면.

5) 해양사고의 조사 및 심판에 관한 법률(법률 제10802호, 2011. 6. 15. 일부개정) 제정·개정이유 참조.

"아. 필요적 변론 요건의 완화(안 제45조)

    1) 재결은 정당한 사유 없이 심판기일에 출석하지 아니하는 경우를 제외하고는 반드시 해양사고관련자의 구술변론을 거치도록 하고 있어 심판진행이 지연되는 등 문제점이 있음.

    2) 심판원은 해양사고관련자가 심판장의 허가를 받고 서면으로 진술하거나 해양사고관련자에 대하여 심판장이 원인규명을 위한 소환이 불필요하다고 인정하는 경우 및 약식심판을 행하는 경우에는 구술변론을 거치지 아니하고 재결을 할 수 있도록 함.

    3) 구술변론을 거치지 않고 재결을 할 수 있는 경우를 확대함으로써 신속한 심판이 가능할 것으로 기대됨."

서 요구되는 것이며, 증거조사에서 직접 해양사고관련자에게 변론의 기회를 주어 해양사고관련자를 보호하고자 하는 견지에서도 요청되는 것이다.[6)]

나. 증거신청권자

증거신청권자는 조사관, 해양사고관련자 또는 심판변론인이다(제48조). 증거조사는 이들 신청권자에 의한 증거신청을 기다려 증거결정을 한 다음 시행하는 것이 원칙이지만, 신청이 없어도 심판원이 직권으로 증거결정을 하고서 증거조사를 할 수 있다. 예컨대, 해양사고관련자가 어떠한 주장을 하면서 해기지식 부족 등 여러 가지 이유로 증거신청을 하지 못하는 경우에는 실체적 진실발견을 위하여 심판원이 후견적 지위에서 해양사고관련자의 호소 내용을 잘 듣고 그에 관한 적법한 증거신청을 유도하거나 직권으로 증거조사를 실시하여야 할 경우도 있다. 해양사고의 특성상 증거가 소멸되거나 불충분한 사례가 많아 해양사고 관련자의 진술에 의존하는 경우가 많은데, 심판원은 직권주의를 발동하여 다양한 증거조사기법을 활용하여 심리의 충실화를 도모할 필요가 있다.

다. 증거조사

증거조사는 심판기일에 심판정에서 행하는 것이 원칙이지만, 심판기일 외에 심판정외에서 행할 수도 있다(시행령 제42조). 심판기일 외의 증거조사를 할 때에는 조사관·해양사고관련자 및 심판변론인에게 알려 입회할 기회를 주어야 한다(시행령 제42조, 제40조).

이와 같이 심판기일 외에 조사한 증거에 대하여는 그 자체로는 증거자료로서 사실의 인정에 사용되어서는 안 되고, 증거조사의 결과가 검사조사나 증인신문조서에 기재한 다음 심판기일에 심판정에서 그 증거조사의 결과를 보고함으로써 비로소 증거자료로 되는 것이다(시행령 제50조 제2항).[7)]

4. 자유심증주의

해양안전심판원이 해양사고관련자에게 징계처분을 하는 점에서 심판절차가

---

6) 박경현, 전게논문, 261면.
7) 박경현, 전게논문, 263면.

형사재판의 구조와 유사한 점이 많다. 해심법 제51조는 형사소송법과 같이 자유심증주의를 채택하여 '증거의 증명력은 심판관의 자유로운 판단에 따른다'고 규정하나, 증거능력에 관한 규정은 두지 않고 있다. 따라서 해양안전심판의 증거는 형사소송법상의 증거능력이 요구되지는 않는다.

❖ 해양안전심판의 증거는 형사법상 증거능력이 요구되지 않음

① 해심법이 자유심증주의를 채택하고 있고(제51조) 형사소송절차와 유사한 심리구조를 택하면서도 증거능력에 관한 규정을 두지 아니하고 있다(대법원 2010. 4. 8. 선고 2009추213 판결).

② 해심법 제51조가 자유심증주의를 채택하고 있는 점을 고려할 때 상대방 부지 중 비밀리에 상대방과의 대화를 녹음하였다는 이유만으로 그 녹음테이프나 이를 속기사에 의하여 녹취한 녹취록이 증거능력이 없다고 단정할 수 없으므로 사적인 통화내용을 녹음·녹취하여 제출한 증거를 채택하고 이에 터잡아 재결이 이루어졌다고 하여 절차상 위법이 있다고 할 수 없다(대법원 2013. 12. 26. 선고 2011추100 판결, 2003추20, 2009추15, 2012추107).

○ 해설

해양안전심판은 해양사고관련자에게 징계처분을 하는 점에서 형사재판의 구조와 유사한 점이 많으나, 행정처분을 하는 절차이므로 해양안전심판의 증거는 형사소송법상의 증거능력이 요구되지는 않는다.

자유심증주의에 의하여 심판관이 자유롭게 판단할 수 있는 것은 증거의 증명력이다. 자유판단이란 심판관이 증거의 증명력을 판단함에 있어서 미리 정하여져 있는 어떠한 기준이나 법칙에 따르지 않고 자신의 합리적 이성에 의하여 사실의 존부에 관한 판단을 행하는 것을 말한다. 따라서 심판관은 자유롭게 증거의 취사선택을 할 수 있고, 모순되는 증거가 있는 경우에 어느 증거를 믿을 것인지 자유롭게 결정할 수 있으며, 동일 증거의 일부만을 믿거나 다수 증거를 종합한 종합증거에 의하여도 사실인정을 할 수 있다.

그러나 자유심증주의에 있어서의 자유가 자의(恣意)를 의미할 수는 없으며, 사실인정이 심판관의 전단(專斷)이 되어서는 안 된다. 자유심증주의 하에서의 증거의 가치판단은 심판관의 자유재량에 맡겨져 있기는 하나 자의적인 재량이 허용되는 것은 아니며 합리성과 객관성을 결여한 증거가치의 판단은 위법하고, 논리칙과 경험칙에 위배되지 않는 범위 내에서만 허용되는 것으로서, 객관성과 합리성을 결하여 논리칙과 경험칙에 반하는 증거취사나 사실인정까지 허용될 수 있는 것은 아니다.

5. 기타 절차

가. 심판진행순서

해양안전심판의 심판진행순서 예시는 사무처리요령 별표 3에 기재되어 있다(참고자료 4 참조).

나. 이해관계인의 심판참여

이해관계인은 심판장의 허가를 받고 심판에 참여하여 진술할 수 있다(제44조의2). 심판참여의 허가를 받은 이해관계인이 심판원의 소환과 심문에 2회 이상 불응하거나 심판의 진행을 방해하는 것으로 인정되는 경우 심판장은 직권으로 해당 이해관계인에 대한 심판참여의 허가를 취소할 수 있다. 심판장은 심판참여를 허가하거나 심판참여의 허가를 취소한 경우에는 해당 조사관과 해양사고관련자 및 심판변론인에게 그 사실을 알려야 한다.

다. 심판장의 권한

심판장은 개정(開廷) 중 심판을 지휘하고 심판정의 질서를 유지하며, 심판을 방해하는 사람에게 퇴정(退廷)을 명하거나 그 밖에 심판정의 질서를 유지하기 위하여 필요한 조치를 할 수 있다(제42조).

라. 심판청구서의 변경

조사관은 심판청구 후에도 사건의 동일성을 해치지 않는 한도에서 심판청구서에 기재된 사건명을 변경하거나 해양사고 사실 또는 해양사고관련자를 추가·철회 또는 변경할 수 있다(제49조의2 제1항).

심판장은 심리의 경과에 비추어 필요하다고 인정하면 조사관에게 해양사고관련자를 추가·철회 또는 변경할 것을 서면으로 요구할 수 있다(제49조의2 제2항).

마. 심판청구의 취하

조사관은 심판청구된 사건에 대한 심판이 불필요하게 된 경우로서 대통령령으로 정하는 경우에는 제1심의 재결이 있을 때까지 심판청구를 취하할 수 있다(제49조의3). 다만, 이해관계인의 심판신청에 따라 심판원의 결정으로 조사관이 청구한 사건에 대해서는 취하할 수 없다.

바. 변론의 재개

심판원은 변론이 종결된 이후에도 필요하다고 인정되는 경우에는 결정으로써 변론을 재개할 수 있다(시행령 제56조). 변론종결 이후 새로운 증거가 발견되어 증거조사가 필요한 경우, 해양사고관련자가 심판변론인을 새로 선임한 경우 등 재개의 필요성이 있다고 판단되는 경우 심판원은 심판기일을 지정하여 다시 심리를 진행한다.

변론재개 결정은 심판기일 외에서 하는 결정이므로 심판관계인의 진술을 듣지 아니하고 결정할 수 있다(시행령 제62조).

사. 재결기간

행정심판의 재결기간은 심판청구서를 받은 날부터 60일 이내에 하여야 하지만(행정심판법 제45조 제1항), 해양안전심판의 재결기간은 법정되어 있지 않다. 심판횟수 및 심판계류일수에 관한 통계자료는 [참고자료 7] 5~6번을 참조하길 바란다.

Ⅳ. 재   결

1. 의의 및 종류

'재결'은 조사관이 심판청구한 사건에 대하여 심판원이 심판절차에 따라 해양사고의 원인, 징계 및 권고 등의 판단을 하여 의사표시를 하는 행정행위이다.

본안의 재결은 그 내용에 따라 다시 원인규명재결, 징계재결, 권고재결의 3가지로 나눌 수 있다. ① '원인규명재결'은 당해 해양사고의 원인을 밝히고 그 결과를 명백하게 하는 것이고(제5조 제1항), ② '징계재결'은 해양사고가 해기사나 도선사의 직무상 고의 또는 과실로 인하여 발생한 것으로 인정할 때 이들에 대하여 징계처분을 하는 것이며(제5조 제2항), ③ '권고재결'은 해기사나 도선사가 아닌 자로서 해양사고의 원인과 관계있는 자에 대하여 시정 또는 개선을 권고하거나 명하는 재결이다(제5조 제3항).

❖ 원인규명재결과 징계재결·권고재결의 구분

'원인규명재결' 부분은 해양사고관련자에 대한 '징계재결'이나 '권고재결'과는 달리 그 자체로는 국민의 권리의무를 형성 또는 확정하는 효력을 가지지 아니하여 행정처분에 해당한다고 할 수 없으므로 이는 재결취소소송의 대상이 될 수 없다(대법원 2000. 6. 9. 선고 99추16 판결, 대법원 2008. 10. 9. 선고 2006추21 판결, 2013추74)

○ 해설

판례도 원인규명재결, 징계재결, 권고재결을 개념적으로 구분하고 있다. 원인규명재결은 국민의 권리의무를 형성 또는 확정하는 행정처분에 해당하지 않지만, 징계재결·권고재결은 행정처분에 해당하므로 재결취소소송의 대상이 된다.

해양안전심판은 해양사고를 심판대상으로 하기 때문에 징계재결이나 권고재결이 없을 수는 있지만 원인규명재결이 없는 경우는 없다.[8] 징계재결 및 권고재결에 대한 자세한 내용은 항을 나누어 후술한다.

---

8) 원인규명재결만 있는 재결로는,
  ① 중앙해심 제2015-009호: 이 침몰사건은 A선박이 기상이 악화된 상태에서 이동하다가 계류되어 있던 모선 B선박 부근에서 강한 바람과 파도 등 외력에 의해 전복되어 표류 중 발생한 것이다.
  ② 중앙해심 제2018-007호: 이 선원사망사건은 차량에 승차한 채 선원의 안내에 따라 하선을 대기하던 고령의 차량 운전자가 부주의로 가속페달을 밟아 차량이 갑자기 돌진함으로써 발생한 것이다.

2. 합   의

합의체심판부는 합의체를 구성하는 심판관의 과반수의 찬성으로 의결한다 (제22조 제4항). 심판부가 의결을 위하여 하는 합의는 이를 공개하지 않으며, 해양사고의 원인 또는 징계양정에 있어 합의에 관한 의견이 3설 이상 분립하여 각각 과반수에 달하지 못한 때에는 과반수에 달하기까지 해양사고관련자에게 가장 불리한 의견의 수를 순차적 유리한 의견의 수에 가하여 그중 가장 유리한 의견에 의한다(사무처리요령 제114조, 제115조).

실무상 사실인정, 증거, 해양사고의 원인, 징계양정, 권고재결의 필요여부 등 본안의 모든 사항에 대하여 심판부의 합의가 실질적으로 이루어지고 있다.

V. 결   정

결정은 심판원의 재결 이외의 심판으로 종국전(終局前)의 절차에 관한 것이다. 결정을 하여야 할 경우를 명문으로 규정한 것은 다음과 같다

---

1. 심판관·비상임심판관의 제척·기피·회피에 대한 결정(법 제15조 제5항, 시행령 제12조 및 15조)
2. 관할위반으로 인한 이송에 대한 결정(법 제25조 제1항)
3. 관할이전신청에 대한 결정(법 제26조 제2항, 시행령 제5조)
4. 원심결정의 집행정지에 대한 결정(법 제70조 제1항)
5. 이의신청에 대한 결정(법 제71조)
6. 이의신청에 대한 기각결정(법 제71조 제2항)
7. 특별심판변론인의 신청에 대한 결정(시행령 제22조)
8. 심판부 구성변경에 대한 결정(시행령 제36조)
9. 심판기일변경신청에 대한 기각결정(시행령 제38조 제2항)
10. 비상임심판관 참여에 대한 결정(시행령 제53조 제1항)
11. 변론재개의 결정(시행령 제56조)
12. 청구취하에 따른 제2심 청구의 각하 결정(시행령 제68조 제3항)

Ⅵ. 원인제공비율

심판원은 해양사고의 원인을 밝힐 때 해양사고의 발생에 2명 이상이 관련되어 있는 경우에는 각 관련자에 대하여 '원인의 제공 정도'를 밝힐 수 있다(제4조 제2항).

원인제공비율은 그 이름에서 알 수 있듯이 민사재판의 과실비율과 유사한 개념이나, 동일한 것은 아니므로 그 명칭을 다르게 하였다.[9)]

해양안전심판에서의 원인제공비율은 민사재판에서의 과실비율과 반드시 일치하는 것은 아니지만,[10)][11)] 재결서에 기재된 사실인정과 원인제공비율이 민사재판에 미치는 영향은 상당히 크다고 할 수 있다.

중앙해양안전심판원은 2007. 1. 1.부터 통일된 충돌사고 원인제공비율을 제공하고자 「원인제공비율 산정지침」을 제정, 시행하여 오고 있다(참고자료 3 참조).[12)]

---

9) 박영선, "선박충돌 사고에 따른 민사법원의 과실비율과 해양안전심판원의 원인제공비율에 관한 비교고찰", 한국해법학회지 제37권 제2호, 2015, 226~227면.

  "1999년 해심법 개정 이전에 심판원은 사고원인을 통상 주인과 일인으로 나누어 재결하였는바, 당사자 간의 과실비율이 숫자로 표현되지 않아 재결이 확정되더라도 당사자 사이에 피해액 보상에 관한 분쟁이 계속되곤 하였다. 이에 1999년 해심법 개정당시 해양사고의 원인을 밝히면서 당사자들의 과실비율을 정할 수 있다는 내용이 개정안에 포함되게 되었다. 해심법 개정안에는 '과실비율'을 밝힐 수 있다고 규정하고, 관련 부처의 의견을 조회하였다. 다른 부처는 특별한 의견이 없었으나, 법원행정처와 법무부에서는 '과실비율'의 산정은 법원의 고유권한이라며 이러한 규정의 신설에 반대하였다. 이에 대하여 해양수산부는 법무부와 협의를 통하여 이 규정의 신설이 민원해소에 상당한 도움이 된다는 점을 설득하였고, 그 결과 '과실비율'이라는 용어대신 '원인제공비율'로 바꾸기로 합의되었다. 당시 법무부 담당자는 법원이 행정심판인 해양안전심판의 결과에 기속되지 아니하므로 법원이 이미 사용 중인 과실비율이라는 용어가 아니라면 의미가 비슷하더라도 대체로 수긍할 수 있다는 의견이었다. 법무부가 수정안에 동의함에 따라 법원행정처도 함께 동의하였고, 이 수정안은 무난히 국회를 통과하여 현행의 규정이 되었다."

10) 김인현, "선박충돌에서 과실비율과 해양안전심판재결과의 관련성에 대한 고찰", 법조 제562권, 2003. 7.

11) 대법원 2012. 11. 29. 선고 2012추138 판결.

  "원고의 주장에는 이 사건 재결 이유 중 사고발생에 대한 원인제공의 비율 배분에 관한 부분이 부당하다는 취지도 포함된 것으로 볼 수 있다. 그러나, 재결의 이유에서 한 판단은 취소소송의 대상이 되지 않는 것이고, 또한 이 사건 재결 이유에서 한 판단이 장차 이 사건 해양사고와 관련한 민사소송 등에서 원고의 책임비율로 확정되는 것도 아니므로, 원고의 이 부분 주장 역시 이유 없다."

12) 박영선, 전게논문, 229면.

원인제공비율 기준

구 분	선 박	
	원인제공비율(%)	원인제공비율(%)
1. 모든 시계 상태에서의 항법		
가. 좁은 수로(협수로)		
• 다른 항로에 진입한 경우	진입선박	항로 항행선박
	85	15
• 갑작스런 전타를 한 경우	전타 선박	항로 항행선박
	100	0
나. 통항분리수역		
• 다른 항로에 진입한 경우	진입선박	항로 항행선박
	85	15
• 갑작스런 전타를 한 경우	전타 선박	항로 항행선박
	100	0
다. 무역항의 수상구역등		
• 항로에 진입한 경우	진입선박	항로 항행선박
	80	20
2. 서로 시계 안에 있는 때의 항법		
가. 횡단하는 상태		
• 양선박 모두 동작을 취하지 않은 경우	피항선	유지선
	65	35
나. 마주치는 상태		
• 양선박 모두 동작을 취하지 않은 경우	일방	일방
	50	50
다. 추월		
• 양선박 모두 동작을 취하지 않은 경우	추월선	피추월선
	85	15

"작업반은 중앙심판관 4명, 지방심판관 4명, 외부 자문위원 6명으로 구성되었다. 심판관은 박재평, 허용범, 김종성, 이철환, 강신창, 남만우, 김용석, 유경필이고, 외부 자문위원은 김인현 교수, 이진홍 변호사, 박찬재 전무였다."

라. 조종성능의 우열

• 일반 동력선과 조종불능선	일반 동력선	조종불능선
	90	10

3. 제한된 시계에서 선박의 항법

가. 아무런 조치를 취하지 않은 경우	일방	일방
	50	50

4. 선원의 상무

가. 계류 중인 선박	항행 중인 선박	계류선
	100	0

나. 정박 중인 선박	항행 중인 선박	정박선
	95	5

심판원이 원인제공비율을 반드시 명시하여야 하는 것은 아니며(제4조 제2항), 실무상 심판원은 심판기일 종료시 해양사고관련자에게 원인제공비율 기재 여부에 관한 의사를 묻고, 그 의사를 존중하여 원인제공비율 기재여부를 판단하고 있다.

해양사고관련자 중 일방만 희망할 경우에도 원인제공 정도를 밝히는 것을 원칙으로 하나, 심판부에서 직질하지 아니한 것으로 판단하는 경우에는 적시하지 아니할 수도 있다(충돌사고 원인제공비율 산정지침 제2조 제3항).

> ❖ **징계재결을 할 때 사고발생 원인제공비율을 반드시 명시하여야 하는지 여부**
> (소극)
>
> 원고들은, 피고(심판원)가 원고들과 상대선박 선장의 과실을 각각 인정하면서도 양측의 과실 정도를 비교하여 실질적으로 사고 발생에 미친 정도를 평가하지 않고 바로 원고들에게 징계처분을 내렸는바, 이는 원고들에 대한 징계처분의 여건이 되는 원고들의 과실과 사고발생 간의 인과관계의 판단에 있어서 중요 부분에 대한 판단유탈에 해당한다고 주장한다.
>
> 그러나 해양사고를 이유로 하는 징계재결을 할 때에 징계재결 여부 및 그 양정은 앞서 본 바와 같이 해양사고의 원인을 포함하여 그 원인에 대한 해기사 또는 도

선사의 직무상의 고의 또는 과실의 정도, 해양사고에 의한 피해의 경중, 해양사고 발생 당시의 상황, 해기사 또는 도선사의 경력, 기타 정상 등을 종합적으로 고려하여 결정하여야 할 것이기는 하나, 사고발생 원인비율을 반드시 명시하여야 하는 것은 아니고, 피고로서는 그와 같은 사고발생 원인비율을 징계양정의 고려요소의 하나로서 참작하면 되는 것이므로, 원고들의 이 부분 주장은 이유 없다(대법원 2007. 7. 13. 선고 2005추93 판결).

○ 해설

해심법 제4조 제2항은 '해양사고의 원인을 밝힐 때 해양사고의 발생에 2명 이상이 관련되어 있는 경우에는 각 관련자에 대하여 원인의 제공정도를 밝힐 수 있다'고 규정한다. 따라서 심판원에게 원인제공비율을 반드시 명시할 의무가 있는 것은 아니며 이를 명시하지 않았다고 판단유탈이 있었다고 볼 수 없다.

원인제공비율은 직접 국민의 권리의무를 형성 또는 확정하는 행정처분이 아니며, 원인규명 재결에 해당하기 때문에 소로써 그 취소를 구할 수 없다. 그러나 징계재결 및 그 양정의 적법 여부를 따지는 전제로서 원인제공비율에 대하여 다툴 수 있다.

❖ 원인제공비율 배분에 관한 재결부분은 취소소송의 대상이 되지 않음

원고의 주장에는 이 사건 재결 이유 중 사고발생에 대한 원인제공의 비율 배분에 관한 부분이 부당하다는 취지도 포함된 것으로 볼 수 있다. 그러나, 재결의 이유에서 한 판단은 취소소송의 대상이 되지 않는 것이고, 또한 이 사건 재결 이유에서 한 판단이 장차 이 사건 해양사고와 관련한 민사소송 등에서 원고의 책임비율로 확정되는 것도 아니므로 원고의 주장은 이유 없다(대법원 2012. 11. 29. 선고 2012추138 판결).

❖ 징계재결 여부 및 그 양정의 적법 여부를 따지는 전제로서 원인제공비율에 대하여 다투는 것은 가능

원고들은 '징계처분의 결정에 필수적인 사고발생 원인비율에 관한 판단을 하지 않고 견책의 징계처분을 한 것은 판단유탈로서 재량권의 일탈 또는 남용'이라는 주장을 하고 있고, 해양사고의 조사 및 심판에 관한 법률 제5조 제2항 소정의 징계재결 여부 및 그 양정은 원인규명재결의 내용, 즉 해양사고의 원인을 포함하여 그 원인에 대한 해기사 또는 도선사의 직무상의 고의 또는 과실의 정도, 해양사고에 의한 피해의 경중, 해양사고 발생 당시의 상황, 해기사 또는 도선사의 경력, 기타 정상 등을 종합적으로 고려하여 이루어지므로 징계재결 여부 및 그 양정의 적법 여부를 따지는 전제로서 원인규명재결에서의 사실인정과 법령의 적용을 다툴 수 있다고 할 것이므로(대법원 2005. 9. 28. 선고 2004추65 판결 참조), 원고들로서는 사고발생 원인비율에 대하여도 다툴 수는 있다고 할 것이다(대법원 2007. 7. 13. 선고 2005추93 판결).

○ **해설**

원인제공비율은 민사소송에서 과실비율로 확정되는 것이 아니므로, 재결취소소송에서 이를 직접 취소청구할 수 없다. 그러나, 징계재결의 적법 여부를 따지는 과정에서 사실인정, 법령의 적용, 사고발생 원인비율 등을 다툴 수 있다.

제 2 절 징계재결

I. 개   관

해기사나 도선사인 해양사고관련자는 제5조 제2항에 따른 징계의 대상이 된다. 심판원의 징계도 공법상 제재로서 국민의 권리의무를 형성하는 것이기 때문에 부당한 권리침해를 방지하기 위하여 징계요건을 갖춘 경우에만 징계가 가능하다. 따라서 제5조 제2항에 규정된 징계요건, 즉 ① 해기사나 도선사인 해양사고관련자가, ② 직무상, ③ 고의 또는 과실로, ④ 해양사고를 발생시켰다는 4가지 요건을 모두 충족시켰을 때 비로소 징계가 가능하다.

1. 고의 · 과실

'고의 · 과실'과 관련하여, 형사재판에서는 원칙적으로 고의범만 처벌하고 과실범은 법률에 특별한 규정이 있는 경우에 한해 예외적으로 처벌되나, 해양안전심판에서는 오히려 고의가 예외가 되고 과실이 주가 된다.

해양사고관련자의 '과실'을 인정할 경우에 다음 순서에 의하여 각 조건이 충족되어야 한다.[13]

① 해기사 또는 도선사의 직무상의 행위여야 한다.

② 당해 행위가 사고원인의 전부 또는 일부로서 인정되어야 한다.

③ 당해 해양사고관련자의 면허기준으로 결과예견이 가능하였지만 결과를 예견하지 못한 예견의무위반이 있어야 한다.

④ 결과회피의무의 가능성이 있었는데도 적절한 조치를 취하지 아니하여 결과회피의무위반이 있어야 한다.

❖ '고의'로 인한 선박침몰을 인정한 사례[어획물운반선 '야요이호' 좌초사건]

원고들 주장의 요지는 이 사건 해난사고는 원고1(선장)의 단순한 선박운항상의 과실로 인하여 발생한 것일 뿐 원고들의 고의에 의한 것은 아니라고 함에 있다. 그러나 ① 이 사건 선박 좌초 무렵의 양호한 기상상태와 정상적으로 작동되고 있던 레이더 등 항해장비에 비추어, 이 사건 선박 좌초사고가 일어날 만한 특별한 사정이 존치하지 아니하였던 점, ② 원고1(선장)이 별다른 이유 없이 당초 예정했던 항로를 따라 순조롭게 운항하던 이 사건 선박의 항로를 이 사건 좌초지점을 지나도록 변경한 후 이유없이 그 당시의 항해당직자를 내려보낸 다음 혼자 항해 당직을 섰고, 원고2(기관장) 역시 혼자 기관 당직을 섰던 점, ③ 이 사건 선박에 승선 중이던 선원들은 좌초 당시 특별히 큰 진동을 느끼지 못하였던 점, ④ 이 사건 선박에 대한 수중조사 결과 누군가에 의해 인위적으로 열린 해수흡입구 여과기 뚜껑 외에는 해수유입의 원인이 될 만한 선체파손 등을 발견할 수 없는데다 해수펌프밸브가 잠겨져 있었던 점, ⑤ 원고들이 선박침몰시 해수유입지점의 확인과 유입된 해수배출 등 당연히 취해야 할 조치를 하지 아니한 채 해수유입원인을 선저파공으로 서둘러 단정하여 선박구조조치를 포기한 다음, 퇴선할 때까지 선원들로 하여금 갑판 위에서 술을 마시고 놀게 하는 등 상식에 어긋나는 행동을 한 점, ⑥ 이 사건 선박에 대하여 선

---

13) 이에 관한 자세한 내용으로는, 김종성, "과실이론과 해양안전심판", 해양안전 2000년 가을호, 113~118면.

체가액을 훨씬 초과하는 금액(11억원에 매수하여 25억원의 선체보험에 가입)을 보험금으로 한 보험계약이 체결된 점 등에 비추어 보면, 이 사건 선박의 좌초·침몰은 원고들이 의도적으로 이 사건 선박을 인도네시아 라시섬 연안으로 접근시켜 좌초시킨 다음 기관실 내부에 있던 해수흡입구 여과기 뚜껑을 열어 그곳으로 해수가 유입되게 하여 침몰시킨 것으로 추단할 수 있다(대법원 1999. 8. 20. 선고 98추33 판결).

○ 해설

간접사실에 의하여 선장과 기관장의 고의에 의한 선박침몰을 인정한 사례이다. 즉, 1997. 4. 7. 어획물운반선 야요이호(총톤수 420톤)가 냉동어 약 850톤을 선적하고 항해하던 중 인도네시아 중부연안 라시(Rasi)섬 근처에서 침몰하는 사고가 발생하였는데, 침몰사건의 특성상 직접증거를 발견하기 어려웠다. 인도네시아에서 선박이 침몰하고, 침몰직전 선원들이 대피한 것을 비롯하여 선주가 사고 직전 보험료를 올린 사실 등이 드러났으나, 원고들(선장, 기관장)은 재결취소소송을 제기하여 운항과실로 침몰사고가 발생한 것이며 피고(중앙해심)가 고의로 선박을 좌초·침몰시킨 것으로 인정한 것은 사실오인이라고 주장하였다. 이에 대해 대법원은 원고들이 이 사건 선박을 고의로 침몰시킨 것이며, 피고가 원고들의 해기사 면허를 취소한 징계처분이 적정하다고 판단하였다.

고의란 자신의 행위에 의하여 일정한 결과가 발생하리라는 것을 알면서 이를 행하는 심리상태를 말하고, 여기에는 확정적 고의는 물론 미필적 고의도 포함된다고 할 것이며, 고의와 같은 내심의 의사는 이를 인정할 직접적인 증거가 없는 경우에는 사물의 성질상 고의와 상당한 관련성이 있는 간접사실을 증명하는 방법에 의하여 입증할 수밖에 없고, 무엇이 상당한 관련성이 있는 간접사실에 해당할 것인가는 사실관계의 연결 상태를 논리와 경험칙에 의하여 합리적으로 판단하여야 할 것이다(대법원 2001. 3. 9. 선고 2000다67020 판결).

자체적인 수사인력을 보유하지 않은 심판원이 간접사실에 의해 고의를 인정하는 경우는 흔하지 않지만, 심판원 심판관·조사관은 대부분 기술전문가로 충원되고 있고, 합의체 심판부에 속한 심판관들이 합심하여 사고의 실체와 원인규명을 위하여 몰두하고 있는바 완전한 증거확보가 어렵더라도 상당한 정도의 정확성을 가지고 사고의 실체파악과 원인규명을 하고 있다. 간접사실에 의해 고의를 인정한 사례는 흔하지 않으므로 대법원이 설시한 논거에 대해 눈여겨볼 만한 판결이다.

❖ **해양사고관련자의 '과실'이 없다고 본 사례**

① 카페리선에 승선하여 차량에 탑승한 채 하선을 대기하던 고령의 운전자가 부주의로 가속페달을 밟아 하선을 안내하던 갑판장을 충격하여 사망하게 한 사건에서, 선장에게 차량의 갑작스런 돌진을 예상하고 이에 대비하는 것은 사회통념상 선장에게 요구할 수 있는 주의의무의 범위를 넘는다고 판단한 사례(중앙해심 제2018-007호).

② 선장이 출항 중 선속을 급격히 올림에 따라 주기관의 부하가 급상승하여 주기관 실린더 라이너가 손상된 사건에서, 출항 중 선장이 조타실에서 기관을 직접 사용하여야 하는 선박에서는 교통이 혼잡한 항내에서 이안 및 출항 조선 중 항로에서 일어나는 각종 상황변화에 따라 기관을 사용하여야 하므로 이러한 항내 상황변화를 전혀 알 수 없는 기관실에서 근무하는 기관장이 선장의 기관사용에 개입하는 것이 적절하지 않다는 이유로 기관장에게 주의의무 위반이 없다고 판단한 사례(중앙해심 제2016-021호).

③ 선장이 부산항 제1항로를 따라 입항하던 중 준설선의 앵커부표가 항로 내로 침입한 것을 발견하지 못하고 계속 항해하여 자선의 추진기를 손상시킨 사건에서, 동 부표가 소형이며 절반 정도 수면하로 침하된 상태에서 부침을 반복하여 레이더는 물론 육안으로도 쉽게 식별하기 곤란하여 그 존재를 예견하기 어려웠다는 이유로 선장의 과실이 없다고 판단한 사례(중앙해심 제2004-001호).

④ 낚시어선이 사고발생 3일 전에 발생한 추진기의 폐그물 감김사고로 인하여 손상된 스턴드라이브를 수리하면서 조타용 유압호스에 발생한 손상을 발견하지 못해 이를 수리하지 않은 상태에서 운항을 재개함으로써 유압호스 손상부에 균열이 발생되어 조타장치가 손상된 사건에서, 선장이 사고발생 3일 전 스턴드라이브 판매자에게 스턴드라이브 수리를 의뢰하고 시운전 결과 정상적으로 작동하는 것을 확인하였으므로 유압호스 손상을 예상하기 어려웠다는 이유로 선장의 과실이 없다고 판단한 사례(중앙해심 제2017-019호).

2. 직 무

여기에서 '직무'라 함은 해기사의 경우 「선박직원법」에서 규정하는 선박직원 고유의 직무에 한정하지 아니하고 해기사 각자에게 주어진 업무도 포함한다(사무처리요령 제53조 제2항 제1호). 해기사는 선박에서의 업무를 직업으로 행하는 사람이므로 평균적인 선원으로서 기대되는 일반적인 행동원칙, 즉 「해사안전법」, 「선박의 입항 및 출항에 관한 법률」, 「국제해상충돌예방규칙」 등의 해상교통 관련법령과 「선원법」, 「선박직원법」, 「선박안전법」, 「도선법」 등의 해사법규에 의한 주의의무가 요청된다.

3. 인과관계

심판원의 징계재결은 일반적인 징계와 달리 해기사나 도선사의 고의·과실 행위와 결과 사이에 인과관계가 있을 것을 요한다.[14]

❖ **인과관계 판단사례**

① 강제도선 면제규정 위반과 충돌사고 사이의 인과관계를 인정한 사례(중앙해심 제2015−005호)

② 선박검사 미수검은 충돌사고와 인과관계가 없으나, 야간항행금지 위반행위(레이더반사기 미부착)는 인과관계가 있다고 본 사례(중앙해심 제2015−004호)

③ 항해당직자의 조타실 이탈과 충돌사고 사이의 인과관계를 인정한 사례(중앙해심 제2008−2호)

④ A선박의 예인형태로 인하여 시야가 제한되고 레이더 맹목구간이 있었던 점을 고려하여, B선박이 적법한 등화를 표시하지 않고 야간항해금지 조건을 위반한 것과 충돌사고 사이의 인과관계를 부정한 사례(중앙해심 제2014−002호)

⑤ 선박적용법 적용대상이 아닌 부선에 물적·인적장비가 갖추어진 것을 전제로 인정되는 경계의무나 주의환기신호 의무를 부선의 선두에게 지울 수 없다고 판단한 사례(중앙해심 제2016−018호)

⑥ A선박이 충돌에 이르러서야 B선박을 관측하였던 점에서 정박선 B선박이 형상물을 표시하지 않은 행위와 충돌사이에 인과관계가 없다고 본 사례(중앙해심 제2013−004호)

---

14) 이에 대한 논의로는, 제15회 해양안전심판 재결평석회의, "징계와 사고원인과의 관련성", 2016. 12.

II. 종　류

징계는 행위의 경중(輕重)에 따라서 결정되는데, 그 종류는 '면허의 취소, 업무정지, 견책'의 3가지가 있다(제6조 제1항).

여기서 ① '면허의 취소'는 면허의 효력을 장래를 향하여 실효시키는 것을, ② '업무정지'는 해기사 또는 도선사로서의 업무에 취업하는 것을 일정기간 금지시키는 것을, ③ '견책'은 대상자의 행위가 잘못된 것이라는 취지를 표명하고 주의를 환기시키는 처분을 말한다. 업무정지 기간은 1개월 이상 1년 이하로 한다(제6조 제2항).

심판원은 징계재결을 할 때, 해양사고의 성질이나 상황 또는 그 사람의 경력과 그 밖의 정상(情狀)을 고려하여 이를 감면할 수 있다(제6조 제3항).

❖ **도선사의 정년이 도과하여 징계하지 아니한 사례**(중앙해심 제2016-022호)

도선사A의 이러한 행위에 대하여는 해심법 제5조 제2항의 규정에 따라 같은 법 제6조 제1항 제1호를 적용하여 이 사람의 1종도선사 면허를 취소하여야 하나, 이 사람이 「도선법」 제7조에 따른 정년(65세)이 이미 경과되었고 같은 법 제7조에 따라 3년의 범위 내에서 연장이 가능하나 연장신청서를 제출하지 않아 도선사 면허가 종기(終期)된 이 사람에 대한 면허취소의 처분은 실효된 행정행위가 되므로, '실효된 행정행위에 대해서는 그 취소를 구할 소의 이익이 없다'는 판례(대법원 1990. 7. 13. 90누2284)에 따라 이를 처분하지 아니한다.

❖ **정상을 고려하여 징계를 감면한 사례**(중앙해심 제2016-020호)

기관장A의 이러한 행위에 대하여는 해심법 제5조 제2항의 규정에 따라 같은 법 제6조 제1항 제2호를 적용하여 이 사람의 2급기관사 업무를 1개월 정지하여야 하나, 이 사람이 기관장으로 근무한지 약 1개월밖에 되지 않아서 배기관 고정용 플랜지(Flange)의 볼트가 채워져 있지 아니한 것을 쉽게 발견하기 곤란한 측면이 있다는 점 등을 고려하여 같은 법 제6조 제3항에 따라 같은 법 제6조 제1항 제3호를 적용하여 이 사람을 견책한다.

Ⅲ. 징계량 결정지침

해양안전심판의 공정성과 신뢰성을 확보하기 위하여 중앙해양안전심판원은 2006. 10. 30. 예규로 「해양사고관련자 징계량 결정지침」을 제정하여 시행하고 있다. 즉, 해기사 또는 도선사에 대한 징계는 직업의 자유, 경제적 자유 등을 직접적으로 제한하고 각 개개인의 생계에 미치는 영향이 크므로, 심판관이 합리적인 징계량을 도출하는 데 참고할 수 있도록 해기사의 고의·과실의 정도, 해양사고로 인한 손해의 정도 등을 감안하여 마련한 기준이 징계량 결정지침이다. 이는 법원조직법 제81조의6에 따라 제정된 형사재판에서의 양형기준과 유사한 기능을 하고 있다.[15]

심판관은 징계의 종류와 징계량을 정함에 있어 징계량 결정지침을 참고하여야 하지만, 법적 구속력이 있는 것은 아니다. 다만, 심판관은 결정지침의 징계기준을 존중하여야 하고, 징계기준을 벗어난 징계를 하는 경우에는 재결서에 그 이유를 적는 것이 바람직하다고 할 것이다.

징계량 결정지침은 제1심 심판관은 물론 제2심 심판관도 참고하여야 하지만, 제1심 재결이 결정지침을 준수하여야만 적정한 징계량이라고 평가받는 것은 아니다. 따라서 제1심 징계량이 징계량 결정지침을 준수하지 아니하였다고 하여 위법한 것은 아니고, 결정시침을 준수하였다고 하여 제2심 청구가 금지되는 것도 아니다.

Ⅳ. 연도별, 면허별 징계통계

연도별, 면허별 징계통계는 다음 표와 같다.

---

15) 법원조직법 제81조의6(양형기준의 설정 등) ① 위원회는 법관이 합리적인 양형을 도출하는 데 참고할 수 있는 구체적이고 객관적인 양형기준을 설정하거나 변경한다.
제81조의7(양형기준의 효력 등) ① 법관은 형의 종류를 선택하고 형량을 정할 때 양형기준을 존중하여야 한다. 다만, 양형기준은 법적 구속력을 갖지 아니한다.
② 법원이 양형기준을 벗어난 판결을 하는 경우에는 판결서에 양형의 이유를 적어야 한다. 다만, 약식절차 또는 즉결심판절차에 따라 심판하는 경우에는 그러하지 아니하다.

징계	연도	도선사	1급 항해사	2급 항해사	3급 항해사	4급 항해사	5급 항해사	6급 항해사	1급 기관사	2급 기관사	3급 기관사	4급 기관사	5급 기관사	6급 기관사	소형 선박 조종사	계
면허취소	2014	-	-	-	-	-	-	-	-	-	-	-	-	-	-	-
	2015	-	-	-	-	-	-	-	-	-	-	-	-	-	-	-
	2016	-	-	-	-	-	-	-	-	-	-	-	-	-	-	-
	2017	-	-	-	-	-	-	-	-	-	-	-	-	-	-	-
	2018	-	-	-	-	-	-	-	-	-	-	-	-	-	-	-
업무정지	2014	4	6	6	19	20	24	30	1	1	2	4	2	2	31	152
	2015	1	11	8	11	10	7	30	3	-	1	4	1	7	37	131
	2016	2	9	5	12	10	13	26	3	1	2	1	1	-	44	129
	2017	3	6	7	16	11	14	49	-	-	3	1	3	3	56	172
	2018	7	7	6	8	8	16	29	4	-	4	2	4	2	28	125
집행유예	2014	-	-	5	9	14	23	24	1	1	2	4	2	2	26	113
	2015	-	-	-	-	2	5	18	-	-	-	-	1	6	21	53
	2016	-	-	-	1	-	11	13	-	-	1	-	1	-	21	48
	2017	-	-	-	-	1	7	27	-	-	-	-	1	2	35	73
	2018	-	-	-	-	1	14	16	-	-	-	-	4	1	13	49
견책	2014	2	2	2	4	5	3	16	1	1	3	-	2	4	25	70
	2015	1	8	8	7	3	3	16	6	2	5	4	4	3	14	84
	2016	4	3	3	10	9	7	10	6	3	4	3	1	2	18	83
	2017	1	4	6	6	11	4	11	1	1	3	3	2	4	13	70
	2018	-	3	4	1	7	5	10	1	-	1	1	1	3	5	42

* 면허별 징계현황(출처: 중앙해심 2018년 해양사고 현황 통계자료)

V. 징계의 집행유예

1. 도입배경

이 제도는 2011. 12. 16. 신설된 것으로, 직무교육의 이수를 명하면서 징계의 집행을 유예하여 유사사고의 재발방지를 목적으로 제정되었다.[16) 집행유예및 직무교육 이수자의 사고재발율은 직무교육을 이수하지 않은 경우에 비하여현저히 낮은 것으로 확인되고 있다.

| 구분 / 연도 | 징계별 사고재발현황 | | | | | | | | 직무교육 이수자 (집행유예자) | |
| | 계 | | 견책 | | 업무정지 | | 면허취소 | | | |
	전체	재발	전체	재발	전체	재발	전체	재발	전체	재발
2012	181	13	100	7	81	6	–	–	21	–
2013	154	14	72	4	82	10	–	–	60	2
2014	222	15	70	5	152	10	–	–	113	2
2015	215	17	84	5	131	12	–	–	53	–
2016	212	13	83	6	129	7	–	–	48	1
2017	242	10	70	1	172	9	–	–	73	–
2018	168	1	42	–	126	1	–	–	48	1
합계	1394	83	521	28	873	55	0	0	416	6

(자료) 중앙해양안전심판원

  * 2012~2018 징계처분 대상자 전체 1,394명 중 83명 재발: 5.95%
  * 2012~2018 집행유예 대상자 전체 416명 중 6명 재발: 1.44%

---

16) 해양사고의 조사 및 심판에 관한 법률(법률 제10802호, 2011. 12. 16. 일부개정) 제정·개정이유 참조.

"징계의 집행유예 도입(안 제6조의2 신설)

  1) 해양사고에 따른 해기사 또는 도선사에 대한 징계는 자격박탈 등의 효과는 있으나, 유사 해양사고를 방지하기 위한 예방적 효과는 적어 현행 징계방식의 다양화가 필요함.
  2) 해양안전심판원은 징계 중 업무정지를 하여야 할 경우로서 정상을 고려할 만한 사유가 있는 경우에는 직무교육의 이수를 명하면서 징계의 집행을 유예할 수 있도록 함.
  3) 해양사고를 유발한 대상자가 징계대신 안전운항에 필요한 직무교육을 이수하게 함으로써 해양사고 방지에 실질적인 도움이 될 것으로 기대됨."

2. 제도의 특징

이 제도는 형사법상의 집행유예 제도를 차용한 것이나, ① 필수적으로 직무교육 이수명령이 병과되는 점, ② 심판원이 해양사고관련자의 의사에 반하여 할 수 없는 점 등에서 차이가 있다.

즉, 심판원은 '업무정지' 중 그 기간이 1개월 이상 3개월 이하의 징계를 재결하는 경우에 선박운항에 관한 직무교육이 필요하다고 인정할 때에는 그 징계재결과 함께 3개월 이상 9개월 이하의 기간 동안 징계의 집행유예를 재결할 수 있다. 이 경우 해당 징계재결을 받은 사람의 명시한 의사에 반하여서는 아니 된다(제6조의2 제1항).

❖ **집행유예 기간**

집행유예 기간은 3개월 이상 9개월 이하의 기간 중 심판관의 재량에 의해 정할 수 있는 것이나(해심법 제6조의2), 실무상 다음과 같은 방식으로 집행유예기간 및 직무교육시간을 재결하고 있다.

① 업무정지 1개월 → 집행유예 3개월, 직무교육수강 14시간
② 업무정지 2개월 → 집행유예 6개월, 직무교육수강 21시간
③ 업무정지 3개월 → 집행유예 9개월, 직무교육수강 28시간

참고로, ① 항해과실(충돌, 접촉, 좌초, 침몰, 전복, 조난, 인명사상)이 있는 해양사고관련자에게는 '선박운항사고예방 직무교육'을, ② 기관과실(화재·폭발, 기관손상, 해양오염사고)이 있는 해양사고관련자에게는 '선박재해예방 직무교육'을 각 재결한다.

---

3. 집행유예 결격사유

중앙해심 예규인「해양사고관련자 징계량 결정 지침」제9조에 의하면 다음 해양사고관련자에게는 특별한 사유가 없는 한 집행유예를 할 수 없다.

❖ **집행유예 결격사유**(해양사고관련자 징계량 결정 지침 제9조)

제9조(징계의 집행유예) 법 제6조의2의 규정에 따라 징계의 집행유예를 결정할 때에는 해양사고관련자가 다음 각 호에 해당하는 자는 제외한다. 다만, 특별한 사유가 있을 경우에는 그러하지 아니할 수 있다.

1. 최근 3년 이내의 해양사고 징계처분(징계유예 포함)자와 사회적 물의를 야기한 사고의 해양사고관련자
2. 여객선 및 위험물운송선박의 해양사고관련자
3. 도선사 및 1급부터 4급까지의 해기사
4. 사망자 발생 등 그 결과가 중대한 해양사고관련자

○ 해설

1, 2, 4호의 경우 재범자, 해양사고의 중대성 등을 고려하여 집행유예 결격사유로 규정한 것이다.

3호에서 '도선사 및 1급부터 4급까지의 해기사'를 제외한 이유는, 고급면허 소지자의 경우 이미 상당한 교육을 받아 교육목적을 달성하기 어렵고, 세월호 국정조사 당시 징계집행유예제도가 해기사 징계를 약화시킨다는 지적이 있었기 때문이다.

4. 직무교육과정의 이행

집행유예 재결에 따른 직무교육과정은 아래와 같이 해심법 사무처리요령에 규정되어 있다.

❖ 「해심법 사무처리요령」 [별표4] 직무교육과정

□ 선박운항사고예방 교육과정

○ 대상 : 충돌, 접촉, 좌초, 침몰, 전복, 조난, 인명사상 등의 해양사고관련자

	교육과목(내용)	교육방법	교육시간
기본교육	항법일반, 해양사고 사례분석 및 사고유형별 사례 교육, 선박안전관리, 인적과실 예방, 해양사고 발생시 비상조치, 해양기상	강의	7

심화교육	1	레이더/ARPA 항법과 충돌예방, 해사안전법 및 선박입출항법, 해양기상, 선박화물적재 및 복원성 심화교육	강의	7
	2	선박조종 심화교육, 해양기상 심화교육	강의	7
	3	해상생존 기술훈련, 해양사고예방 워크숍	실습 및 토론	7

□ 선박재해예방 교육과정

○ 대상 : 화재·폭발, 기관손상, 해양오염사고 등의 해양사고관련자

교육과목(내용)			교육방법	교육시간
기본교육	항법일반, 해양사고 사례분석 및 사고유형별 사례교육, 선박안전관리, 인적과실 예방, 해양사고 발생시 비상조치, 해양기상		강의	7
심화교육	1	비상조치, 선박화재 및 폭발, 오염사고 대응	강의	7
	2	기기손상예방, 재해예방	강의	7
	3	해상생존 기술훈련, 해양사고예방 워크숍	실습 및 토론	7

─ 업무정지 1개월이상 2개월 미만: 기본교육＋심화교육 1

─ 업무정지 2개월이상 3개월 미만: 기본교육＋심화교육 1＋심화교육 2

─ 업무정지 3개월 : 기본교육＋심화교육 1＋심화교육 2＋심화교육 3

＊ 위 교육과정(2개)의 교육과목 및 내용은 사고원인 등에 따라 변경될 수 있음

직무교육과정은 부산시 영도구에 소재한 '한국해양수산연수원'에서 2~4일간 교육이 이루어진다(1일당 7시간 교육). 2019년 교육일정 및 교육비는 다음과 같다.

2019년 한국해양수산연수원 교육일정

직무교육명	일수	1월	3월	5월	7월	9월	11월
선박운항사고 예방교육 (항해분야)	2일	14-15	18-19	13-14	8-9	2-3	11-12
	3일	14-16	18-20	13-15	8-10	2-4	11-13
	4일	14-17	18-21	13-16	8-11	2-5	11-14
선박재해 예방교육 (기관분야)	2일	14-15	18-19	13-14	8-9	2-3	11-12
	3일	14-16	18-20	13-15	8-10	2-4	11-13
	4일	14-17	18-21	13-16	8-11	2-5	11-14

한국해양수산연수원 교육과정 교육비

직무교육명	일수	정원	교육비	비고
선박운항사고 예방교육 (항해분야)	2일	15	152,000	집행유예 3개월
	3일	15	220,500	집행유예 6개월
	4일	15	289,000	집행유예 9개월
선박재해 예방교육 (기관분야)	2일	15	152,000	집행유예 3개월
	3일	15	220,500	집행유예 6개월
	4일	15	289,000	집행유예 9개월

5. 집행유예의 효과

징계의 집행유예 재결을 받은 후 그 집행유예의 재결이 실효됨이 없이 집행유예기간이 지난 때에는 징계를 집행한 것으로 본다(제6조의5).

징계의 집행유예 재결을 받은 사람이 집행유예기간 내에 직무교육을 이수하지 아니하거나 집행유예기간 중에 업무정지 이상의 징계재결을 받아 그 재결이 확정된 경우는 그 효력을 잃게 된다(제6조의4).

이는 집행유예의 재결의 법률적 효과가 없어진다는 의미이고, 집행유예의 재결이 있었다는 기왕의 사실 자체까지 없어진다는 뜻은 아니다. 따라서 ① 해양사고를 발생시킨 날로부터 2년 이내에 다시 해양사고를 일으킨 경우 '징계가 중사유'에 해당하며(징계량 결정지침 제8조 제3호), ② 3년 이내에 해양사고를 다시 일으킨 경우 '집행유예 결격대상'이 될 수 있다(징계량 결정지침 제9조 제1호).

제 3 절 권고재결

Ⅰ. 권고재결의 종류

심판원은 해기사나 도선사 외의 해양사고관련자(일반 해양사고관련자)에게 시정 또는 개선을 권고하거나 명하는 재결을 할 수 있다(제5조 제3항).

즉, 일반 해양사고관련자에게는 ① 시정권고, ② 시정명령, ③ 개선권고, ④ 개선명령 등의 재결(이하 이를 통칭하여 '권고재결'이라고 한다)을 할 수 있다.[17]

'권고'와 '명령'의 차이와 관련하여, 재결을 집행함에 있어 권고를 받은 사람은 재결을 이행하지 않더라도 제재가 없으나, 시정 또는 개선을 명하는 재결을 이행하지 아니한 자는 500만원 이하의 과태료 처분을 받게 된다(제90조 제2항). 사전적 의미로도 '권고'는 어떠한 일을 하도록 권하는 것이고, '명령'은 공법적 의무를 부과하여 국민의 사실상의 자유를 제한하는 처분이므로 그 성격이 엄연히 구분되는 것이다.

사무처리요령의 별표 '권고서의 작성요령', '명령서의 작성요령'에 의하면 ① '권고서'는 권고를 받은 자에게 특정한 개선조치를 제시하여 그 실행을 권고하는 것으로서 여론과 권고를 받은 자의 양심에 호소하여 개선조치의 실현을 기대하는 것이고, ② '명령서'는 명령을 받는 자에게 특정한 개선조치를 제시하여 그 실행을 명하는 것으로서 여론과 명령권을 발동하여 개선조치의 실현을 기대

---

17) 과거 '해난심판법'에서는 단순히 권고할 수 있다고 규정되어 있었다. 1999. 2. 5. 「해난심판법」을 「해양사고의조사및심판에관한법률」로 제명을 개정하면서, 시정 또는 개선을 권고하거나 명할 수 있다고 세분화하였기 때문에 시정권고, 시정명령, 개선권고 및 개선명령 등 4가지의 재결이 존재한다.

하는 것이라고 한다.

[별표 5](제117조 제2항 및 제135조 제2호 관련)

권고서의 작성요령

    권고서는 권고를 받는 자에게 특정한 개선조치를 제시하여 그 실행을 권고하는 것으로서 중앙수석조사관이 권고서를 관보에 공고하고 필요한 경우 신문에 공고하여 여론과 권고를 받은 자의 양심에 호소하여 개선조치의 실현을 기대하는 것이다.
    따라서 권고서는 개선조치 외에도 사건의 내용, 원인, 권고하는 이유를 간결하게 명시하여 권고를 받는 자나 권고서를 읽는 자가 그 취지를 충분히 이해할 수 있도록 기술하여야 한다.

[별표 6](제117조 제3항 및 제135조 제3호 관련)

명령서의 작성요령

    명령서는 명령을 받는 자에게 특정한 개선조치를 제시하여 그 실행을 명하는 것으로서 중앙수석조사관이 명령서를 관보에 공고하고 필요한 경우 신문에 공고하여 여론과 명령권을 발동하여 개선조치의 실현을 기대하는 것이다.
    따라서 명령서는 개선조치 외에도 사건의 내용, 원인, 명하는 이유를 간결하게 명시하여 명령을 받는 자나 명령서를 읽는 자가 그 취지를 충분히 이해할 수 있도록 기술하여야 한다.

Ⅱ. 권고재결의 요건

    심판원이 권고재결을 함에 있어서는 엄격한 인과관계의 틀에 구속되지 않으며, 유사한 해양사고의 방지 및 안전확보를 도모하는 관점에서 재결이 이루어지고 있다.

❖ 권고재결은 엄격한 인과관계의 틀에 구속되지 않음

각급 해양안전심판원은 해기사 또는 도선사 이외의 자로서 해양사고의 원인에 관계있는 자에 대하여 시정 또는 개선을 권고하거나 명하는 재결을 할 수 있는바(해심법 제5조 제2항, 제3항), 이 때 시정 또는 개선할 사항은 해양사고의 원인과 관련이 있어야 할 것이지만, 한편 해심법이 자유심증주의를 채택하고 있고(해심법 제51조) 형사소송절차와 유사한 심리구조를 택하면서도 증거능력에 관한 규정을 두지 아니하고 있는 점, 해양사고의 원인과의 관련성이란 본래 불확정 개념으로서 그에 대하여는 행정청인 중앙해양안전심판원에 판단 여지가 인정될 수밖에 없는 점, 특히 시정이나 개선의 권고재결의 경우 그에 따르지 아니하더라도 이를 강제할 아무런 수단이 없어 법적 구속력 없는 행정지도상의 의견으로 볼 수밖에 없는 점 등을 고려하면, 시정·개선을 권고할 사항과 해양사고 간의 관련성은 반드시 엄격한 인과관계의 틀에 구속되어야 하는 것이 아니라, 당해 해양사고가 남긴 교훈을 살려 향후 유사한 해양사고의 방지 및 안전 확보를 도모한다는 관점에서 시정이나 개선 권고 등이 해양사고관련자에게 객관적으로 귀속될 수 있는가 하는 규범적·법적 문제로 파악함이 상당하다(대법원 2010. 4. 8. 선고 2009추213 판결).

○ 해설

'시정권고, 시정명령, 개선권고, 개선명령' 재결은 해양사고의 재발방지 및 안전 확보를 도모하는 관점에서 해양사고관련자에게 객관적으로 귀속시킬 수 있는지 여부를 판단하므로 실제 소송에서 원고(해양사고관련자)의 재결취소 청구가 인용되는 경우가 많지 않다.

권고재결의 내용과 해양사고의 관련성을 엄격하게 해석할 경우 해양안전심판의 취지를 제대로 살릴 수 없으므로 본 대법원 판결은 타당한 판결이라고 보인다. 해양안전심판원도 해양사고가 남긴 교훈을 살려 반드시 필요한 부분에 대하여만 권고재결을 하려고 노력하고 있다.

❖ 선박충돌사고에 있어 승무정원증서를 발급받지 않고 항해당직에 관한 상세한 기준을 작성하지 않은 선박소유자의 책임을 인정한 사례

선박에는 그 규모에 맞추어 법정 자격요건을 갖춘 선원을 갑판부와 기관부의 항해당직 부원으로 승무시켜야 하고(선원법 제64조), 그 준수를 위하여 필요한 선원의 정원(승무정원)을 정하여 해양항만관청의 인정을 받은 후 승무정원증서를 교부받아야 하며(같은 법 제65조), 선원의 훈련·자격증명 및 당직근무의 기준에 관한 국제협약의 적용을 받는 선박소유자는 선박운항의 안전을 위하여 같은 법 시행규칙 제40조의2 제2항 및 동 별표 "항해당직 기준의 작성요령"에 따라 항해당직에 관한 상세한 기준의 작성·시행을 이행하여야 한다(같은 법 제63조 제1항 제2호).

원고(선박소유자)가 관할 해양항만관청으로부터 A선박의 승무정원을 인정받지 아니하고 항해당직에 관한 상세한 기준의 작성·시행을 이행하지 아니하는 등 선원의 안전운항관리를 소홀히 한 것이 A선박 승무원들의 운항상 과실과 무관하다고 보기 어렵다. 결국 A선박의 소유자인 원고에게 위와 같은 미비사항의 시정을 권고한 이 사건 재결에 처분취소의 원인이 될 만한 어떠한 위법이 있다고 할 수 없다(대법원 2004. 4. 16. 선고 2003추20 판결).

○ 해설

사실관계는 다음과 같다(중앙해심 제2003-006호).

① 원고(A선박 소유자)는 2001. 6. A선박의 소유권을 취득하였으나 관할 해양항만관청으로부터 선원법 제65조 규정에 따라 승무정원의 인정을 받거나 승무정원증서를 발급받지 아니하였고, 항해당직에 관한 상세한 기준을 작성하거나 시행하지도 않았다.

② A선박은 2002. 4. 24. 묵호항에서 포항항으로 항해하고자 선장이 당직을 맡아 항해를 하기 시작하였으며, 당시 이 선박의 항해당직체계는 23:00-03:00 1등항해사와 조타수가, 03:00-07:00 갑판장, 07:00-11:00 선장이 각 항해당직을 맡는 3직제로 운항하였다.

③ A선박(피항선)은 2002. 4. 25. 포항항으로 입항하던 중 B선박(유지선)과 충돌하여 A선박이 침몰하고 A선박의 선장 포함 선원 7명이 사망하는 사고가 발생하였다.

중앙해심은 ① B선박의 선장 및 항해사에게 업무정지의 징계재결을, ② A선박의 소유자에게는 선원의 안전운항관리에 대한 시정권고재결을 하였다. 이에 A선박 소유자는 이 충돌사고가 B선박의 운항과실로 발생한 것임에도, A선박의 운항과실로 비롯되었음을 전제로 재결을 하였으므로 그 취소를 구하였다.

법원은 A선박의 승무원들이 충돌을 막기 위한 조치를 제대로 강구하지 아니한 채 운항을 계속한 과실이 인정되며, 나아가 원고가 A선박의 승무정원을 인정받지 않고 항해당직에 관한 상세한 기준의 작성·시행을 이행하지 아니하는 등 선원의 안전운항관리를 소홀히 한 것이 A선박 승무원들의 운항상 과실과 무관하지 않다고 보았다.

이 판례는 '선박소유자가 항해당직에 관한 기준을 작성하지 않는 등의 잘못이 충돌사고와 관련이 있다'고 판단한 점에서 해양사고와 권고재결 사이에 엄밀한 인과관계를 요구하지 않는 법원의 입장을 확인할 수 있는 판례이다. 즉, 선박소유자가 항해당직에 관한 상세한 기준을 작성하지 않았으나 A선박의 선원들은 나름의 당직체계를 갖추고 항해를 하였으며, 충돌사고는 우현 대 우현으로 항과하는 과정에서 A선박이 대각도 우현변침을 함으로써 발생하였는바, 충돌사고와 선박소유자의 행위 사이에 반드시 인과관계가 있다고 보기는 어렵기 때문이다.

이처럼 심판원이 권고재결을 함에 있어서는 엄격한 인과관계의 틀에 구속되지 않으며, 유사한 해양사고의 방지 및 안전확보를 도모하는 관점에서 재결이 이루어지는 점을 유의하여야 한다.

권고재결에는 직무상 고의·과실을 요하지 않는다(제5조 제3항). 즉, 심판원이 ① 징계재결을 하려면 해양사고관련자의 직무상 고의·과실, 해양사고와의 인과관계 등의 요건을 충족하여야 하나(제5조 제2항), ② 권고재결의 경우에는 심판원이 해양사고관련자에게 안전을 위해 개선하거나 주의를 촉구하는 내용이므로 이러한 요건을 충족할 필요가 없다. 권고재결은 해양사고관련자의 행위를 비난하거나 과거의 행위에 대한 책임을 물으려는 것이 아니라, 유사한 사고의 재발방지를 위하여 현재의 잘못된 관행이나 제도를 개선하거나 시정하기 위한 것이기 때문이다.

그러나 권고재결도 불이익한 처분에 해당하므로, 실무상 일반 해양사고관련자에게 권고재결을 할 때에는 직무상 고의·과실의 내용을 재결서에 언급하기도 한다.

❖ **과실이 가벼운 자에게도 권고재결이 가능함**

① 선박 충돌사고의 경우 과실이 무거운 쪽 선박의 관련자에게만 시정권고재결을 할 수 있는 것이 아니고, 과실이 가벼운 쪽 선박의 관련자이더라도 그에게 시정이나 개선을 할 사항이 있고 그러한 사항과 해양사고 간에 관련성이 있다고 볼만한 합리적 근거가 있는 이상, 시정권고재결을 할 수 있는 것이다(대법원 2004. 4. 16.

선고 2003추20 판결).

　② A선박 선장의 부적절한 운항이 이 사건 해양사고 발생의 주된 원인(70%)이라고 하더라도, 원고(B선박 선장, 총톤수 1.96톤)의 부적절한 운항도 결국 이 사건 해양사고 발생의 한 원인이 되었으므로, 원고에 대하여 이에 대한 시정조치가 필요한 것으로 보인다(대법원 2010. 4. 8. 선고 2009추213 판결).[18]

　○ 해설

　권고재결을 받은 해양사고관련자는 재결취소소송에서 주로 해양사고와 권고재결 사이에 인과관계가 없다거나 과실이 경미하므로 권고재결이 부당하다는 취지로 다투는 경우가 많다. 그러나 권고재결에는 직무상 고의·과실이 있을 것을 요하지 않고, 해양사고의 재발방지를 도모하는 취지에서 법원은 권고재결의 위법·부당성을 제한적으로 인정하고 있다.

❖ 일반 해양사고관련자에게 주의의무 위반이 없다고 본 사례

　① 중앙해심 제2016-018호

　야간에 항행선과 정박한 부선이 충돌한 사건에서, 부선에 규정된 등화가 설치되어 있지 않아 부선 선두가 규정된 정박등 대신 점멸등이 정상적으로 작동되도록 관리하였으므로 잘못이 없다고 본 사례

　② 중앙해심 제2016-012호

　선미예인되고 있던 부선의 크레인 기사가 예인선 선장의 지시에 따라 정박용 닻을 준비하기 위해 크레인을 작동하던 중 크레인 붐이 한국전력의 해월전력선을 손상시킨 사건에서, '크레인 기사'가 해월전력선을 확인하지 못하고 크레인을 사용한 것이 사고의 원인이 되지 않는다고 판단한 사례

　→ 선장 및 항해사는 업무정지 징계

　③ 중앙해심 제2013-005호

　부선의 선두가 태풍 내습에 대비하여 부선임차인의 지시에 따라 부적절한 장소에 계류삭을 걸어 놓고 대기하다가 부선이 좌초된 사건에서, '부선 선두'에게 고도의 전문성이 요구되는 판단을 기대할 수 없다는 이유로 주의의무 위반이 없다고 판

---

18) 총톤수 5톤 미만인 선박에 승선할 때는 해기사 면허가 요구되지 아니한다(선박직원법 제2조 제1호 가목). 따라서 해양안전심판원은 5톤 미만 선박의 선장이 해양사고를 일으킨 경우, 일반 해양사고관련자로 지정하여 권고재결을 하고 있다.

단한 사례
　→ 부선임차인에게 시정권고

　　해양사고의 원인과 관계가 있다고 인정되는 경우에는 민사상 손해배상책임을 지지 않는 정기용선자, 항해용선자에게도 권고재결이 가능하다.

❖ **정기용선자에게도 시정권고재결이 가능함**

　　① 상법상 손해배상책임을 지지 않는 정기용선자라 하더라도 해양사고의 원인이 관계있는 사유가 밝혀진 경우에는 해심법에 의한 시정권고재결을 할 수 있을 터이지만, 정기용선자가 선박의 항행 및 관리에 관련된 해기적인 사항에 관한 안전의무를 게을리 하지 않았거나 정기용선자에게 안전의무를 기대할 수 없는 경우에까지 그에 대하여 시정권고재결을 하는 것은 위법하다고 할 것이다(대법원 2008. 8. 21. 선고 2007추80 판결).

　　② 예인선 선장으로부터 출항 연기를 건의 받았음에도 불구하고, 원고(용선자)의 현장소장이 다음날 예정된 작업공정만을 고려한 나머지 이를 묵살한 채 별다른 대책 없이 출항을 강행하도록 지시하였고, 이러한 원고 측의 잘못이 해양사고를 발생시킨 원인 중 하나가 되었다. 원고가 예인선의 정기용선자 내지 항해용선자에 불과하다는 사정을 들어 이를 다투는 원고의 주장은 받아들일 수 없다(대법원 2009. 5. 25. 선고 2008추49 판결).

○ **해설**

　　일반 민사소송에서는 용선계약의 성질이 선체용선, 정기용선, 항해용선 중 어느 것인지에 따라 책임의 존부가 극명하게 바뀌므로 그 법적 성질에 대한 판단이 매우 중요한 의미를 지닌다.

　　해양안전심판에서도 그 의미가 전혀 없다고 볼 수는 없으나, 해양안전심판의 권고재결 사항과 해양사고 간의 관련성은 반드시 엄격한 인과관계의 틀에 구속되지 않으며, 해양사고의 원인을 규명함으로써 해양안전의 확보에 이바지함을 목적으로 하는 해심법과 선박의 운항중 사고로 인한 공평한 손해배상 등을 목적으로 하는 상법은 각기 그 입법취지를 달리하는 것이므로, 정기용선자인 경우에도 해양사고의 원인과 관계가 있는 경우에는 시정권고가 가능하다는 점을 유의하여야 할 것이다.

또한, 선박의 관리 및 운항을 제3자에게 위탁한 경우라도 해양사고의 원인과 관계가 인정될 경우 권고재결이 가능하다.

> ❖ **다른 회사에 선박의 관리 및 운항을 위탁하였다고 하더라도 위탁자가 여전히 예인선단의 운항자이므로, 개선권고 처분이 적법하다고 한 사례**
>
> 예인선단과 대형 유조선의 충돌로 발생한 이른바 '태안반도 유조선 기름유출사고'와 관련하여 중앙해양안전심판원이 예인선단의 임차인인 갑 회사에 대하여 안전관리체제를 구비하도록 개선권고를 하는 내용의 재결을 한 사안에서, 비록 을 회사에 선박의 관리 및 운항을 위탁하였다고 하더라도 갑 회사가 여전히 예인선단의 운항자이므로, 개선권고 처분은 적법하다(대법원 2011. 2. 24. 선고 2009추15 판결).

Ⅲ. 권고재결 예시(중앙해심 2014~2019년)

중해심 재결	사건명	대상자	조치사항	조치내용
2014-009	어선A호·어선B호 충돌사건	어선 선장	시정권고	경계소홀, 안전속력 미준수를 시정할 것을 권고
2014-012	낚시어선A호·어선B호 충돌사건	어선 선장	시정권고	항해 중 다른 선박을 조우하면 예단하지 말고 상대선의 동정을 끝까지 살피고, 충돌을 피하기 위한 동작은 충분히 여유있는 시간에 적극적으로 하여야 하며, 대교부근에서는 교각에 의해 시야를 제한받는 일이 없도록 경계를 철저
2014-016	어선A호·어선B호 충돌사건	어선 선장	시정권고	조업 중이더라도 경계를 철저히 하여 주변 통항 선박의 항행 상태 등 주변 상황을 확인하고, 다른 선박과 충돌할 위험이 있는지를 확인하여 접근하는 선박과 충돌의 위험이 있다고 판단되면 적절한 피항동작을 하거나 충

				돌을 피하기 위한 충분한 협력을 하는 등의 시정
2014-018	모터보트A호·모터보트B호 충돌사건	모터보트 조종자	시정권고	안전규칙을 철저히 준수하면서 항주하는 것이 앞으로 사고의 재발방지를 위하여 시정되어야 할 사항이라고 판단
2015-005	화물선A·유조선B 충돌사건	화물선 선장	시정권고	강제도선 면제를 받지 못할 경우에는 도선사를 승선시켜야 하며, 제한속력과 합의한 항법을 준수하는 등 선박운항업무에 대한 시정이 필요
		유조선 선장	개선권고	도선사의 도선 중 본선을 충돌의 위험에 노출시킨다고 판단될 때에는 즉시 도선사의 도선을 중지시키는 등 선박운항업무에 대한 개선이 필요
2015-010	어선A호 전복사건	어선 선장	시정권고	조업이 금지된 새만금호 내에서의 조업을 지양하고, 조업 전 선원들에게 조업과 안전에 관한 충분한 교육을 시행하여야 할 것으로 판단
		배수갑문 운영주체	-	시정을 권고하여야 하나, 이 사건 발생 이후 CCTV의 위치의 변경, 경광등의 추가설비 등의 안전시설을 보강하였으며, 당직근무자가 반드시 종합통제실에서 근무하면서 새만금호 내의 선박에 대한 확인을 하도록 하는 등의 개선조치를 이행하였으므로 굳이 시정을 권고하지 아니함
2015-012	자동차운반선A·케미컬운반선B 충돌사건	선박 건조자	시정명령	시운전 선박의 안전운항에 필요한 적정 인력의 항해당직자 배치와 시운전 선박이 지정된 항해구역을 반드시 지키도록 시정할 것을 명령
		선원 공급사	시정권고	시운전 선박의 선원에 대한 자격기준 강화와 철저한 교육 실시하도록 시정할 것을 권고

		B선박 항해사	-	시정을 권고하여야 하나 외국인으로 실익이 없어 굳이 권고하지 아니함
2015-013	부선A호 침몰사건	원도급자	시정권고	앞으로 수상에서 작업을 수행하는 예인선이나 부선에 대해 적합한 안전규정을 마련하여 시행하도록 시정을 권고
		하도급자	시정권고	앞으로 수상에서 작업을 수행하는 예인선이나 부선에 대해 적합한 안전규정을 마련하여 시행하도록 시정권고
		선박 임차인	시정권고	앞으로 선박을 임차하여 사용할 경우 안전을 위한 적절한 인원 등을 배치하며, 안전을 위협하는 선박의 결함이 발견되었을 경우 직접 수리하거나 소유자에게 수리를 요청하여 수리가 완료된 후 사용하도록 시정을 권고
2015-016	여객선A호 · 낚시어선B호 충돌사건	여객선 소유자	시정권고	운항 중인 선박의 선원들에게 제한된 시계 내에서의 제반 항법규정을 준수하도록 철저히 교육할 것을 시정권고
2015-017	부선A호 · 부선B호 충돌사건	부선A호 선두	시정권고	부선의 선두로서 경계를 철저히 하여 부선이 바람 및 파도에 밀리지 않는지 또는 계류용 밧줄은 잘 묶어있는지 짐검을 자주할 것을 시정권고
		부선B호 선두	-	B부선의 선두로서 좌측에 계류된 부선이 가까이 다가오자 소리를 쳐서 A호 측에 위험을 알렸고, 계류선 관리실에 A호의 선주에게 이 사실을 통보해줄 것을 요청하였음. 자체 추진기관이 없는 부선의 선두로서 합당한 주의의무를 기울인 것이므로 시정 또는 개선을 권고하거나 명하지 아니함
2016-001	부선A호 · 부선B호 부두접촉사건	부선A호 선두	개선권고	집단계류지에서 다른 부선에 접현하여 계류할 때는 밧줄로 다른 선박과 묶는 것은 물론 선미 닻을 투묘하고 계류하도록 개선을 권고

		부선B호 선두	개선권고	계류지 내에서 이동시에는 닻을 양묘하였더 라도 다시 투묘하고 계류하도록 개선을 권고
		부선C호 선두	시정권고	출항할 때는 함께 계류하고 있던 다른 부 선의 계류 상태를 확인하고 자신이 풀어 놓 은 다른 부선의 계류용 밧줄을 다시 안전하 게 묶어놓고 출항하도록 시정을 권고
2016- 006	부선A · 부선B 충돌사건	부선A호 선두	시정권고	부선의 선두로서 경계를 철저히 하여 가까 이 계류하는 다른 부선의 닻 위치를 미리 파 악할 것과 출항하기 위하여 선미 닻을 양묘 할 때는 적절한 안전조치를 취한 후 양묘할 것을 시정권고
		부선B호 선두	시정권고	부선의 선두로서 예인선의 도움을 받아 계 류할 때는 다른 부선에 지장을 초래하지 않 는 범위 내에서 주변의 여건을 충분히 고려 하여 투묘위치를 선정할 것을 시정권고
		부선A호 소유자	시정권고	부선의 소유자로서 부선이 출항할 때는 적 절한 안전조치를 취하면서 출항작업을 하도 록 선두에 대한 관리 · 감독을 강화할 것을 시정권고
		부선B호 소유자	시정권고	부선소유자로서 선두에 대한 관리 · 감독을 강화하고, 기상악화에 따른 피항여부를 판단 할 때는 현장에서 확인하고 결정할 것을 시 정권고
2016- 010	어선A호 · B호 · 동력요트C호 충돌사건	어선A 사무장	시정권고	해기사 면허를 소지하지 아니한 채 선장의 직무를 수행하지 아니하는 등 선박안전운항 을 위한 시정이 필요
		어선A,B 소유자	시정명령	이 충돌사건은 귀하가 해기사 면허를 소지 하지 아니한 사무장을 A호의 선장 직무를 수행토록 함으로써 A호 사무장이 조타실을 비운 채 경계를 소홀히 한 것이 주된 원인이 되어 발생함. 「선박직원법」상 최저승무기준 을 충족하는 해기사를 승무시켜 운항토록 하

			는 등 선박안전운항을 위한 시정이 필요
	요트C호 선장	시정권고	요트 운항 중 다른 선박이 접근하며 충돌의 위험이 생긴 경우 다른 선박에게 피해가 도록 사전에 경고신호 또는 주의환기신호를 하여야 하는 등 선박안전운항을 위한 시정이 필요
	OO도, OO시, OOO도 요트협회	시정권고	요트대회 개최 전에 빈틈없는 안전관리계획을 수립하고, 관련 기관·단체에 대하여 충분한 홍보와 주관단체의 대회 진행에 대한 지도·감독을 철저히 하는 등 안전한 요트대회를 위한 시정이 필요
2016-020	유선A호 침수사건	유선 소유자 / 개선명령	한강 결빙 시에 대비하여 유선 운항통제규정을 명확하게 규정·시행하도록 개선이 필요
		유람선 관리감독 기관 / –	이 기관은 한파로 한강이 결빙될 경우에 대한 운항통제기준을 마련하지 아니하여 이 침수사고를 발생하게 한 것은 이 기관의 직무상 과실로 인정됨. 다만, 사고 당시 한파로 한강이 결빙되더라도 유도선의 운항을 제한할 법적인 근거가 없어 운항을 통제하지 못하였던 점과 사고 이후 국민안전처에 한파 시에 대비한 선박운항 통제기준 마련을 건의하여, 관련기준인 「유선 및 도선사업법 시행규칙」[별표 1]에 한파주의보가 발표된 경우 결빙 시 대비한 선박운항 통제기준이 마련되어 있는 점을 고려하여 개선을 권고하지 아니함
2016-022	유조선A 부두시설 접촉사건	유조선 선장 / 시정권고	선장으로서 도선사가 도선하고 있는 경우라도 그 선박의 안전 운항에 대한 책임을 면제받지 아니하고 선장의 권한이 침해받지 않는다는 점을 명심하고, 도선사의 도선이 의심스러운 경우 적극적으로 이의를 제기하거나 도선권을 회수하는 등 선박의 안전운항을

				철저히 하도록 시정할 것을 권고
2017-002	유조선A호 폭발사건	선박 소유자	시정권고	귀사가 선장을 포함한 선원들에게 「선원법」 제10조에 규정된 재선의무 등 각종 법령에 반하는 지시를 하지 아니하고 화물창에서 인화성가스가 갑판으로 새어나오지 않도록 선박을 관리하도록 시정을 권고
2017-004	자동차운반선 A호 화재사건	안전관리 회사	시정권고	이러한 사고의 재발을 방지하기 위하여 귀사는 "15분 규칙(15 Minutes Rule)"을 마련하여 자동차 전용운반선에서 화재가 발생한 이후 15분 이내에 화재가 진압되지 아니할 경우 고정식 소화장치를 사용하도록 권고하였으나, 선원들이 이를 철저히 이행하도록 교육·훈련하여야 하고, 선박에서 화재가 발생하여 화재를 진압하였더라도 안전한 상태를 확보한 후 항행할 수 있도록 관련 규정을 보완하여 시행하는 조치가 필요
2017-009	어선A호 정치망어장 손상사건	정치망 어장 소유자	개선권고	귀하가 소유하고 있는 정치망어장의 경계가 쉽게 식별될 수 있도록 상기 정치망어장의 원통 부분과 외승망 부분에 야간 표지시설을 추가로 설치할 필요가 있음
2017-010	유조선A호 선원사상사건	안전관리 회사	시정권고	향후 선박에서의 안전관리체제 이행을 철저히 감독함은 물론 밀폐구역에서의 작업은 선장 및 귀사 안전관리책임자의 사전 허가없이 이행하지 못하도록 작업관련 절차서를 개정하고 교육을 실시하도록 시정할 것을 권고
2017-014	어선A호 침몰사건	선박 소유자	시정명령	귀사가 소유 선박에 대하여 최저승무기준 및 자격을 갖춘 선원을 승선시키고, 선박안전관리매뉴얼에 따라 선원의 안전교육 및 비상훈련이 실시되도록 관리·감독하는 등 선원·안전관리 등을 포함한 체계적인 원양어선 안전관리대책을 수립하여 시행하고, 비상시 선장에게 보다 구체적이고 효과적인 기술

				적 지원을 제공하는 등 귀사의 안전관리방법에 대한 시정이 필요
2017-015	예인선A호의 피예인부선B호 침몰사건	부선B 소유자	시정권고	선박을 항해에 사용할 경우 항상 감항성 확보에 유의하여야 하며, 부선에 화물을 적재하고 연해구역 이상을 항해할 경우에는 「선박안전법」에 따른 적합한 선박검사를 받도록 시정권고
2017-018	부선A호 침수사건	선박 소유자	시정권고	선박이 적절한 선체의 강도, 수밀성 또는 방화성이 유지되도록 관리하고, 이에 영향을 미치는 수리를 행하고자 하는 경우 적절한 방법으로 수리하는 등의 시정조치가 필요
		선박 임차인	시정권고	이 침수사건은 선박소유자의 부적절한 선박관리 및 용접·수리도 일부 원인이 되어 발생하였으나, 귀사가 물량장의 준설작업 중 이 선박을 저조 때 고르지 않은 해저면에 얹혀놓은 채 이 선박에 준설토를 적재 및 하역하는 등 부적절한 선박운용이 주된 원인인 것으로 밝혀짐. 간출지에서 준설작업을 할 경우 저조 때 선박이 고르지 않은 해저면에 얹혀있지 않도록 선박을 운용하는 등의 시정이 필요
2018-002	카페리선A호 기관손상사건	엔진 수리업체	시정명령	상가 중 수리한 선박에 대해서는 하가 후 점검을 반드시 할 것을 포함하여 기관 정비 시 작업자가 반드시 준수하여야 할 사항을 정한 매뉴얼을 만들고 이를 관련자에게 철저히 교육
2018-010	어선A호· 부선B호 충돌사건	부선B호 선두	시정권고	이 사고는 귀하가 선박의 통항이 많아 충돌의 위험이 큰 방어진항 중심부의 부적절한 위치에 부선을 정박시킨 것과 부선 선두가 법 규정에 따른 정박등을 표시하지 않은 것도 일부 원인으로 작용하여 발생한 것임. 선박을 정박시킬 때에는 통항하는 선박의 통항을 방해하지 않는 적절한 위치에 선박을 정

				박시키고, 공사에 투입된 선박들이 안전과 규정을 지키고 있는지 확인하도록 시정할 것을 권고
2018-012	어장정화선 A호 침몰사건	선박 소유자	시정명령	귀사가 선박관리를 철저히 하고 복원성자료를 선장에게 제공하여 선박의 복원성을 유지하도록 하여야 하고, 특히 침몰된 이 선박을 인양하여 수리하였으나, 파공된 주기관 냉각수관과 상갑판 상 파공부에 대한 수리와 선수램프 작동용 유압관 및 강삭(Wire Rope)에 대한 교체가 요구되는 바 선박의 안전한 운항을 위해 이에 대한 시정조치가 필요
		선박 임차인	시정권고	귀사가 이 침몰사건의 원인과 관련이 없다고는 하나, 앞으로 이러한 사고의 재발을 방지하기 위해서는 선박을 임차하여 어장정화 작업을 실시할 경우 작업계획 수립 시 임차한 선박에 적재가능한 최대 화물량을 확인하고 선장과 협의하여 화물의 과적이 발생하지 않도록 개선조치가 필요
2018-013	부선A호 침몰사건	선박 임차인	시정권고	귀사가 인양작업 시 철저한 사전 준비와 함께, 작업 중 예상치 못한 상황이 발생하는 경우 상황을 정확히 파악하여 조치한 후 작업이 진행될 수 있도록 시정조치가 필요
		선박 소유자	시정권고	플로팅 도크형 부선 작업시 부선 조종자가 선박평형수 조작방법을 충분히 알고 작업에 임할 수 있도록 시정조치가 필요
2018-014	예인선A호의 피예인부선B호 해양오염사건	임차인 겸 안전관리 대행자	시정명령	① 자격을 갖춘 해양오염방지관리인을 적정한 절차를 거쳐 임명할 것 ② 부선의 임차인으로서 선박에서의 해양오염방지를 위해 관련 법령에서 정하는 책임을 다할 것 ③ 예인선 및 부선에서의 지휘·명령체계 및 선박직원의 직무를 안전관리체계에 명확히 반영하고 교육할 것 등 귀사의 조치가 필요

2018-018	예인선A호의 피예인부선B호·어선C의 피인어선D호 충돌사건	부선B호 소유자	시정권고	예인선 A호가 부선 B호를 거꾸로 접현 예인한 채 포항구항 및 사동항을 입·출항하는 행위가 지양되어야 하나, 불가피한 경우에는 부선의 등화를 진행방향과 일치시키거나, 다른 선박이 이를 알 수 있도록 안내선(Escort Boat)을 사용하고 경계원을 추가 배치시켜 경계를 강화하고, 다른 선박의 통항이 드문 시기 또는 시계가 양호한 주간에 포항구항 및 사동항을 입·출항하도록 하는 등의 적절한 시정조치가 필요
		부선B호 기관장	시정권고	무자격자인 귀하가 A호·B호 예인선열을 혼자서 직접 조선하면서 부적절한 예인과 경계태만으로 C호·D호 예인어선열을 피하지 않아 발생한 것임. 절대 갑판부에서 항해당직을 혼자서 수행하지 않도록 경각심을 심어주는 차원에서 시정할 것을 권고
2019-001	액체석유가스운반선A호 부두접촉사건	선박 소유자	시정명령	귀사는 ① 가능한 빠른 시일 안에 주기관 원격제어장치를 수리하고, ② 주기관 원격제어장치가 수리되기 전까지는 기관 쪽에 추가의 기관사관을 배치하여 운전하도록 시정할 것을 명함
2019-007	여객선A호·어선B호 충돌사건	어선B 선장	시정명령	항해 중 제한 속력을 준수하고 경계를 철저히 하면서 항해할 것과 무역항의 수상구역 안쪽을 항해할 경우 우선피항선의 의무를 준수하도록 시정할 것을 명함

제 4 절 　시정 등의 요청

Ⅰ. 제도의 취지, 연혁

해양안전심판을 통해 해양사고의 원인을 규명하는 목적은 해양사고로부터 교훈을 찾아 재발을 방지하는 데 있다. 해양사고는 선박을 운항하는 해기사나 도선사의 인적 과실로 발생하기도 하지만, 불합리한 해상교통환경·제도·관행을 고치면 사고가 예방될 수 있는 경우도 있으므로, 이를 찾아 시정·개선을 할 필요가 있다.

1987년 구「해난심판법」은 해난 관련 행정기관이나 단체에 대하여 권고하는 영미법계 국가의 입법례에 따라 행정기관이나 단체에 대하여 해양사고의 방지를 위한 시정 또는 개선조치를 통보하도록 하였으나,[19] 1999년 「해양사고의 조사 및 심판에 관한 법률」 제5조의2는 "심판원은 심판의 결과 해양사고의 방지를 위하여 시정 또는 개선할 사항이 있다고 인정될 때에는 해양사고관련자가 아닌 행정기관이나 단체에 대하여 해양사고의 방지를 위한 시정 또는 개선조치를 요청할 수 있다."고 규정하여 시정·개선의 통보에서 시정 등의 요청 제도로 변경되었다.

Ⅱ. 대　　상

시정 등의 요청대상은 '해양사고관련자로 지정되지 않은 행정기관이나 단체'이다(제5조의2). 해양사고관련자로 지정된 행정기관이나 단체에 대하여는 권고재결이 가능하므로 유의하여야 한다(제5조 제3항).

---

19) 해난심판법(1987. 11. 18. 법률 제3951호) 제5조의2(시정 등의 통보)에서는 "심판원은 심판의 결과 해난의 방지를 위하여 시정 또는 개선할 사항이 있다고 인정할 때에는 수심인 또는 지정해난관계인이 아닌 행정기관이나 단체에 대하여 해난의 방지를 위한 시정 또는 개선사항을 통보하여야 한다."라고 규정하고 있었다.

구 분	가능한 재결방법
① 해양사고관련자로 지정된 단체	시정권고, 시정명령, 개선권고, 개선명령
② 해양사고관련자로 지정된 행정기관	시정권고, 개선권고
③ 해양사고관련자로 지정되지 않은 단체	시정 등의 요청(시정요청, 개선요청)
④ 해양사고관련자로 지정되지 않은 행정기관	시정 등의 요청(시정요청, 개선요청)

[관련쟁점 7] 일반 해양사고관련자에 대한 시정·개선조치 요청

일반 해양사고관련자에 대하여 시정·개선요청이 가능한지 여부와 관련하여, 대법원은 아래와 같이 이를 허용하는 입장이다.

- 해양안전심판원이 '해기사 또는 도선사 외의 자로서 해양사고의 원인에 관계있는 자'에 대하여 제5조의2에 의한 '시정 등의 요청'을 할 수 있는지 여부 (적극)

제5조 제3항은 "심판원은 필요할 때에는 제2항에 규정된 자 외의 자로서 해양사고의 원인에 관계있는 자에 대하여 시정 또는 개선을 권고하거나 명하는 재결을 할 수 있다. 다만, 행정기관에 대하여는 시정 또는 개선을 명하는 재결을 할 수 없다."고 규정하고, 제5조의2는 "심판원은 심판의 결과 해양사고의 방지를 위하여 시정 또는 개선할 사항이 있다고 인정할 때에는 해양사고관련자가 아닌 행정기관이나 단체에 대하여 해양사고의 방지를 위한 시정 또는 개선조치를 요청할 수 있다."고 규정하고 있다.

위 법의 관련 규정들에 비추어 보면, 이 사건 원고와 같이 위 '제2항에 규정된 자 외의 자로서 해양사고의 원인에 관계있는 자'에 대하여는 위 법 제5조 제3항에 의한 '시정 등 권고 재결'은 물론, 위 법 제5조의2에 의한 '시정 등의 요청'도 할 수 있다(대법원 2006. 10. 26. 선고 2004추58 판결).

○ 해설

제5조의2는 시정 등의 요청대상을 '해양사고관련자가 아닌 행정기관이나 단체'라고 규정하고 있는바, 심판원이 일반 해양사고관련자에게도 시정·개선요청을 하는 것이 가능한지 해석상 문제될 수 있다.

위 판결은 구체적 이유를 설시하지는 않았지만 일반 해양사고관련자에 대한 시정·개선요청이 가능하다고 판단하였다. 생각건대, 시정·개선요청은 권고재결보다 의무나 구속력의 정도가 낮아 이를 인정하더라도 일반 해양사고관련자의 이익을 침해한다고 볼 수 없으므로 일반 해양사고관련자에게도 시정·개선요청을 할 수 있다고 보는 것이 타당하다고 생각된다.

Ⅲ. 소명기회의 부여

심판원은 심판 과정에서 제5조의2의 규정에 의하여 해양사고관련자가 아닌 행정기관 또는 단체에 대하여 해양사고방지를 위한 시정 또는 개선조치의 요청이 필요하다고 인정하는 때에는 해당 행정기관 또는 단체의 장을 출석시켜 소명기회를 주어야 한다(사무처리요령 제92조 제1항). 해당 행정기관 또는 단체의 장은 일신전속적인 사항을 제외하고는 소속 직원으로 하여금 대리하여 출석하게 하거나 심판장의 허가를 받아 이를 서면답변으로 대체할 수 있다(제2항).

시정·개선조치의 요청을 받은 자는 그 취지에 따라 필요한 조치를 하여야 하고, 조사관은 그 이행여부를 확인하고 조치가 부족하다고 인정할 때에는 그 이행을 요구할 수 있다(법 제84조). 따라서 심판원으로서는 잘못된 시정·개선조치 요청을 하지 않도록 해당 행정기관이나 단체에 입장을 소명할 수 있는 기회를 충분히 부여하여야 한다.

Ⅳ. 내 용

시정·개선조치요청의 내용은 해양사고의 재발방지를 위하여 필요하고, 그러한 요청을 받게 되는 행정기관이나 단체의 소관업무 범위에 속한 것이어야 한다. 단지 해양안전의 측면에서 필요하다는 이유만으로 현실적으로 이행이 불가능한 사항을 무리하게 요청하지 않도록 유의하여야 한다.

그러나 시행은 시정 등 요청을 받은 행정기관이나 단체가 자율적으로 수립·시행하는 것이 바람직하므로 구체적인 시행방법까지 명시할 필요는 없다.

[기재 예]

① ○○지방해양수산청

……하였는데, 향후 유사한 사고의 예방을 위하여 「해양사고의 조사 및 심판에 관한 법률」 제5조의2의 규정에 따라 ○○지방해양수산청에 대하여 선박이 도선수역 안에서 운항할 때 해상교통관제센터가 도선사뿐만 아니라 선박을 확인하여 교신하도록 선박교통관제제도를 시정할 것을 요청한다.

② ○○항 도선사협회

……한 이 사건의 경과에 비추어, 이러한 사고의 재발방지를 위하여 「해양사고의 조사 및 심판에 관한 법률」 제5조의2의 규정에 따라 ○○항 도선사협회에 대하여 회원도선사들이 정기적으로 선교자원관리(BRM: Bridge resource management)의 개념 및 절차에 관한 교육훈련을 받도록 연수시스템을 개선할 것을 요청한다.

Ⅴ. 집   행

시정 또는 개선조치의 요청을 받은 자는 그 취지에 따라 필요한 조치를 하고, 수석조사관이 요구하면 그 조치내용을 지체 없이 통보하여야 한다(제84조 제1항). 수석조사관은 그 조치가 부족하다고 인정할 때에는 그 이행을 요구할 수 있다(제84조 제2항).

❖ **해양안전심판원이 재결의 주문을 '권고한다'가 아닌 '요청한다'라고 표현하였지만, 그 재결의 성격을 해심법 제5조 제3항의 '개선권고'라고 본 사례**

이 사건의 경우 중앙해난심판원은 그 해양사고관련자를 '소외인'(A선박 선장)으로 하여 그 심판을 거쳐 원인규명재결을 하면서 이와 함께 같은 재결서에 의하여 '소외인'에 대하여는 징계재결을 하지 않는 대신, 위 '해양사고관련자'는 아니지만 위 '제2항에 규정된 자 외의 자로서 해양사고의 원인에 관계있는 자'에는 해당되는 원고(A선박 소유자)에 대해 그 개선조치가 필요하다고 인정하여 이를 재결서 주문에 포함시킴으로써 그 개선을 권고 내지 요청하는 재결을 한 것이고, 다만 그 재결의 주문을 '원고에 대하여 권고한다'가 아닌 '원고에 대하여 요청한다'로 표현하였다 하더라도 피고의 이 사건 조치는 위 법 제5조의2에 의한 '시정 등 요청'이 아니라 위 법 제5조 제3항에 의한 '개선권고 재결'로 보아야 할 것이다(대법원 2006. 10. 26. 선고 2004추58 판결).

○ **해설**

중앙해심은 A선박 추진기손상사건과 관련하여, ① 해양사고관련자인 선장에게는 징계를 하지 않고, ② 해양사고관련자로 지정되지 않은 원고(A선박 소유자)에게 '개선을 요청한다'는 재결을 하였다.[20]

원고가 재결취소소송을 제기하자, 피고(중앙해심)는 '대상재결은 시정 등 요청에 불과하고 권고재결에 해당하지 않아 행정처분이라고 볼 수 없으므로 원고에게 소의 이익이 없어 각하되어야 한다'고 주장한 것이다.

대법원은, 중앙해심의 개선요청서 내용을 감안할 때 원고에게 단순히 앵커부표(Anchor Buoy)의 형상개선을 요청한 것이 아니라 개선을 권고했다고 보아 재결의 취소를 구할 법률상 이익이 있다고 보았다. 재결의 법적 성격을 명칭에 구애받지 않고 실질적으로 판단한 것이다.

---

20) 해당사건의 개선요청서 내용은 다음과 같다(중앙해심 제2004-1호).

① 재결서 주문: "OO주식회사에 개선을 요청한다."

② 개선요청서: "귀사 소유의 A선박이 부산항 제1항로를 따라 입항중, 당시 국유 제2번등부표(우현측방표지) 동측에서 증심준설작업중이던 준설선의 위치조정용닻(Positioning Anchor)의 부표(Anchor Buoy, 이하 앵커부표)가 항로 내로 침범해 있어 A선박의 추진기에 부딪쳐 손상을 입히는 사고가 발생하였습니다. 앵커부표는 대부분 직경 약 1m, 길이 약 1m의 작은 원통형이면서 해상에 띄울 때 약 절반이 침하하므로 항로로 침범하였을 경우 작은 파랑에 의하여 부침을 반복하면 개항을 출입하는 중대형선이 레이더 또는 육안으로 이를 발견하기 어려워 항행에 위험을 초래하는 사례가 빈번합니다. 준설선의 닻을 투하시 준설선의 위치결정방법 정도의 정확도를 유지하도록 하여야 할 것이며, 개항을 출입하는 중대형선이 안전한 거리에서 발견하여 무리 없이 피할 수 있도록 적어도 파랑계급 4정도의 해상을 항해하는 선박이 약 500m 거리에서 레이더 및 육안으로 쉽게 식별 가능한 크기 또는 이와 동일한 성능을 갖는(레이더반사기의 설치 등) 형상이 되어야 할 것입니다. 따라서 해양사고의 방지를 위하여 개선하여야 할 필요성이 인정되므로 해양사고의조사및심판에관한법률 제5조의2의 규정에 의거 이와 관련된 대책을 마련하도록 개선조치요청하니 적극 조치바랍니다."

Ⅵ. 시정 등의 요청 예시(중앙해심 2015~2018년)

중해심 재결	사건명	피요청자	조치사항	요청내용
2015 -001	엘피지운반 선A·어선 B호 충돌사건	엘피지 운반선 운항자 (이해관 계인)	개선 요청	당직사관과 당직부원이 함께 항해당직을 담당하도록 규정하고 있는 본선의 항행안전 절차서가 선박안전을 위한 필수적 절차임을 명심하고, 실제 이 절차서가 준수되도록 선장 및 선원을 적극적으로 지원하는 한편, 준수여부를 확인할 수 있도록 지도·감독에 대한 개선이 필요하다고 판단되어 개선조치 요청
2015 -005	화물선A· 유조선B 충돌사건	○○ 지방 해양 수산 청장	개선 요청	1. 광양항 항계내 각 항로별 우선순위 검토 2. 각 항로의 범위를 해도에 명확히 표시 3. 광양항 항행안전 기준의 내용을 해도 및 입항정보 책자에 표시 4. 화물선A 강제도선 면제에 관련된 위법행위조사
		○○ 해양경 비안전 본부장	개선 요청	1. 여수 VTS센터에 대하여 광양항 항행선박에 대한 통제를 강화토록 조치 2. 여수 VTS센터에 대하여 적극적인 관제 독려 3. 적극적인 관제시행의 애로점에 대한 개선조치(필요시)
2016 -014	여객선A 좌초사건	○○도 (도지사)	개선 요청	여객선A가 신양항에 입·출항하고 있고, 이 선박의 제원(선박길이 및 폭)을 고려할 경우 현재 신양항의 항로 및 선회장 폭과 부두시설은 적절하지 아니하다고 판단됨. 여객선A의 안전한 통항 및 접·이안을 위하여 신양항의 항로 및 선회장 폭과 부두길이의 확장 등 개선조치가 필요하다고 판단

2016 -019	압항부선A호 ·액체화학품 산적화물선B 충돌사건	OO도 (도지사)	–	이 기관은 이건 충돌사고 발생 후 항행장애물의 처리업무를 해양수산과에서 맡아 처리하도록 하였고, '선박사고 위기대응 실무매뉴얼'을 개정하여 반영하는 등 개선조치를 완료하였으므로 이 기관에 대하여 개선요청을 하지 아니함
2016 -022	유조선A 부두시설 접촉사건	해수부 장관 (OO 과장)	개선요 청	각 지방도선운영협의회에서 자율적으로 운영되고 있는 복수도선제도와 관련하여, 향후 유사 해양사고 예방을 위해 보조도선사의 자격 및 역할이 강화되도록 복수도선제도의 개선에 대해 적극 검토할 것을 요청
2018 -008	석유제품운 반선A호· 어선B호 충돌사건	OO 지방해양 수산청	–	신설 중인 서방파제를 해도에 표시하지 않는 것은 또 다른 해양사고의 원인이 될 수 있으므로 시정이 필요한 것이나, OO지방해양수산청이 심판진행 중 서방파제 공사에 관한 사항을 국립해양조사원장에게 통보하여 이 사항이 이미 항행통보(2017년-50호-937항)되었기에 별도로 시정 요청을 하지 아니함
2018 -019	예인선 A호의 피예인부선 B호 침몰 및 피예인부선 C호 침수사건	OO공단 이사장	개선요 청	선박이 새로이 건조되어 시운전을 하는 경우를 제외하고는 선박의 감항성 및 수밀성에 가장 중요한 선저외판 등 선체 상태가 당해 항해에 견딜 수 있는지 여부를 확인하는 항목을 임시항해검사점검표에 추가하고, 선박검사와 관련된 법규 내용을 숙지하여 선박검사 신청인에게 일관된 선박검사 절차를 안내할 필요

제 5 절 재결서의 작성[21]

Ⅰ. 형식적 기재사항

1. 사 건 명

사건명은 심판청구서에 표시된 대로 기재한다. 사건명의 부여방법은 사무처리요령 제14조에 규정되어 있으며, 최초에 붙인 사건명은 심판진행 결과 사건의 내용과 부합하지 않게 되더라도 기록의 동일성과 분류의 편의를 위하여 그 사건이 끝날 때까지 그대로 사용하는 것이 원칙이다. 다만, 사건명에 잘못이 있음이 명백할 때에는 제1심 종국에 이를 때까지 관여조사관에게 심판청구서의 변경신청을 하도록 요청하는 것이 바람직하다.

❖ **사무처리요령 제14조**(사건명)

① 사건명은 "(용도) (선명) (사고의 종류) 사건"이라 기재한다.

② 제17조 제4항의 경우 관련하는 2이상의 해양사고사실을 포함하는 사건의 사건명은 해양사고의 실태가 쉽게 이해될 수 있는 사고의 종류를 쓰는 것을 원칙으로 하되, 필요한 경우에는 규명하여야 할 해양사고원인 또는 조사관이 주장하고자 하는 주요사실을 나타낼 수 있는 사고의 종류를 써도 된다.

③ 충돌사건 등에 있어서 2척 이상의 선박이 관계되는 때에는 다음 각 호의 순서에 의하여 사건명을 붙인다.

1. 한국선박
2. 기선, 범선, 부선 및 수상항공기의 순
3. 총톤수가 큰 선박
4. 3척 이상의 선박이 충돌한 때에는 충돌한 시기가 빠른 선박
5. 끌리어 가거나 밀리어 가는 부선이 충돌한 때에는 당해 부선을 끌거나 밀고 있는 선박의 총톤수가 큰 것

---

21) 이 부분은 재결서의 이해를 돕기 위하여, "중앙해양안전심판원, 「해양안전심판 업무편람(심판분야)」, 2010" 일부를 발췌하여 인용하였다.

④ 제3항에도 불구하고, 동일한 원인에 의하여 발생한 단일 해양사고에 다수의 선박이 관련되어 있을 때에는 해당 사건명을 "○○호 등 ○척"이라고 기재할 수 있다.

⑤ 선박이 시설 등에 접촉하여 선박에는 손상이 없이 그 시설만 손상이 된 때에는 선명 다음에 그 손상된 시설물의 명칭을 붙여 사건명으로 한다.

⑥ 압항 또는 예인중이거나 압항 또는 예인과 관련된 선박의 사건명은 "일체형압항선○○호·압항부선○○호○○사건", "일체형압항선○○호의압항부선○○호○○사건", "예인선○○호·피예인부선○○호○○사건" 또는 "예인선○○호의피예인부선○○호○○사건"이라 한다.

⑦ 외국선박의 선명은 원칙적으로 그 소속국에서 사용하는 발음에 따라 한글로 표시한다.

2. 해양사고관련자의 표기순서

해양사고관련자가 여러 명일 경우, 조사관의 심판청구서에 기재된 해양사고관련자의 순서에 따라 기재한다. 심판청구서의 양식은 면허행사 해양사고관련자와 일반 해양사고관련자를 분리해 놓았기 때문에 심판청구서의 순서에 따르면 자연스럽게 해기사 또는 도선사인 해양사고관련자가 앞쪽에 기재된다.

주문(主文)에서는 면허행사 해양사고관련자 중 징계의 경중 차이가 있을 때에는 보다 중한 징계를 받은 자를 앞쪽에 기재한다.

3. 이해관계인과 심판변론인

재결서에는 이해관계인이나 심판변론인을 표시하지 않고 있다. 그러나 이해관계인, 심판변론인이 심판당사자는 아니라고 하더라도 심판과정에서 의견을 진술하고 증거조사에 참여하고 있으며 송달을 용이하게 하기 위한 차원에서 향후 민·형사 판결문처럼 이들을 함께 표시하는 방안을 검토할 필요가 있다.

4. 청구취지 및 관여조사관

당사자의 표시 다음에 줄을 바꿔 청구취지를 기재하고, 청구취지의 첫 글자 밑에서부터 '관여조사관'이란 글자와 관여조사관의 성명을 기재한다.

청구취지는 제1심의 경우 조사관밖에 심판을 청구할 수 없으므로 법 제38조의 규정에 의하여 심판 청구되었음을 표시하면 되고, 제2심의 경우에는 누가, 무슨 재결에 불복하여 법 제58조의 규정에 의하여 심판 청구하였는지를 표시한다.

관여조사관은 재결의 기초가 된 심판의 심리에 관여한 조사관을 의미한다. 그러므로 심판에 2인 이상의 조사관이 심판에 관여하였을 때에는 심판청구만 하였거나 재결고지에만 관여한 조사관은 제외하고, 의견진술을 한 변론종결 당시의 관여 조사관만 표시하는 것이 일반적이다.

5. 필요적 변론의 표시

해양사고관련자가 정당한 이유 없이 심판기일에 출석하지 아니하여 궐석재결하는 경우가 가끔 있는데, 이 경우에는 "따라서 주문과 같이 재결한다."는 맺음말을 적은 뒤, 줄을 바꿔 그 취지를 기재한다.

[기재 예]

"해양사고관련자 김○○은 심판기일에 출석하지 아니하였으므로 「해양사고의 조사 및 심판에 관한 법률」 제45조 단서규정에 따라 궐석으로 재결한다."

6. 심판관의 서명날인

재결서에는 심판에 참여한 심판관이 서명·날인하여야 한다(시행령 제58조 제1항). 재결서에 서명·날인하는 심판관은 재결을 한 심판관, 즉 기본이 되는 변론에 관여한 심판관이고,[22] 재결을 고지하는 심판관이 아니다. 그러므로 재결고지에 관여하는 심판관이 서명·날인하는 일이 없도록 주의하여야 한다.

심판관이 재결서에 서명·날인할 수 없을 때에는 다른 심판관이 그 사유를 기재하고 서명·날인하여야 한다(시행령 제58조 제2항). 실무에서는 심판관이 재결서에 서명·날인하는 데 지장이 있을 때에는 심판장이, 심판장이 그러한 때에는 주심심판관이 서명날인 란에 그 사유를 기재하고 서명·날인한다. 이는 재결의 합의에는 관여하였지만 서명·날인에 지장이 있는 경우에만 가능하고, 어느 누구라도 합의에 관여하지 않았다면 재결 자체를 할 수 없다.

---

22) 변론종결 시에 관여한 심판관이 된다.

또한, 합의부에서 심판관 2명이 서명날인 할 수 없다면 나머지 심판관이 그 사유를 기재하고 서명날인하면 되지만, 합의부의 심판관 전원 또는 단독심판에서 심판관이 서명·날인을 할 수 없을 경우에는 재결서 자체를 작성할 수 없으므로 변론을 재개하여 새로운 심판부가 변론한 다음 재결하여야 한다.

Ⅱ. 주 문

주문은 재결의 결론에 해당하는 부분으로서, 조사관 등 당사자의 신청에 대한 심판원의 최종적인 판단이다.

심판원 재결의 주문은 해양사고의 '원인'과 해기사 또는 도선사인 해양사고관련자에 대한 '징계', 해기사 또는 도선사 이외의 해양사고관련자에 대한 시정·개선의 '권고 또는 명령' 등 3종이 있다.

1. 원인규명의 주문

원인규명재결은 징계재결이나 권고재결과는 달리 그 자체로는 국민의 권리·의무를 형성 또는 확정하는 효력을 갖지 않으며, 그 때문에 재결취소소송의 대상도 되지 않는다. 사무처리요령 별표 4에 원인규명 주문의 기재요령과 사례가 상세하게 규정되어 있다.

❖ **사무처리요령 별표 4: 주문 제1항(해양사고의 원인)의 기재**

① 기재요령
- 해양사고발생원인을 요약하여 구체적으로 기재한다.
- 단독사건에 있어서는 선명을 기재할 필요가 없으나 2개 이상의 선박이 관련된 사건에 있어서는 선명을 명시하고 해양사고원인을 기재한다.
- 주인과 일인을 따로 표시할 필요가 있을 경우에는 이를 기재한다.
- 사안에 따라서는 사람을 특정하여 원인을 표시하여도 되나 이 경우에는 직명으로서 기재한다.
- 해양사고관련자의 과실의 표현은 피한다.

- 필요하다고 인정할 경우에는 추정원인(원인으로 단정할 수는 없으나 개연성이 있는 것)도 기재한다.
- 선박측 외에도 원인이 있을 경우에는 선박측의 원인과 함께 기재한다.
- 원인은 결과와의 관련성이 명백하도록 간결하게 기재한다.
- 먼저 발생한 사고에 연속하여 다른 원인에 의한 다른 상태의 후발사고가 발생하였을 경우에는 선박사고의 원인을 기재하고 후발사고의 원인도 기재한다.
- 시계제한상태에 있어서의 충돌사건에 관하여는 주문이 길어지는 것을 피하기 위하여 "시계제한상태에서 운항이 적절하지 아니하였다."라고 개괄적으로 기재할 수도 있다.

② 기재사례

가. 단독사건으로 원인이 단일인 경우

"이 기관손상사건은 주기관 윤활유 파이프의 점검이 소홀하여 윤활유 펌프가 공기를 흡입함으로써 발생한 것이다."

나. 2개의 선박으로 선명을 명시하고 주인 일인을 표시하는 경우

"이 충돌사건은 갑선 측에서 경계를 소홀히 하여 항로의 전방을 횡단하는 타선의 진로를 피하지 아니함으로써 발생하였으나 을선 측에서 충돌을 피하기 위한 협력동작을 소홀히 한 것도 그 일인이 된다."

다. 직명으로 사람을 특정하는 경우

"이 좌초사건은 선장의 당직자에 대한 지시 불충분과, 당직자의 수로상황의 조사 불충분으로 인하여 발생한 것이다."

"이 전복사건은 선장의 선원에 대한 지도 불충분으로 항행중 선박 수밀문의 폐쇄가 되지 아니한 것과 기관장의 연료유 이송중의 감시가 불충분하여 선박이 경사한 것으로 인하여 발생한 것이다."

라. 선박측 외에도 원인이 있는 경우

"이 침몰사건은 안벽의 관리자가 안벽부근의 수심의 감소에 대하여 관계선박에 통보하지 아니한 것과, 갑선 측에서 측심을 하지 아니하고 수심이 얕은 수역에 정박한 것으로 인하여 발생한 것이다."

마. 사고요인이 2개가 있는 경우

"이 충돌사건은 협수로에서 갑선 및 을선이 수로의 중앙을 진행하고 서로 마주치는 상태의 상대선을 확인하면서도 신속히 항로의 우측으로 항행하지 아니한 것으로 인하여 발생한 것이다. 갑선의 운항이 적절하지 아니하였던 것은 선장이 직접 조

선하지 아니하고, 항로의 좌측에서 중앙으로 향하는 침로에서 무자격의 당직자에게 운항을 위임한 것과 당직자가 선장에게 접근선박에 대하여 보고를 하지 아니하였기 때문이다."

　바. 선발사고의 원인과 후발사고의 원인이 있는 경우

　"이 좌초사건은 수로조사가 불충분한 것으로 인하여 발생한 것이다. 좌초후의 화재는 석유난로가 고정이 되지 아니함으로써 발생한 것이다."

　사. 시계제한상태에서의 충돌사건의 경우

　"이 충돌사건은 갑선 및 을선 양측의 시계제한상태에 있어서의 운항이 적절하지 아니하였기 때문에 발생한 것이다. 갑선의 운항이 적절하지 아니하였던 것은 선장이 당직자에 대하여 지시를 불충분하게 하고 직접 운항지휘를 하지 아니한 것과, 무자격의 당직자가 안개가 낀 것을 선장에게 보고하지 아니하였던 것으로 인한 것이다. 을선의 운항이 적절하지 아니하였던 것은 선장이 안개가 끼었을 때에 직접 운항지휘를 하지 아니한 것과 당직자가 타선과 접근상태에 있는 것을 선장에게 보고하지 아니한 것으로 인한 것이다."

　아. 고의에 의한 경우

　"이 침몰사건은 보험금 사취의 목적으로 고의로 침수시킴으로써 발생한 것이다."

　자. 불가항력에 의한 경우

　"이 좌초사건은 미리 알 수 없었던 심한 황천을 만나서 발생한 것이다."

　차. 원인이 불명한 경우

　"이 침몰사건은 선미 선원실에 많은 해수가 침입하여 발생한 것이나, 그 침수원인에 대하여는 밝힐 수가 없다."

❖ 해양사고의 원인을 밝힐 수 없다고 판단한 사례(중앙해심 제2008-001호)

　이 건 접촉사고는 컨테이너선 A선박이 항해중 미확인 물체와 접촉하여 발생한 것이다. 동 미확인 물체와의 접촉은 그 원인을 밝힐 수가 없다.

　해양사고관련자 A선박 1등항해사의 행위가 이 건 접촉사고의 원인에 기여한 여부가 분명치 아니하므로 징계하지 아니한다.

2. 징계의 주문

법에 규정된 징계의 종류는 ① 면허의 취소, ② 업무의 정지, ③ 견책의 3가지가 있고, 업무의 정지기간은 1월 이상 1년 이하로 하도록 되어 있다(제6조). 업무정지의 기간은 1월 이상 1년 이하로 되어 있으므로, 업무정지 기간을 개월로 정하지, 일수로 정하지는 않는다. 하지만 실무에서는 1월 이상일 경우 1월 15일로 그 기간을 정해 업무정지를 내린 경우도 있다(중앙해심 제2010 - 8호).

징계주문의 기재는 징계량이 많은 사람을 먼저 기재한다. 징계량이 높은 순서는 면허취소, 업무정지, 견책의 순이다.

[기재 예]

① "해양사고관련자 ○○○의 ○급 항해사 면허를 취소한다."

② "해양사고관련자 ○○○의 ○급 항해사 업무를 ○개월 정지한다."[23]

③ "해양사고관련자 ○○○의 ○급 기관사 업무를 ○개월 정지한다. 다만, 이 재결의 확정일로부터 ○개월간 징계의 집행을 유예하고, ○○시간의 ○○직무교육 수강을 명한다."

④ "해양사고관련자 ○○○를 견책한다."

해양사고관련자가 여러 종류의 해기사 면허를 소유하고 있더라도 당해 해양사고에서 원인이 된 직무상 과실과 관련 있는 면허에 대해서만 징계를 한다.

> ❖ '항해사 직무'와 관련된 과실로 인한 해양사고에서 직무상 과실과 관련 없는 '기관사 면허'는 징계의 대상이 되지 아니함(중앙해심 제2017-016호)
>
> "이건 충돌사고에서 A선박 선장의 직무상 과실은 경계소홀과 속력제한 규정 위반 등 항해사의 직무에 관련된 것에 국한되며, 이 사람의 기관사로서의 직무행위와는 무관하다. 또한 이건 충돌사고 당시 A선박 선장이 유효한 6급항해사 및 6급기관사의 면허를 소지하고 있었고 그것을 근거로 A선박에 선장으로서 승무한 것이 사실

---

23) 정확한 법률용어는 업무의 정지이므로, "면허를 ○개월 정지한다"고 기재하지 않도록 주의하여야 한다.

이나, 해양사고관련자의 과실에 대한 '징계요건 및 징계대상'은 선장으로서의 '승무요건'과 구분되어 별도로 판단되어야 한다. 즉 이건 충돌사고와 같이 항해사 직무와 관련된 과실로 인한 해양사고에서 충돌의 원인이 된 직무상 과실과 관련 없는 6급기관사면허는 징계의 대상이 되지 않는다 할 것이며, 이건 충돌사고에서 A선박 선장에 대한 징계는 6급항해사 면허에 한정되어야 한다고 판단된다."

○ 해설

A선박은 25톤 미만의 소형선박으로, A선박의 선장은 6급항해사와 6급기관사 면허를 보유하여 선장으로 승선하였는바, 선박직원법상 최저승무기준을 갖추었다(선박직원법 시행령 별표 3, 소형선박의 최저승무기준 참조).[24]

한편, 징계와 관련하여 ① 지방해심은 A선박 선장의 6급항해사 및 6급기관사 면허를 모두 징계하였으나(인천해심 제2017-019호), ② 중앙해심은 항해사 직무와 관련된 6급항해사 면허만 징계하여야 한다고 판단하였다. 즉, A선박 선장이 선장으로서 승무하기 위해서는 '승무요건'으로서 6급항해사 및 6급기관사 면허가 모두 필요하지만, 사고당시 기관사면허는 직무상 과실과 관련이 없었으므로 징계의 대상이 되지 않는다고 판단한 것이다.

대상재결은 ① 해양사고관련자의 과실에 대한 '징계요건 및 징계대상'은 선장으로서의 '승무요건'과 구분되며, ② 항해사 직무와 관련된 과실로 인한 해양사고에서 직무상 과실과 관련 없는 6급기관사 면허는 징계의 대상이 되지 않는다고 요약되는 바, 복수면허에 대한 기본적 법리를 설시한 점에서 의미가 있는 재결이다.

[관련쟁점 8] 복수면허의 징계

해양사고관련자가 여러 개의 면허를 보유한 경우 승선공인 받은 면허만 징계하면 징계의 실효성이 확보되지 않는 문제점이 있어 징계대상면허의 범위가 문제된다.

아래는 '징계대상인 면허의 범위'가 문제되었던 재결례를 정리한 것이다.

---

24) 「선박직원법」상 소형선박으로서 선장 1명만 승선할 경우 선장은 다음 중 하나의 요건을 충족하여야 한다. ① 소형선박조종사 면허를 소지할 것, ② 6급 이상의 항해사 면허와 6급 이상의 기관사 면허를 소지할 것, ③ 6급 이상의 항해사 면허를 소지하고 한국해양수산연수원에서 "소형선박의 기관과정교육"을 이수할 것, ④ 6급 이상의 기관사 면허를 소지하고 한국해양수산연수원에서 "소형선박의 항해과정교육"을 이수할 것.

① 선장이 6급항해사 면허로 승선공인을 한 후 승무하였으나, 충돌사고 당시 소형선박조종사 면허도 보유하고 있었던 경우, 징계범위

 – 중앙해심 제2018 – 008호: 6급항해사 및 소형선박조종사[25]

② 25톤 미만 소형선박에 선장 1명(6급항해사, 6급기관사 면허 보유)만 승선하여 충돌사고를 일으킨 경우, 징계범위

 – 1심(인천해심 제2017 – 019호): 6급항해사 및 6급기관사

 – 2심(중앙해심 제2017 – 016호): 6급항해사

③ 25톤 미만 소형선박에 선장 1명[6급항해사, 소형선박조종사, 6급기관사(소형선박의 항해과정교육 이수) 면허 보유]만 승선하여 충돌사고를 일으킨 경우, 징계범위

 – 인천해심 제2017 – 056호: 6급항해사 및 소형선박조종사

④ 도선사(1급도선사, 1급항해사, 소형선박조종사 면허 보유)가 좌초사고를 일으킨 경우, 징계범위

 – 1심(인천해심 제2018 – 023호): 1급도선사, 1급항해사 및 소형선박조종사

 – 2심(중앙해심 제2018 – 016호): 1급도선사[26]

⑤ 충돌사고를 일으킨 선장이 '5급항해사, 유효기간이 도과하여 무효인 소형선박조종사' 면허를 보유하고 있을 때, 징계범위

 – 인천해심 제2018 – 013호: 5급항해사[27]

⑥ (해양사고관련자만 2심을 청구한 경우) 1심에서 징계하지 않은 복수면허를 2심에서 추가로 징계하는 것은 불이익변경금지원칙 위반

 – 중앙해심 제2016 – 011호

---

25) 중앙해심 제2018-008호

 "① 해심법 제5조 및 제6조가 해기사의 직무상 과실이 인정될 때 징계를 하도록 규정하고 있을 뿐 사고 당시 행사한 면허에 한정하여 징계를 하도록 징계대상 면허를 제한하지 않은 점, ② 해기사 면허는 그 성질이 대인적 면허인 점, ③ 6급항해사 면허만 징계할 경우 소형선박조종사 면허로 다른 선박에 승선할 수 있어 징계의 실효성이 없어지는 점, ④ 이 사람의 직무상 과실은 항해사 직무와 관련된 것으로 징계사유가 소형선박조종사 면허 및 6급항해사 면허의 직무 모두에 공통된 점 등을 종합하여 볼 때 A호 선장의 항해사 직무와 관련한 과실에 대한 징계는 이 사고 당시 이 사람이 행사한 6급항해사 면허는 물론 소형선박조종사 면허까지도 대상으로 하는 것이 타당하다고 판단된다."

26) 중앙해심 제2018-016호

 "이 좌초사건은 해양사고관련자 도선사A가 도선업무를 수행하던 중 발생했고 이 사건과 관련하여 이 사람에게 인정되는 직무상 과실은 도선사로서의 직무상 과실에 한정된다. 따라서 1급도선사

해양사고관련자가 재결고지 시 사고발생 당시에 가지고 있던 면허보다 상급의 동일직종면허를 받았을 때에는 상급의 면허에 대하여 징계한다(사무처리요령 제113조). 또한, 해양사고관련자가 재결집행 시 가지고 있던 면허증보다 동종의 상급면허증을 가지고 있을 때에는 그 상급면허증에 대하여 재결을 집행한다(사무처리요령 제146조 제1호).

3. 징계하지 아니할 경우

형사재판에서는 무죄, 면소, 공소기각 등 유죄판결을 아니하는 경우에도 주문에 그 취지를 기재하고 있지만, 심판원의 재결에는 징계를 하지 아니할 경우 그 취지는 기재하지 않는다.

4. 권고·명령의 주문

과거 「해난심판법」에서는 단순히 권고할 수 있다고 규정되어 있었다. 1999년 「해양사고의 조사 및 심판에 관한 법률」로 개정하면서, 시정 또는 개선을 권고하거나 명할 수 있다고 세분화하였기 때문에 시정권고, 시정명령, 개선권고 및 개선명령 등 4가지의 재결이 존재한다.

[기재 예]
① "해양사고관련자 ○○○에게 시정할 것을 권고한다."
② "해양사고관련자 ○○○에게 개선할 것을 권고한다."
③ "해양사고관련자 ○○주식회사에 대하여 시정할 것을 명한다."

면허 이외에 이 사람이 소지한 항해 관련 면허는 이 사건에 대한 심판에서 처분 등의 대상이 되지 않는다."
27) 인천해심 제2018-013호
"현행 해심법에 기간경과 무효인 면허를 징계할 수 있는 근거가 없는 점, 기간이 경과하여 무효인 면허는 이를 갱신하기 전까지 면허로서의 효력이 없는 것이므로 면허의 취소 또는 업무정지를 명할 수 있는 대상이 될 수 없는 점 등을 종합할 때, 이 사건에서 선장에 대한 징계는 유효한 5급 항해사 면허에 한정된다."

5. 시정·개선조치 요청의 주문

해양사고관련자가 아닌 행정기관이나 단체에 대한 시정·개선조치 요청을 주문에 기재하지 않는다. 즉, 주문에 시정·개선조치요청을 기재하지 않고, 이유 중에 별도의 항목을 만들어 그 취지를 기재한 다음 '시정·개선조치 요청서'를 작성하여 교부하고 있다. 그 이유는 요청을 받는 기관이나 단체는 해양사고관련자가 아닐 뿐 아니라, 엄격한 심판절차를 거치지 아니한 채 심판원이 그러한 요청이 필요하다고 인정될 때 소명기회만 부여하고 있기 때문으로 보인다.

6. 기각재결의 주문

사무처리요령에 기재요령이 규정되어 있지 않으나, 아래의 기재 예와 같이 사건의 심판청구를 기각한다고 기재하면 된다.

[기재 예]
① "이 사건에 대한 심판 청구를 기각한다."
② "이 사건에 대한 해양사고관련자 ○○○의 제2심 청구를 기각한다." (법 제62조의 경우)
③ "○○지방심판원 2019년 1월 1일사 ○○해심 제2009−1호 재결을 파기하고, 이 사건에 대한 심판 청구를 기각한다." (법 제64조의 경우)

❖ **해양사고가 발생하지 않았다는 이유로 심판청구를 기각한 사례**(중앙해심 제 2009-018호)

사건개요: A선박(79톤, FRP조, 근해통발)이 제주 모슬포 남남서방 약 70마일 해상에서 조업 중이던 2008. 1. 23. 18:15경 주기관 크랭크축, 실린더 블록 등이 손상되었다고 허위 신고를 하여, 해경 경비함정에 예인되어 서귀포항에 입항한 뒤 주기관 교체 후 다시 조업에 임한 사건으로, 수협에도 허위 사고신고를 하여 보험금 58,838천원을 부정하게 수령함.

판단: 원인규명을 하기 위해서는 해양사고라고 하는 실체가 있어야 하고, 사고

의 실체란 구체적으로 사고사실을 특정(特定)할 수 있음을 뜻한다. 해양사고관련자들의 진술과 이들이 제출한 증거 대부분이 거짓으로 밝혀졌고, 달리 사고사실을 입증할 자료가 없어 이 선박 주기관의 어느 부분이 얼마나 손상되었는지 특정할 수가 없으므로 같은 법 제2조 제1호에 규정된 기관손상사고가 발생하였다고 인정하기 어렵다. 따라서 이 사건은 같은 법 제52조 제2호에 해당하는 것으로 판단되므로, 같은 법 제64조의 규정을 적용하여 주문과 같이 재결한다.

7. 사고가 없었다고 인정할 때의 주문

조사관의 심판청구에 의하여 심판을 행하고 심리의 결과 해양사고의 사실이 없었다고 인정할 때에는 그 뜻을 명백히 하면 된다(제54조 단서). 그 뜻을 명백히 한다는 것은 단순하게 "해양사고의 사실이 없었다"고 할 것이 아니라, 당해 사건의 본안에 관하여 심리한 결과 해양사고의 사실이 없었다는 것을 주문에 명시하고 그 이유를 밝히라는 의미이다.

[기재 예]
"이 좌초사건은 그와 같은 해양사고의 사실이 없었다."

Ⅲ. 이   유

이유란 재결의 결론인 주문을 도출하게 된 구체적인 근거이다. 특히 본안의 재결에서 이유를 붙이는 것은 심판원이 심판기일에 조사한 증거에 의하여, 어떠한 사실을 인정하고 어떠한 판단을 행하여 결론에 도달하였는지를 구체적으로 밝히는 것이다.

재결의 기판력이 미치는 범위는 주문뿐이다. 하지만 선박단위로 추상적으로 기재되어 있는 주문만으로는 심판원이 확정한 사실관계나 정확한 사고의 원인을 알 수 없고 이유를 살펴보아야 비로소 그 정확한 의미를 알 수 있다. 그러한 의미에서 주문과 이유는 서로 불가분의 관계를 갖는다고 할 수 있다.

이유는 ① 사실, ② 증거, ③ 원인(원인고찰, 사고발생원인), ④ 해양사고관련자의 행위, ⑤ 사고방지교훈 등으로 구성된다.

1. 원인고찰

과거에는 원인고찰이라는 항목을 별도로 두지 않고, 사고발생원인을 기술하면서 필요에 따라 '항법의 적용'과 같은 항목을 만들어 기술해왔다. 그러다 2003년 논리적 판단과정 없이 곧바로 결론으로 들어갈 경우 재결에 대한 설득력이 부족하다는 이유로 '원인고찰' 항목이 신설되었다. 이 항목은 사고발생원인이라는 결론에 이르는 논리적 판단 과정을 설명하는 부분으로서, 이를 통하여 해양사고관련자에게 재결의 타당성에 대한 판단자료를 제공함은 물론, 안전정책을 수립하는 행정기관이나 학계, 일반인들에게 널리 활용할 수 있는 구체적 안전정보를 제공하게 된다.

해양사고의 발생에 2인 이상이 관련되어 있는 경우 법 제4조 제2항의 규정에 따라 각 관련자에 대한 원인제공의 정도를 밝히고자 할 때에는, '원인제공비율' 항목을 만들어 기술한다. 원인제공의 정도는 편의상 선박을 단위로 표시하고 있다.

2. 해양사고관련자의 행위

해양사고관련자의 행위 항목은 각 해양사고관련자 별로 그들의 행위에 대한 규범적·법적 평가를 거쳐 징계재결 또는 권고재결을 도출한 과정을 기술한다. 이들의 행위가 해양사고의 원인으로 인정되지 아니할 때에는 해양사고의 원인이 되지 아니한다는 취지를 기술하는 것으로 족하므로 굳이 해양사고관련자를 구분할 필요가 없지만, 사고원인으로 인정될 경우 해기사 또는 도선사인 해양사고관련자는 징계의 대상이 되고, 그렇지 않은 해양사고관련자는 권고·명령의 대상이 되므로 해양사고관련자의 행위에 관한 기술방법도 그만큼 달라질 수밖에 없다.

3. 사고방지교훈

해양사고는 선박운항자인 선원의 행위에 의하여 발생하는 것이 대부분이지만 반드시 인간의 행위에 의해서만 발생하는 것이 아니고, 자연현상·물리화학적 현상은 물론 선박 이외의 경제적·사회적 사실 또는 자연법칙에 따르지 않는 우발적 요인이 단독 또는 복합적으로 작용하여 발생하기도 하므로, 해양사고관련자에 대한 행정처분이나 권고 등의 방법만으로 해양사고를 방지할 수 없다.

심판과정에서 드러난 각종 문제점들을 사장시키지 않고 이슈화함으로써 안전대책마련의 실마리로 활용하게 하는 한편, 심판관으로 하여금 해양사고관련자의 행위에 대한 판단에만 매몰되지 않고, 재발방지방안의 개발을 독려하려는 목적으로 2003년 '사고방지교훈'의 항목이 신설되었다.

Ⅳ. 재결요약서

재결요약서는 재결서 전체를 읽어보지 않고도 재결내용을 쉽게 파악할 수 있도록 하려는 취지에서 작성된다. 재결의 내용을 해양안전정책의 수립이나 선원교육 자료로 활용하도록 관계기관과 해양수산연수원 등에 재결서 사본을 송부하지만 잘 읽히지 않는다는 의견이 있어, 2003년부터 재결서 앞에 그 요약서를 첨부하기 시작하였다.

재결요약서를 통해 관계기관이나 교육기관이 재결내용을 파악하고, 재결 중에 필요한 정보가 있다고 판단될 때 재결서를 정독하게 함으로써 재결정보가 정보의 홍수 속에서 사장되지 않도록 하려는 의도이다.

제4장

제2심 심판 및 집행

제 1 절   제2심 심판

해양안전심판은 제1심(지방해양안전심판원), 제2심(중앙해양안전심판원)의 2단계 심판을 거친다. 제2심 청구는 미확정의 재결에 대하여 상급심판원에 구제 내지 시정을 구하는 불복제도이다.

Ⅰ. 제2심의 법적 성격

상급심에서의 심리방법은 일반적으로 복심(覆審), 사후심(事後審) 및 속심(續審) 등 3가지 유형이 있다.[1] 해양안전심판 절차에서의 제2심의 성격은, 일견 제1심과 동일한 대상에 대하여 사실의 심리를 반복하여 완전히 새롭게 하는 이른바 복심이라고 해석하는 견해도 있을 수 있으나, 제2심에서는 해양사고관련자의 추가·철회·변경이 허용되지 아니하고(제66조), 실제의 운용에서도 제2심의

---

[1] 이시윤, 「신민사소송법」 제10판, 박영사, 2016, 861~862면.
  "복심제는 항소심이 제1심의 소송자료를 고려함이 없이 독자적으로 소송자료를 수집한 끝에 이를 기초로 하여 다시 한번 심판을 되풀이하여야 하는 구조이다. 이를 제2의 제1심이라고도 한다."
  "사후심제는 항소심에서는 원칙적으로 새로운 소송자료의 제출을 제한하고 제1심에서 제출된 소송자료만을 기초로 제1심 판결의 내용의 당부를 재심사하게 되어 있는 구조이다."
  "속심제는 복심제와 사후심제의 중간형태로서, 항소심이 제1심에서 수집한 소송자료를 기초로 하여 심리를 속행하되 여기에 새로운 소송자료를 보태어 제1심판결의 당부를 재심사하는 구조이다."

재결에는 원심재결에 적은 사실과 증거를 인용할 수 있으면서도(시행령 제69조), 그 뒤에 얻어진 새로운 자료를 추가하여 필요한 한도에서 재심리를 하고 그 결과 얻은 심증으로 제1심의 재결을 심사하는 관점에서 속심적 성격을 갖고 있다고 할 수 있다.[2]

II. 제2심 청구권자

'조사관' 또는 '해양사고관련자'는 지방심판원의 재결에 불복하는 경우 중앙심판원에 제2심을 청구할 수 있다(제58조 제1항).

'심판변론인'은 해양사고관련자를 위하여 제2심을 청구할 수 있으나, 해양사고관련자의 명시한 의사에 반하여서는 아니 된다(제58조 제2항).

'이해관계인'과 '이해관계인의 심판변론인'에게는 제2심 청구권이 없다(중앙해심 제2009-003호, 중앙해심 제2002-015호).

❖ **이해관계인 심판변론인의 제2심 청구권 인정여부**

① 이해관계인은 「해양사고의조사및심판에관한법률」 제58조 제1항의 규정에 의한 제2심 청구권자에 해당되지 않으므로 같은 법 제62조이 규정에 의하여 이를 기각한다(중앙해심 제2009-003호).

② 이해관계인의 심판변론인이 신청한 제2심 청구는 이해관계인의 심판변론인이 「해양사고의조사및심판에관한법률」 제58조의 규정에 정한 제2심 청구권자가 아니므로 같은 법 제62조의 규정에 의거 이 청구를 기각한다(중앙해심 제2002-015호).

III. 제2심 청구의 이익

해양사고관련자가 징계 또는 권고재결을 받지 아니한 경우에도 제2심을 청구할 수 있는지 여부가 문제된다.

---

2) 박경현, "우리나라 해난심판법의 문제점과 개정방향에 관한 연구", 한국해양대학교 박사학위논문, 1997, 298면.

대법원은 '지방심판원 재결에서 징계재결 또는 권고재결을 받지 아니한 해양사고관련자의 제2심 청구가 법령 위반에 해당하지 않는다'고 설시한 바 있다 (대법원 2011. 5. 26. 선고 2009추145 판결). 이는 해심법 제58조 제1항이 제2심 청구권자를 단순히 '조사관 또는 해양사고관련자'라고 규정하기 때문이다.

❖ **지방심판원 재결에서 징계재결 또는 권고재결을 받지 아니한 해양사고관련자의 제2심 청구가 법령 위반에 해당하지 않는다고 본 사례**

원고들은, A가 이 사건 해양사고의 단순한 이해관계인에 불과하고 인천지방해양안전심판원(이하 '지방심판원'이라고 한다)의 재결에서 징계나 권고를 받은 바 없어 불복할 대상도 존재하지 아니하여 제2심을 청구할 적격이 없으므로 그가 단독으로 중앙해양안전심판원에 제기한 제2심 청구는 법령에 위배됨에도 이를 간과한 채 이루어진 이 사건 재결은 위법하다고 주장하면서 그 취소를 구한다.

구 해양사고의 조사 및 심판에 관한 법률은 조사관이 심판을 청구하는 경우에는 해양사고 발생의 원인과 관계가 있다고 인정되는 자를 해양사고관련자로 지정하여야 하고(제39조 제1항), 해양사고관련자가 지방해양안전심판원의 재결에 불복하는 경우에는 중앙해양안전심판원에 제2심을 청구할 수 있으며(제58조 제1항), 그 제2심 청구의 효력은 그 사건과 당사자 모두에게 미친다(제60조)고 규정하고 있다.

그런데 갑 제1호증, 갑 제2호증의 각 기재에 변론 전체의 취지를 종합하면, A가 이 해양사고 당시 B선박의 선박소유자로서 그 선박의 안전관리에 관하여 필요한 조치를 취할 의무를 부담하고 있어 이 사건 해양사고의 원인규명을 위해서는 A를 해양사고관련자로 지정할 필요가 있었고, 본인 스스로도 심판에 참여하기를 희망하여 조사관이 그를 해양사고관련자로 지정한 사실, 지방심판원의 재결은 원인규명 부분에서 '이 사건 해양사고는 개항의 항계 내 항로상에서 통선 B호가 C선박의 진로를 방해하여 발생한 것이나, C선박이 경계를 소홀히 하여 적절한 긴급피항동작을 취하지 아니한 것도 일인이 된다'고 판단한 사실, 이에 A가 위 재결에 불복하여 제2심을 청구한 사실을 인정할 수 있다.

위 인정사실을 앞서 본 관계 법령 등에 비추어 살펴보면, 해양사고관련자로 지정된 A는 B선박의 선박소유자로서 구 해양사고의 조사 및 심판에 관한 법률 제58조 제1항에 따라 지방심판원의 재결에 불복하여 제2심을 청구할 수 있다고 할 것이므로, A의 제2심 청구가 법령 위반에 해당한다고 볼 수 없다. 따라서 원고들의 이 부분 주장은 받아들일 수 없다(대법원 2011. 5. 26. 선고 2009추145 판결).

○ 해설

형사소송에 있어 무죄판결은 피고인에게 가장 이익이 되는 재판이므로 검사에게는 상소이익이 있지만 피고인에게는 상소이익이 인정되지 않는다. 따라서 무죄판결에 대하여 피고인은 유죄판결을 구하는 상소는 물론 면소, 공소기각 또는 관할위반의 재판을 구하는 상소를 제기할 수 없다.

그러나 위 대상판결에 의하면 해양안전심판에서 아무런 징계를 받지 아니한 해양사고관련자도 중앙해심에 제2심을 청구할 수 있다. 이는 해심법 제58조 제1항이 제2심 청구권자를 단순히 '해양사고관련자'라고 규정할 뿐 징계 또는 권고재결을 받을 것을 요건으로 하지 않기 때문이다.

아무런 징계나 권고재결을 받지 아니한 해양사고관련자에게 제2심을 청구할 이익이 있는 것인지 의문이 들 수 있다. 그러나 아무런 징계를 받지 않았다고 하더라도 사실인정이나 원인제공비율에 불만이 있을 수 있으며, 실무적으로 해양사고관련자가 원인제공비율이나 사고원인에 불만이 있는 경우 그 변경을 구하기 위해 제2심을 청구하고 있다.

❖ **지방심판원 재결에서 징계재결 또는 권고재결을 받지 아니한 해양사고관련자의 제2심 청구가 적법하다고 본 사례**

해양사고의 조사 및 심판에 관한 법률 제2조 제3호, 제39조, 제38조, 제58조 제2항에 의하면 이 사건 해양사고의 원인과 관련되었다는 이유로 조사관이 해양사고관련자로 지정한 B는 적법한 해양사고관련자로서 이 사건 재결에 이르는 제2심 청구할 권한이 있음을 인정할 수 있다. 따라서 원고의 이 부분 주장도 이유 없다(대전고법 2014. 12. 4. 선고 2014누401 판결).

○ 해설

사실관계는 다음과 같다.

① 상호시계에서 항행 중인 동력선(A)과 어로종사선(B)이 충돌하였다.

② 제1심은 A선장에게 견책을, B선장에게는 아무런 징계를 하지 않았다(인천해심 제2014-008호). B선장은 징계나 권고재결을 받지 않았으나, 중앙해심에 제2심을 청구하였다.

③ 제2심은 제1심과 동일하게 재결하되, 원인제공비율을 A가 95%, B가 5%라고 설시하였다(중앙해심 제2014-004호).

④ 이에 A(원고)가 재결취소소송을 제기하면서 'B는 제2심 청구를 할 권한이 없었다'고 주장한 것이다.

해심법 제58조 제1항은 제2심 청구권자를 단순히 '조사관 또는 해양사고관련자'라고 규정하므로, 조사관이 적법하게 해양사고관련자로 지정한 자는 징계 또는 권고재결을 받지 않은 경우에도 제2심을 청구할 수 있는 것이다.

참고로, 징계 또는 권고재결 없이 원인규명재결만 있는 중앙해심 재결은 국민의 권리의무에 관한 처분이 아니므로 법원에 '재결취소소송'을 제기할 수 없다.

❖ **원인규명재결이 있을 뿐 징계·권고재결이 없는 경우 재결취소소송의 대상이 없음**

(사실관계)

어장관리선이 침몰하여 선원 3명이 사망·실종된 사건에서, 중앙해심은 ① "이 침몰사건은 A선박이 기상이 악화된 상태에서 이동하다가 계류되어 있던 모선 B선박 부근에서 강한 바람과 파도 등 외력에 의해 전복되어 표류 중 발생한 것이다.", ② "해양사고관련자들(선박소유자, 육지에 있던 사무장, 모선 선장)의 행위는 이 침몰사건 발생의 원인이 되지 않는다."고 재결하였다(중앙해심 제2015-009호).

(법원의 판단)

해심법 제74조 제1항에 규정된 중앙해양안전심판원의 재결에 대한 소는 행정처분에 대한 취소소송의 성질을 가지는 것이어서 소의 대상이 되는 재결의 내용도 행정청의 공권력 행사와 같이 국민의 권리의무를 형성하고 제한하는 효력을 갖는 것이어야 하는데, 그 재결 중 단지 해양사고의 원인이라는 사실관계를 규명하는 데 그치는 원인규명재결 부분은 해양사고관련자에 대한 징계재결이나 권고재결과는 달리 그 자체로는 국민의 권리의무를 형성 또는 확정하는 효력을 가지지 아니하여 행정처분에 해당한다고 할 수 없으므로 이는 위 법률조항에 따른 재결 취소소송의 대상이 될 수 없다.

따라서 원인규명재결인 이 사건 재결의 취소를 구하는 이 사건 소는 취소소송의 대상이 되지 아니하는 사항에 관하여 제기된 것으로서 부적법하다.

이에 원고들은, '이 사건 재결의 경우 이 사건 해양사고의 원인에 대한 판단을 하는 것으로서, 이는 곧 원고들의 보험급여 금액 등 구체적인 권리에 영향을 미친다'라고 주장하나, 원고들의 보험급여 금액 등이 이 사건 재결 그 자체에 의하여 형성되거나 확정되는 것은 아니므로, 위 주장은 받아들이지 아니한다(대전고법 2016. 4. 28. 선고 2015누13237 판결).

Ⅳ. 제2심 청구방법

제2심 청구는 이유를 붙인 서면으로 원심심판원에 제출하여야 한다(제58조 제3항). 제2심 청구서를 원심심판원에 제출하도록 한 이유는 원심심판원으로 하여금 제2심 청구서의 적법 여부를 심사한 후 기록을 조제하여 제2심으로 송부하도록 하기 위한 당연한 조치이다.

제2심의 청구를 하고자 하는 자는 조사관의 경우에는 사무처리요령 별지 제68호 서식, 기타의 자의 경우에는 별지 제69호 서식에 의한 '제2심 청구서'를 제출하여야 한다(사무처리요령 제137조).

Ⅴ. 제2심 청구기간

지방심판원의 재결에 대한 제2심의 청구는 재결서의 정본을 송달 받은 날로부터 14일 이내에 하여야 한다(제59조 제1항). 본인이 책임질 수 없는 사유로 기간 내에 심판청구를 하지 못한 경우는 그 사유가 끝난 날부터 14일 이내에 서면으로 원심심판원에 제출하고 그 사유를 소명하여야 한다(제59조 제2항, 제3항).

❖ 제2심 청구기간이 도과하였다는 이유로 청구를 기각한 사례(중앙해심 제 2015-006호)

해양사고관련자는 제2심의 청구기간이 경과하여 제2심 청구를 하였으며, 제2심 청구를 지연한 소명사유가 제59조 제2항에 의한 책임질 수 없는 사유(청구기간 14일)에 해당된다고 볼 수 없으므로 같은 법 제62조의 규정에 의하여 이를 기각한다.

청구기간의 계산에 있어서 재결서 정본을 송달받은 첫날은 산입하지 아니하고(시행령 제78조 제1항), 기간의 말일이 공휴일일 때에는 그 기간은 그 다음 날로 끝난다(제2항).

조사관과 해양사고관련자 또는 심판변론인이 재결서 정본을 송달받은 날부터 14일 이내에 제2심 청구서를 등기우편으로 발송하였을 때에는 법에서 정한 기간 내에 이를 제출한 것으로 본다(시행령 제66조).

Ⅵ. 제2심 청구의 효력

제2심 청구의 효력은 그 사건과 당사자 모두에게 미친다(제60조). 즉, 제2심이 청구되면 재결의 확정을 막아 사건 전체가 중앙해심으로 이전되어 계속된다.

상소한 당사자·피고인에게만 이심(移審)의 효력이 생기는 민사·형사재판과 달리, 해양안전심판은 제2심을 청구하지 않은 당사자도 재결이 확정되지 않고 제2심에서 심판을 받게 되는 것이다.

예를 들어, 충돌사건에서 한쪽의 선박측이 제1심의 재결에 만족하고 있는데도 상대선측의 제2심 청구에 의하여, 또는 양선측이 제1심의 재결에 만족하고 있는데도 조사관의 제2심 청구에 의하여 심판이 확정되지 않고 사건 전체가 제2심으로 이전된다.

이는 해양안전심판이 징계절차인 동시에 해양사고의 원인규명을 목적으로 하는 특성에서 기인하며, 원인규명은 사건 전체를 대상으로 하는 것이므로 사건의 일부 또는 해양사고관련자 일부를 분리하여 심판하는 것이 곤란하기 때문이다.

Ⅶ. 제2심 재결

중앙심판원은 기각·환송 재결의 사유가 없는 때에는 본안에 관하여 재결을 하여야 한다(제65조). 중앙심판원은 심판에 관하여는 지방심판원의 심판절차를 준용한다. 다만, 약식심판에 관한 규정 및 해양사고관련자의 추가·철회 또는 변경에 관한 규정은 준용하지 아니한다(제66조).

중앙심판원은 제2심의 심판청구의 절차가 법령을 위반한 경우에는 재결로써 그 청구를 기각한다(제62조). 중앙심판원은 지방심판원이 법령을 위반하여 심판청구를 기각한 경우에는 재결로써 사건을 지방심판원에 환송하여야 한다(제63조).

Ⅷ. 제2심 청구의 취하

제2심 청구를 한 자는 재결이 있을 때까지 그 청구를 취하할 수 있다(제41조). 제2심 청구의 취하는 서면을 중앙심판원에 제출하여야 하지만, 심판정에서는 말로 취하할 수 있다(시행령 제68조 제1항).

제2심 청구의 취하는 제2심 청구를 한 자 전원이 하지 아니하면 효력이 없다(시행령 제68조 제2항). 제2심 청구를 한 자 전원이 그 청구를 취하하였을 때에는 중앙심판원은 결정으로 제2심의 청구를 각하하여야 한다(시행령 제68조 제3항). 이 결정에 의하여 제1심의 재결이 확정된다.

제 2 절   불이익변경금지의 원칙

Ⅰ. 제도의 취지

해양사고관련자인 해기사나 도선사가 제2심을 청구한 사건과 해양사고관련자인 해기사나 도선사를 위하여 제2심을 청구한 사건에 대하여는 제1심에서 재결한 징계보다 무거운 징계를 할 수 없다(제65조의2). 이 원칙은 해양사고관련자가 중한 징계로 변경될 것을 우려하여 제2심 청구를 단념하는 것을 방지함으로써 해양사고관련자의 제2심 청구권을 보장하려는 정책적 이유에서 도입된 것이다.

Ⅱ. 내　용

불이익변경금지의 원칙은 '해양사고관련자인 해기사나 도선사가 제2심을 청구한 사건'에 대해 적용되는 것이다. 이는 해양사고관련자만 제2심을 청구한 사건을 의미하므로, 조사관만 제2심을 청구한 사건이나 조사관과 해양사고관련자가 모두 제2심을 청구한 사건에 대해서는 이 원칙이 적용되지 않는다.

❖ '불이익변경금지의 원칙'을 적용한 재결례(중앙해심 제2015-001호)

　이 사람은 레이더 운영에 관한 기본적인 해기지식이 결여되어 있었으며, 자신의 항해당직 중에 일어난 충돌사고에 대하여 인지하지도 못하고 계속 항해한 것은 당직항해사로서 직무를 심히 소홀히 한 것이고, 어선원 7명이 실종되고 어선이 전복되어 인명 및 재산상의 손해가 막대한데도 자신의 과실을 반성하기는커녕 2차 충돌이라고 주장하는 것은 비난받아야 마땅하다.

　이 사람의 행위에 대하여는 「해양사고의 조사 및 심판에 관한 법률」 제5조 제2항 및 제6조 제1항 제2호의 규정을 적용하여 이 사람의 3급항해사 업무를 6개월 이상 정지하는 중징계를 하여야 할 것으로 판단된다.

　그러나 이 사람은 제1심의 징계가 과하다고 하여 제2심을 청구하였던바, 같은 법 제65조의2(불이익변경의 금지)의 규정에 따라 제1심과 동일하게 5개월의 업무를 정지한다.

불이익변경금지의 대상은 '징계'에 한하므로, 징계의 정도가 중하게 변경되지 않는 한 사실인정, 법령적용, 원인제공비율 등이 제1심 재결보다 중하게 변경되었다 하더라도 불이익변경금지의 원칙에 반하지 않는다.

제1심에서 징계하지 않은 면허를 제2심에서 징계하는 것은 징계대상이 확정되는 점에서 불이익변경금지원칙에 반한다. 따라서 지방심판원은 해양사고관련자의 복수면허 소지여부, 징계대상이 되는 복수면허의 범위 등에 관하여 면밀히 판단하여야 한다.

> ❖ **제1심에서 징계하지 않은 면허를 제2심에서 징계하는 것은 불이익변경금지 원칙에 위반됨**(중앙해심 제2016-011호)
>
> 해양사고관련자A의 이러한 행위에 대하여는 해심법 제5조 제2항의 규정에 따라 같은 법 제6조 제1항 제2호를 적용하여 이 사람의 6급항해사와 6급기관사 업무를 2개월 정지하여야 한다. 그러나 제1심 심판부에서는 이 사람의 6급항해사 업무에 대해서만 2개월 정지하였기 때문에 같은 법 제65조의2(불이익변경의 금지) 규정에 의거하여 이 사람의 6급항해사 업무만을 2개월 정지한다.
>
> ○ **해설**
>
> 제1심에서 해양사고관련자가 보유한 복수면허 중 1개에 대하여만 징계를 하였는바, 제2심에서 해양사고관련자가 보유한 복수면허 모두를 징계하는 것은 불이익변경금지원칙에 반한다는 재결이다. 징계의 대상이 확장되는 것은 해양사고관련자에게 불이익한 것이므로 타당하다.

Ⅲ. 적용범위

주의할 것은 제2심 청구의 효력은 해양사고관련자 모두에게 미치는데(제60조), 불이익변경금지원칙은 제2심을 청구한 해양사고관련자에게만 적용되고 제2심을 청구하지 않은 자에게는 적용되지 않는다(대전고법 2014. 12. 4. 선고 2014누401 판결 참조).

> ❖ **제2심을 청구하지 않은 해양사고관련자에게는 불이익변경금지원칙이 적용되지 아니함**
>
> 해심법 제65조의2는 '해양사고관련자인 해기사나 도선사가 제2심을 청구한 사건과 해양사고관련자인 해기사나 도선사를 위하여 제2심을 청구한 사건에 대하여는 제1심에서 재결한 징계보다 무거운 징계를 할 수 없다'고 규정하고 있는바, 이는 제2심을 청구한 사람에 대하여 적용되는 것이므로 이 사건 재결이 제2심을 청구한 해

양사고관련자에게 제1심 재결보다 무거운 징계를 하지 않은 이상 위 조항에 위배된 것이 아니다.

설령 원고에게 위 조항이 적용된다고 할지라도 원고는 이 사건 제1심 재결에서도 견책의 징계를 받고 이 사건 재결에서도 견책의 징계를 받았으므로 불이익하게 변경된 것이 아니다(대전고법 2014. 12. 4. 선고 2014누401 판결).

○ **해설**

사실관계는 다음과 같다.

① 상호시계에서 항행 중인 동력선(A)과 어로종사선(B)이 충돌하였다.

② 제1심은 A선장에게 견책을, B선장에게는 아무런 징계를 하지 않았다(인천해심 제2014-008호). B선장은 중앙해심에 제2심을 청구하였다.

③ 제2심은 제1심과 동일하게 재결하되, 원인제공비율을 A가 95%, B가 5%라고 설시하였다(중앙해심 제2014-004호).

④ 이에 A(원고)가 재결취소소송을 제기하면서 '중앙해심의 재결은 제1심 재결에 비하여 원고에게 더 불리하므로 불이익변경금지원칙에 반한다'고 주장한 것이다.

심급	내용
인천해심 제2014-008호	① 징계: A(견책), B(징계없음) ② B가 제2심 청구
중앙해심 제2014-004호	① 징계: A(견책), B(징계없음) ② 원인제공비율 : A(95%), B(5%) ③ A가 재결취소소송 제기
대전고법 2014누401 판결	A의 청구기각

제2심 청구의 효력은 그 사건과 당사자 모두에게 미치는데(해심법 제60조), 불이익변경금지원칙은 제2심을 청구한 해양사고관련자에게만 적용되고, 제2심을 청구하지 않은 해양사고관련자의 징계는 불이익하게 변경될 수 있다.

즉, ① 원고(A)는 제2심을 청구한 자가 아니므로 불이익변경금지원칙이 적용되지 않을 뿐만 아니라, ② 설령 불이익변경금지원칙이 적용된다고 하더라도, 원고는 제1심 재결에서 견책의 재결을 받고 제2심 재결에서도 견책의 징계를 받았으므로 불이익하게 변경된 것이 없다고 판단한 것이다.

이처럼 제2심 청구의 효력은 당사자 모두에게 미치지만, 불이익변경금지의 원칙은 제2심을 청구한 해양사고관련자에게만 적용되므로 주의하여야 한다.

제3절 재결의 집행

Ⅰ. 재결의 집행시기

재결은 확정된 후에 집행한다(제78조). 재결이 확정된 때에는 집행력이 발생하는 외에 당사자 및 심판원도 이에 기속되어 일사부재리 원칙에 따라 동일사건에 대하여 다시 심판할 수 없다. 지방심판원 및 중앙심판원 재결의 집행시기는 다음과 같다.

1. 지방심판원 재결

지방심판원 재결은 ① 제2심의 청구기간이 지난 때, ② 제2심 청구가 법령을 위반하였다는 제2심청구 기각재결서 정본을 송달받은 때, ③ 제2심 청구취하에 따라 중앙심판원으로부터 제2심청구 각하결정서 정본을 송달받은 때 집행하게 된다(시행령 제72조의2).

담당조사관 및 해양사고관련자 전원이 제2심 청구의 포기의사를 서면으로 제출한 경우에는 제2심의 청구기간이 경과한 것으로 본다(사무처리요령 제142조).

[관련쟁점 9] 해심법상 '제2심 청구권의 포기'를 인정할 수 있는지 여부

1. 문 제 점

제1심 재결을 고지 받은 해양사고관련자는 제2심 청구를 포기함으로써 조기에 재결을 확정시켜 업무정지 집행시기를 앞당길 이해관계가 있다.

민사소송법(제394조, 항소권의 포기) 및 형사소송법(제349조, 상소의 포기)에는 명문으로 상소권 포기를 규정하고 있으나, 해심법에는 이러한 규정이 없으므로 해양사고관련자의 제2심 청구권 포기를 인정할 수 있을지 여부가 문제된다.

참고로, 구 해심법 사무처리요령(2017. 1. 31. 중앙해양안전심판원 훈령 제81호로 개정되기 전의 것) 제142조는 명문으로 제2심 청구의 포기를 규정하고 있었으나, 2017. 1. 31. 개정으로 삭제되었다.

2. 검   토

가. 제2심 청구권이 법적 권리인지 여부

우리 해심법이 ① 제2심을 청구할 수 있는 자를 특정하고 있는 점(제58조), ② 제2심을 청구하지 못한 경우 그 회복에 관하여 규정하는 점(제59조 제2항), ③ 제2심 청구 취하에 관한 규정이 있는 점(제61조), ④ 특히, 불이익변경금지원칙(제65조의2)은 당사자의 상소권을 보장하기 위한 규정인 점 등을 고려할 때, 해양사고관련자의 제2심 청구권은 법적 권리로 볼 수 있다.

나. 해심법상 제2심 청구권의 포기가 인정될 수 있는지 여부

① 제2심 청구권을 법적 권리로 인정하는 이상, 처분권한이 있는 당사자가 이를 처분할 수 있는 것이며, ② 제2심 청구권을 포기할지 여부는 전적으로 해양사고관련자의 의사에 달려 있는 것이고 당해 권리를 포기하는 것이 해양사고관련자에게 특별히 불리하지 않은 점, ③ 제2심 청구권의 포기는 새로운 권리의무를 창설하는 것이 아니어서 법률에 근거가 없어도 가능하다고 볼 수 있는 점 등을 고려할 때, 해심법상 명문의 규정이 없어도 제2심 청구를 포기할 수 있다고 생각된다.

다. 제2심 청구권 포기시 고려할 사항

형사소송법상 상소의 포기는 상소기간 만료 전에 당해 재판을 확정시키고자 하는 사람을 위하여 마련된 제도이지만, 피고인이 상소를 포기하더라도 검사가 포기하지 않는 한 재판은 확정되지 아니한다.

해양안전심판의 경우, 해양사고관련자가 제2심 청구를 포기하였더라도 조사관 및 다른 해양사고관련자가 제2심 청구를 포기하지 않는 이상 재결은 확정되지 않을 것이다. 특히 제2심 청구권 포기는 해양사고관련자의 편익에 도움이 되지만 대립관계에 있는 조사관에게는 특별한 유불리가 없는 것을 고려할 때, 이 점이 선행적으로 해결되어야 할 것이다.

2. 중앙심판원 재결

중앙심판원 재결의 경우 '재결을 고지한 때'를 재결의 집행시기로 규정한다 (시행령 제72조의2). 위 규정에 의하면, 중앙해심은 해양사고관련자에게 재결을 고지한 때부터 재결을 집행할 수 있고, 해양사고관련자가 재결취소소송을 제기한 경우에도 재결을 집행할 수 있다.

법원은 위 시행령 제72조의2가 '재결은 확정된 후에 집행한다'고 규정한 해심법 제78조에 위배되지 않는다고 판단한 바 있다(대전고법 2015. 6. 11. 선고 2014누623 판결).

심판원은 해양사고관련자가 재결취소소송을 제기한 경우에도 재결을 집행할 수 있으므로, 해양사고관련자가 집행을 정지하려면 행정소송법 제23조 제2항에 의한 집행정지를 신청하여야 한다.

> ❖ **해심법상 재결의 집행시기**(해심법 제78조, 시행령 제72조의2 2호)
>
> 행정심판법 제48조 제2항에 의하면 재결은 청구인에게 송달되었을 때 효력이 발생하고, 행정소송법 제23조 제1항에 의하면 재결에 대한 취소소송의 제기는 처분의 효력이나 집행에 영향을 주지 않는다.
>
> 따라서 이 사건 징계재결은 원고에게 송달됨으로써 효력이 발생하므로 그 때부터 집행이 가능하고, 원고가 이 사건 징계재결에 대한 취소소송을 제기하였다 하여 재결이 확정되지 아니하여 효력이 없는 것은 아니다.
>
> 해심법 제78조는 '재결이 확정된 후 집행한다'고 규정하고 있고, 해심법 시행령 제72조의2 2호는 '중앙해양안전심판원의 재결은 재결을 고지한 때를 집행시기'로 규정하고 있는바, 위 규정들은 앞서 살펴 본 행정심판법 및 행정소송법 규정에 비추어 보아도 정당하고, 시행령 규정이 해심법에 위배되지도 않으며, 재판을 받을 권리를 침해하거나 평등의 원칙에 위반되는 위헌적 규정이라고 보기도 어렵다. 따라서 이와 달리 재결취소소송을 제기함으로써 재결이 확정되지 않아 그 집행이 불가능하다는 전제에 선 원고의 이 부분 주장은 모두 이유 없다(대전고법 2015. 6. 11. 선고 2014누623 판결).

현행법령에 의하면, 중앙해심의 재결은 해양사고관련자에게 재결을 고지한 때부터 집행이 가능하고, 해양사고관련자가 취소소송을 제기하더라도 집행이 가능하다. 따라서 집행을 정지하고자 하는 해양사고관련자는 별도로 행정소송법 제23조 제2항에 의한 집행정지를 신청하여야 할 것이다.

II. 재결의 집행기관

재결의 집행은 심판기관이 아닌 조사관의 직무로 법정되어 있다. 중앙심판원의 재결은 중앙수석조사관이, 지방심판원의 재결은 해당 지방수석조사관이 이를 집행한다(제79조).

III. 징계의 집행

1. 면허취소 재결의 집행: 면허취소 재결이 확정되면 조사관은 해기사면허증 또는 도선사면허증을 회수하여 관계 해양수산관서에 보내야 한다(제80조).

2. 업무정지 재결의 집행: 조사관은 업무정지 재결이 확정된 때에는 해기사 면허증 또는 도선사면허증을 회수하여 보관하였다가 업무정지 기간이 끝난 후에 돌려주어야 한다. 다만, 집행유예 재결을 받은 경우에는 회수하지 아니한다(제81조). 수석조사관은 업무정지 기간 만료일의 다음 날에 해당 면허증을 반환하여야 한다(시행규칙 제22조 제4항).

3. 견책 재결의 집행: 견책의 경우 경고의 의미이므로 실제 징계의 집행은 이루어지지 않는다. 수석조사관은 해양안전심판의 결과 해기사나 도선사에 대한 견책재결이 확정되었을 때에는 그 견책재결의 요지를 면허관청에 통보하여야 한다(시행규칙 제23조).

Ⅳ. 징계의 실효

1. 징계의 실효: 업무정지 또는 견책의 징계를 받은 해기사나 도선사가 그 징계 재결의 집행이 끝난 날부터 5년 이상 무사고 운항을 하였을 경우에는 그 징계는 실효된다(제81조의2).

2. 징계기록 말소 요청: 중앙심판원장은 징계가 실효된 해기사 또는 도선사에 대해서는 면허원부의 징계기록을 말소할 것을 해당 면허관청에 요청하여야 한다(시행규칙 제25조 제1항).

3. 징계기록 말소: 징계기록의 말소 요청을 받은 면허관청은 면허원부의 징계기록을 말소하고, 그 사람에 대한 면허원부를 새로 작성한 다음 그 사실을 중앙심판원장에게 알려야 한다(시행규칙 제25조 제2항, 제3항).

Ⅴ. 재결집행이 완료된 경우 소의 이익

징계의 집행이 완료된 경우라도, 해양사고관련자는 향후 해양사고를 일으킬 경우 심판원으로부터 가중된 징계를 받을 수 있으므로 취소소송을 제기할 소의 이익이 있다.

❖ 징계집행이 완료된 후에도 소의 이익이 있음

원고가 이 사건 재결의 취소를 구함에 대하여, 피고(중앙해심)는 2008. 9. 22.부터 2008. 10. 21.까지 원고에 대해 업무정지 1개월의 징계집행을 실시하여 이미 그 집행이 완료되었으므로, 이 사건 소는 소의 이익이 없어 부적법하다고 다툰다.

그러나 중앙해양안전심판원의 '해양사고관련자 징계양정 지침'에 의하면, 해양사고와 관련하여 징계를 받은 날로부터 1년 이내에 다시 해양사고를 일으킨 경우 징계량의 2배 범위 내에서 징계량을 가중할 수 있고, 또 해양사고방지를 위하여 특히 필요한 경우에는 면허를 취소할 수 있다고 규정하고 있으며(제8조 제1항 제3호, 제2항), 이 사건 징계집행일로부터 1년이 경과하지 않았는바, 이와 같이 제재적 행정처분의 가중사유나 전제요건에 관한 규정이 법령이 아닌 행정규칙의 형식으로 되어 있다 하더라도 관할 행정청이나 담당공무원은 이를 준수할 의무가 있으므로, 이

사건 재결의 존재로 인하여 적어도 이 사건 징계집행일로부터 1년 이내에는 원고가 가중된 징계량을 받을 수 있는 위험이 구체적이고 현실적인 것이라서 이 사건 재결의 취소를 구할 법률적 이익이 있고(대법원 2006. 6. 22. 선고 2003도1684 전원합의체 판결 참조), 따라서 이를 다투는 피고의 본안전 항변은 받아들이지 아니한다(대법원 2009. 5. 28. 선고 2008추56 판결).

○ 해설

현행 중앙해양안전심판원 예규인 「해양사고관련자 징계량 결정 지침」에 의하면 해양사고를 발생시킨 날로부터 2년 이내에 다시 해양사고를 일으킨 경우 징계량을 가중할 수 있다(제8조 제3호). 따라서 징계의 집행이 완료된 경우라도 해양사고관련자는 징계집행일로부터 2년 이내에는 가중된 징계를 받을 수 있으므로 취소소송을 제기할 소의 이익이 있다.

제5장

─────●─────────────────────

재결취소소송

제 1 절 심   급

해양안전심판은 제1심(지방해양안전심판원), 제2심(중앙해양안전심판원)의 2단계 심판을 거치며, 중앙해양안전심판원의 재결에 대한 불복의 소는 대전고등법원의 전속관할로 하며, 대전고등법원의 판결에 대한 불복은 대법원에 상고하는 체계이다. 즉, 총 4번의 판단을 거칠 수 있다.

여기서 지방심판원과 중앙심판원의 재결은 행정처분에 해당하고, 대전고등법원 및 대법원의 소송은 행정처분에 대한 취소소송의 성질을 갖는다.

❖ **해심의 재결과 재결취소소송의 관계**

① 해심법 제5조 제2항 소정의 징계재결은 국민의 권리의무를 형성 또는 확정하는 효력을 가지는 행정처분에 해당하고, 해심법 제74조 제1항 소정의 중앙해심의 재결에 대한 소는 행정처분에 대한 취소소송의 성질을 갖는다(대법원 2008. 10. 9. 선고 2006추21 판결).

② 해양안전심판은 해양사고 발생의 원인을 규명하기 위하여 심리·판정하는 특별행정심판에 해당한다(대전고법 2015. 6. 11. 선고 2014누623 판결).

해양안전심판원의 재결은 재판이 아니므로, 심판원의 심판절차와 법원의 소송절차 사이에 1심과 2심처럼 심급관계가 있는 것이 아니고, 대전고등법원이 1심, 대법원이 2심 겸 상고심이 된다. 특허심판과 특허법원의 관계와 유사하다고 볼 수 있다.[1)]

제 2 절 소송과 행정심판의 구조적 차이

'재결취소소송'은 사법부에 속하는 법원이 기본적으로 대립당사자주의와 변론주의에 입각하여 진행하는 사법절차인 반면, '해양안전심판'은 직권심리주의가 적용되며, 행정부에 속하는 해양안전심판원이 진행하는 행정심판절차라는 점에서 차이가 있다.

당사자는 재결취소소송을 통해 재결의 취소라는 소기의 목적을 달성할 수 있는데, 대전고등법원이 중앙심판원의 재결을 취소한다는 점에서 재결취소소송은 항소심 재판과 유사한 역할을 담당하고 있으나, 대전고등법원이 재결을 취소할 수 있을 뿐 취소 후 적절한 처분(징계재결, 권고재결)을 할 수 없고, 재결취소소송은 재결의 취소 전·후를 불문하고 속심의 성격을 갖지 않는다는 점에서 항소심과 큰 차이가 있다.

이처럼 해양안전심판과 재결취소소송은 법원의 제1심과 제2심처럼 심급적으로 연계되어 있는 것이 아니므로, 해양안전심판절차에서 한 주장이나 제출한 자료를 재결취소소송에서 원용할 수 없고, 소송절차에서 별도의 주장과 자료제출이 필요하다.

재결취소소송에서 법원은 재결의 법령위반뿐만 아니라 사실오인 여부를 판단하기 위한 사실심리도 할 수 있다.

---

1) 특허법원 지적재산소송실무연구회, 「지적재산 소송실무」 전면개정판, 박영사, 2010, 10면.
　　"특허심판원의 심결은 재판이 아니므로, 특허청의 심판절차와 특허법원의 소송절차 사이에 1심과 2심처럼 심급관계가 있는 것이 아니고, 특허법원이 제1심이 되고, 대법원이 2심 겸 상고심이 된다. 따라서 협의의 특허소송인 심결취소소송에 관하여는 특허법원 → 대법원으로 이어지는 2심제가 채택된 셈이다."

❖ 법원에서 사실심리를 할 수 있는지 여부

해난심판법 제74조 제1항은 중앙해난심판원의 재결에 대한 소는 대법원의 관할에 전속한다2)고 규정하고 있으면서 그 제소사유를 법령에 위반된 경우로만 한정하고 있지 아니하므로 법령위반뿐만 아니라 사실오인을 원인으로 한 경우에도 소를 제기할 수 있다 할 것이고, 그에 따라 대법원에서 중앙해난심판원의 재결에 대한 소송사건을 심리함에 있어서는 사실오인 여부를 판단하기 위한 사실심리도 가능하다 할 것이다(대법원 1999. 8. 20. 선고 98아51 결정, 위헌법률심판제청 기각).

○ 해설

위 결정 당시에는 대법원이 전속관할이었으나, 2014. 5. 21. 해심법 개정으로 대전고등법원이 사실심을 담당하고, 대법원이 법률심을 담당하는 심급체계로 변경되었다.

신청인은 위헌법률심판제청을 신청하면서, 당시의 심급체계가 '① 법관에 의한 사실확정 및 법령적용의 기회를 박탈한 것으로서 법관에 의한 재판을 받을 권리를 규정한 헌법 제27조 제1항에 위반된다거나, ② 재판의 전심절차로서만 기능해야 할 중앙해난심판원의 재결을 사실확정에 관한 한 사실상의 최종심으로 기능하게 함으로써 일체의 법률적 쟁송에 관한 재판기능을 법원에 속하도록 규정한 헌법 제101조 제1항, 제107조 제3항의 각 규정에 위반된다'고 주장하였다.

그러나 대법원은 재결취소소송에서 법원이 사실심리를 할 수 있다는 것을 명백히 하면서 신청인의 위헌제청신청을 기각하였다. 현행법 체계에서 대전고등법원과 대법원이 징계재결의 위법·부당여부를 판단하기 위하여 사실관계에 대한 심리를 할 수 있으므로 국민의 기본권이 두텁게 보호되고 있다고 할 것이다.

제 3 절   전속관할

중앙심판원의 재결에 대한 소송은 중앙심판원의 소재지를 관할하는 고등법원에 전속한다(제74조 제1항).

2014년까지는 중앙해심의 재결에 대한 소의 관할을 대법원으로 하였으나,

---

2) 현행 해심법 제74조 제1항은 '중앙심판원의 재결에 대한 소송은 중앙심판원의 소재지를 관할하는 고등법원에 전속한다'고 규정하는바, 대전고등법원이 전속관할법원이다.

보다 충실한 사실심리와 신중한 법률판단을 통해 국민의 기본권을 공고히 보장하기 위하여 2014. 5. 21. 해심법을 개정하여 대전고등법원이 사실심을 담당하고, 대법원이 법률심을 담당하는 심급체계로 변경되었다.[3]

제4절 제소기간

일반 행정소송의 제소기간은 90일인 데 반하여(행정소송법 제20조), 해양안전심판에 대한 재결취소소송은 재결서의 정본을 송달 받은 날로부터 30일 이내에 제기하여야 한다(제74조 제2항).

❖ 제소기간만료일

해심법 제74조 제2항은 중앙해양안전심판원의 재결에 대한 소송은 재결서 정본을 송달받은 날로부터 30일 이내에 제기하여야 한다고 규정하고 있고, 민법 제161조는 기간의 말일이 토요일 또는 공휴일에 해당한 때에는 기간은 그 익일로 만료한다고 규정하고 있다.

이 사건에서 원고는 2014. 9. 11. 이 사건 재결의 재결서 정본을 송달받은 다음 2014. 10. 13. 이 사건 소를 제기한 사실, 2014. 10. 11.은 토요일이고 2014. 10. 13.은 월요일인 사실이 각 인정되는바, 위 인정사실에 의하면 원고가 이 사건 재결의 재결

---

3) 해양사고의 조사 및 심판에 관한 법률(법률 제12660호, 2014. 5. 21. 일부개정) 제정·개정이유 참조.
"현재 해양사고 사건은 해양수산부장관 소속 지방해양안전심판원과 중앙해양안전심판원의 심판을 거쳐 대법원이 사실심리와 법률판단을 단심으로 처리하는 심급체계로 운영되고 있는데, 해외 주요국가의 사례에서도 해양사고를 최고법원이 단심으로 처리하는 입법례가 없고, 사실관계에 대한 법원의 판단이 1회에 그침으로써 국민의 법원으로부터 재판을 받을 권리를 침해할 우려가 있다는 점과 법령의 최종적 해석을 통하여 사회의 법적가치와 기준을 제시하는 역할을 하는 대법원의 성격에도 부합하지 않는 측면이 있다는 지적을 받아왔는바, 중앙해양안전심판원의 재결에 대한 소의 관할을 대법원에서 중앙해양안전심판원 소재지 관할 고등법원으로 변경함으로써, 고등법원이 사실심을 담당하고 그에 불복이 있을 경우 대법원이 최종심으로서 법률심을 담당하는 심급체계를 갖추어, 보다 충실한 사실심리와 신중한 법률판단을 통해 국민의 기본권을 더욱 공고히 보장하고, 해양사고의 적정한 처리를 도모하고자 함."

서 정본을 송달받은 2014. 9. 11.부터 제소기간만료일인 30일이 되는 날은 2014. 10. 11.이 되나 그 날은 토요일이어서 제소기간만료일은 그 다음주 월요일인 2014. 10. 13.이 된다고 할 것이므로, 제소기간만료일인 2014. 10. 13. 제기된 이 사건 소는 적법하다(대전고법 2015. 7. 23. 선고 2014누562 판결).

○ 해설

제소기간을 적용함에 있어 민법 제157조(기간의 기산점), 민법 제161조(공휴일 등과 기간의 만료점) 등이 적용된다.

제 5 절   원고적격

행정소송에서는 처분 등의 취소를 구할 법률상의 이익이 있는 자가 원고적격을 가지므로(행정소송법 제12조), 행정처분의 직접 상대방 이외에 제3자라도 당해 행정처분에 의하여 법률상의 이익이 침해되는 때에는 그 처분의 취소를 구할 수 있다.

해양안전심판원의 재결에 대한 취소소송과 관련하여, 일반적으로 ① 조사관, ② 면허행사 해양사고관련자, ③ 일반 해양사고관련자 등에게 원고적격이 있으며, 이해관계인에게는 원고적격이 없다.

I. 조 사 관

조사관은 공익의 대표자로서 재결의 취소를 구할 법률상 이익이 있다. 해양사고관련자가 재결취소소송을 제기하지 않더라도 조사관이 취소소송을 제기함으로써 위법사항을 바로잡을 수 있다.

❖ 조사관의 원고적격

피고(중앙해심)는, 원고는 중앙해양안전심판원 소속 직원인 조사관으로서 중앙해양안전심판원이 한 이 사건 징계재결에 대하여 대법원에 그 취소의 소를 제기할 당사자 적격이나 법률상 이익이 있다고 할 수 없고, 따라서 이 사건 소는 원고 적격이 없는 자에 의하여 제기된 것으로서 부적합하다고 주장한다.

살피건대, 해심법에서 규정하는 조사관의 직무와 권한 및 역할 등에 비추어 보면, 조사관은 해양사고관련자와 대립하여 심판을 청구하고, 지방해심의 재결에 대하여 불복이 있을 때에는 중앙해심에 제2심의 청구를 할 수 있는 등 공익의 대표자인 지위에 있는바, 징계재결이 위법한 경우에 징계재결을 받은 당사자가 소로써 불복하지 아니하는 한 그 재결의 취소를 구할 수 없다고 한다면, 이는 공익에 대한 침해로서 부당하므로 이러한 경우 조사관이 공익의 대표자로서 대법원에 대하여 위법한 징계재결의 취소를 구할 법률상의 이익이 있고, 원고 적격이 있다고 봄이 상당하다 (대법원 2002. 9. 6. 선고 2002추54 판결).

❖ **비교판례: 조사관은 자신의 심판청구를 기각한 재결에 불복하여 취소소송을 제기할 수 없음**

해난심판법 제74조 제1항에 규정한 중앙해난심판원의 재결에 대한 소는 행정소송의 일종으로서 행정처분의 취소청구소송에 속한다 할 것이므로 그 재결의 내용은 행정청의 권력적 행정행위와 같이 국민의 권리의무를 형성하고 제한하는 효력을 갖는 내용이어야 할 것인바, 해난심판청구를 기각한 지방해난심판원의 재결에 불복하여 제기된 제2심 청구를 기각하는 내용의 중앙해난심판원의 재결[4]은 위와 같은 행정처분이라고 볼 수 없는 것이므로 이에 대해서는 위 법조 소정의 취소소송을 제기할 수 없다(대법원 1986. 9. 9. 선고 86추1 판결).

Ⅱ. 면허행사 해양사고관련자

징계처분을 받은 면허행사 해양사고관련자는 자신의 권리가 제한되므로 당연히 원고적격이 있다.

---

4) 중앙해심 제1986-003호
"안강망 부선(일명 멍텅구리배)은 이동성이 없어 일정한 곳에 띄워놓고 다만 어구를 정착하는 기능을 수행하는 것으로 어구의 일종으로 보는 것이 타당하며, 안강망 부선을 선박으로 본다고 할지라도 해난심판법상의 해난의 원인을 규명하고 해난발생의 방지에 기여한다는 측면에서 볼 때 심판의 실익이 없다고 봄으로 해난심판법 제65조의 규정에 의하여 기각한다."

그러나 면허행사 해양사고관련자인 경우에도 자신에 대한 징계가 아닌 부분에 대하여는 소의 이익이 없다.

> **❖ 원고 자신의 징계가 아닌 부분은 소의 이익이 없음**
>
> ① '소외 A를 견책한다'의 취소를 구하는 원고의 소는 소외 A에 대한 징계재결로서 원고가 다툴 소의 이익이 없다할 것이므로 각하를 면할 수 없다(대법원 1977. 7. 26. 선고 76후16 판결, 대법원 1993. 3. 23. 선고 92추86 판결).
>
> ② 원고에 대한 재결이 아닌 부분은 원고가 그 취소를 구할 소의 이익이 없어 부적법하다(대법원 2011. 1. 13. 선고 2009추220 판결).
>
> **○ 해설**
>
> 당연한 내용이나, 자신에 대한 징계가 아닌 다른 해양사고관련자의 징계가 위법·부당하다는 이유로 취소를 구하는 청구는 소의 이익이 없다.

Ⅲ. 일반 해양사고관련자

시정권고·시정명령·개선권고·개선명령 등의 재결을 받은 해양사고관련자는 모두 원고적격이 있다. 즉, 명령을 이행하지 않을 경우 500만원 이하의 과태료 처분을 받게 되고(제90조 제2항 제1호), 권고를 이행하지 않을 경우에는 특별히 제재가 없으나 재결의 내용이 관보에 공고되고 권고재결의 취지에 따라 조치를 취하여야 하는 등 법률상 의무를 지게 되므로 원고적격이 인정되고 있다.

> **❖ 시정권고재결을 받은 자는 재결의 취소를 구할 법률상 이익과 원고적격이 있음**
>
> 해심법 제5조 제3항에 의한 '시정 등 명령 재결'은 물론이고 '시정 등 권고 재결'을 한 때에도 그 내용이 관보에 공고되고, 해양수산부장관에게 보고되며, 신문에 공고될 수 있어 개선조치의 권고를 받은 자의 명예와 신용에 영향을 미치고(법 제83조), 개선조치의 권고를 받은 자는 그 취지에 따라 필요한 조치를 취한 다음 그 조치내용을 지체 없이 통보하여야 하며, 개선조치의 권고를 한 사항에 대한 조치가 미

흡하다고 인정될 때에는 그 이행을 요구받을 수 있는 등의 법률상 의무를 지게 되는 이상(법 제84조) 비록 개선조치에 따를 의무를 이행하지 아니할 경우 제재가 따르는 것은 아닐지라도 이는 그 상대방인 위 '제2항에 규정된 자 외의 자로서 해양사고의 원인에 관계있는 자'의 권리의무를 형성 또는 제한하는 효력을 가지는 것으로서 그 처분을 받은 상대방은 법 제74조 제1항에 의하여 이 법원에 그 권고재결의 취소를 구할 법률상 이익과 원고적격이 있다고 할 것이다(대법원 2006. 10. 26. 선고 2004추58 판결).

○ 해설

징계재결 또는 시정명령·개선명령을 받은 자에게만 재결취소소송의 원고적격이 인정되는 것이 아니다. 시정권고·개선권고 재결을 받은 자도 자신의 명예와 신용에 영향이 있고 그 취지에 따라 필요한 조치를 취하여야 하는 등 권리의무를 형성·제한하는 효력이 있으므로 원고적격을 인정한 판례이다.

일반 해양사고관련자가 재결취소소송을 제기한 경우 자주 인용되는 판결이다.

Ⅳ. 이해관계인의 원고적격 여부

이해관계인에게는 원고적격이 없다. 즉, 행정처분의 상대방이 아닌 제3자라도 당해 행정처분의 취소를 구할 법률상의 이익이 있는 경우에는 그 처분의 취소를 구할 수 있으나, 이 경우 법률상의 이익이란 당해 처분의 근거 법률에 의하여 직접 보호되는 구체적인 이익을 말하므로 이해관계인과 같이 단지 간접적인 사실상 경제적인 이해관계를 가지는 경우에는 그 처분의 취소를 구할 원고적격이 없다.

❖ 이해관계인의 재결취소소송 원고적격 여부(소극)

해양사고의조사및심판에관한법률은 제27조 제1항, 제39조의2 등에서 해양사고의 이해관계인에게 심판변론인 선임권과 조사관의 심판불요처분에 대한 심판신청권 등을 인정하고 있지만, 나아가 해양사고의 이해관계인이 중앙해양안전심판원의 재결에 대하여 대법원에 소를 제기할 수 있다는 규정은 두고 있지 않고, 같은 법 제74

조 제1항에서 규정하는 중앙해양안전심판원의 재결에 대한 소는 행정처분에 대한 취소소송의 성질을 가지므로, 중앙해양안전심판원의 재결에 대한 취소소송을 제기하기 위하여는 행정소송법 제12조에 따른 원고적격이 있어야 할 것이다.

침몰선박의 부보 보험회사는 같은 법 제2조 제3호에 의한 해양사고관련자도 아니고 재결의 취소로 간접적이거나 사실적, 경제적인 이익을 얻을 뿐, 재결의 근거 법률에 의하여 직접 보호되는 구체적인 이익을 얻는다고 보기도 어렵다고 할 것이므로, 재결의 취소를 구할 법률상 이익이 없어 원고 적격이 없다(대법원 2002. 8. 23. 선고 2002추61 판결).

제 6 절   피고적격

중앙심판원의 재결에 대한 소송은 중앙심판원장이 피고적격을 가진다(제75조). 재결의 취소를 구하는 소송은 중앙해양안전심판원의 심판관 합의체가 행한 재결이라는 행정처분의 취소를 구하는 것인데, 심판관은 독립된 기관으로 해석되기 때문에, 행정소송법의 일반원칙에 따르면 재결취소소송의 피고는 심판관 합의체 또는 심판장으로 할 수도 있으나, 재결취소소송의 적정하고도 능률적인 운영을 위한 합목적적인 고려에서 해양안전심판원이라는 기관의 대표자인 중앙심판원장을 피고로 한 것이다.

제 7 절   대상적격

취소소송은 처분등을 대상으로 한다. 다만, 재결취소소송의 경우에는 재결 자체에 고유한 위법이
있음을 이유로 하는 경우에 한한다(행정소송법 제19조).

Ⅰ. 대상적격이 있는 것(징계재결, 권고재결)

재결취소소송의 대상이 될 수 있는 것은 ① 면허행사 해양사고관련자에 대한 '징계재결', ② 일반 해양사고관련자에 대한 '권고재결'이다. 징계재결이나 권고재결은 그 자체로 국민의 권리의무를 형성 또는 제한하는 효력을 갖기 때문이다.

따라서 징계·권고재결만이 아니라 재결 전체의 취소를 구할 경우 일부 각하판결을 받게 된다. 즉, '원인규명 부분'에 대하여 각하판결을 받게 된다.

❖ **원인규명 부분에 대한 소각하 판결**(예시)

【주문】

1. 이 사건 소 중 중앙해양안전심판원 2009. 8. 13.자 중해심 제2009-21호 재결의 해양사고 원인규명 부분의 취소를 구하는 부분을 각하한다.
2. 원고들의 나머지 청구를 기각한다.
3. 소송비용은 원고들이 부담한다.

【청구취지】

중앙해양안전심판원이 2009. 8. 13. 중해심 제2009-21호로 기타선 ○○호·자동차운반선 ○○호 충돌사건에 관하여 한 재결을 취소한다.

각하판결을 받지 않으려면 '징계재결, 권고재결'에 대하여만 취소를 구하여야 한다. 그 예시는 아래와 같다.

	청구취지 기재례
업무정지 재결	중앙해양안전심판원의 2019. 1. 1.자 중해심 제2019-001호 재결 중 원고의 1급 도선사 업무를 2개월 정지한다는 부분을 취소한다.
	중앙해양안전심판원의 2019. 1. 1.자 중해심 제2019-001호 재결 중 원고들에게 한 징계재결 처분을 취소한다.
시정명령 재결	중앙해양안전심판원의 2019. 1. 1.자 중해심 제2019-001호 재결 중 원고에 대한 시정명령 부분을 취소한다.

시정권고 재결	중앙해양안전심판원의 2019. 1. 1.자 중해심 제2019-001호 재결 중 원고에 대하여 시정을 권고한 부분을 취소한다.

Ⅱ. 대상적격이 없는 것(원인규명재결)

재결 중 원인규명재결 부분은 재결취소소송의 대상이 되지 아니한다.

> ### ❖ 재결 중 원인규명재결 부분은 재결취소소송의 대상이 될 수 없음
>
> '원인규명재결' 부분은 해양사고 관련자에 대한 '징계재결'이나 '권고재결'과는 달리 그 자체로는 국민의 권리의무를 형성 또는 확정하는 효력을 가지지 아니하여 행정처분에 해당한다고 할 수 없으므로 이는 재결취소소송의 대상이 될 수 없다(대법원 2000. 6. 9. 선고 99추16 판결, 대법원 2008. 10. 9. 선고 2006추21 판결, 대법원 2014. 4. 10. 선고 2013추74).

원인규명재결만 있을 뿐 징계재결, 권고재결이 없는 경우에는 재결취소소송의 대상이 없으므로 소를 제기할 수 없다.

> ### ❖ 원인규명재결이 있을 뿐 징계재결, 권고재결이 없는 경우 재결취소소송의 대상이 없음
>
> 원인규명재결인 이 사건 재결의 취소를 구하는 이 사건 소는 취소소송의 대상이 되지 아니하는 사항에 관하여 제기된 것으로서 부적법하다. 원고들의 보험급여 금액 등이 이 사건 재결 그 자체에 의하여 형성되거나 확정되는 것이 아니므로 원인규명재결 부분의 취소를 구하는 소는 취소소송의 대상이 되지 아니한다(대전고법 2016. 4. 28. 선고 2015누13237 판결).
>
> #### ○ 해설
> 어장관리선이 침몰하여 선원 3명이 사망·실종된 사건에서, 중앙해심은 ① "이 침몰사건은 A선박이 기상이 악화된 상태에서 이동하다가 계류되어 있던 모선 B선

박 부근에서 강한 바람과 파도 등 외력에 의해 전복되어 표류 중 발생한 것이다.", ② 해양사고관련자들(선박소유자, 육지에 있던 사무장, 모선 선장)의 행위는 이 침몰사건 발생의 원인이 되지 않는다고 재결하였다(중앙해심 제2015-009호).

이에 해양사고관련자는 원인규명재결부분(위 ①부분)에 대하여 재결취소소송을 제기하였으나, 법원은 대상적격이 없다며 원고의 청구를 기각하였다.

결국 중앙해심이 해양사고관련자에게 아무런 징계나 권고재결을 하지 않는 경우, 해양사고관련자는 재결취소소송을 제기할 수 없다.

반면, 지방심판원이 해양사고관련자에게 징계나 권고재결을 하지 않는 경우, 해양사고관련자는 해심법 제58조에 의거 제2심을 청구할 수 있다는 것은 비교해서 알아두어야 한다(대법원 2011. 5. 26. 선고 2009추145 판결, 대전고법 2014. 12. 4. 선고 2014누401 판결).

Ⅲ. 대상적격이 없는 것(원인제공비율)

원인제공비율은 원인규명재결 부분에 해당하므로 직접 그 취소를 구할 수 없다. 즉, 재결취소소송의 청구취지에서 직접 원인제공비율의 취소를 구할 수 없으며, 청구취지에서 징계취소를 구하되 청구이유에서 원인제공비율을 다투는 것은 가능하다.

❖ **원인제공 비율 배분에 관한 재결부분은 취소소송의 대상이 되지 않음**

원고의 주장에는 사고발생에 대한 원인제공의 비율 배분에 관한 부분이 부당하다는 취지도 포함된 것으로 볼 수 있으나, 재결의 이유에서 한 판단은 취소소송의 대상이 되지 않는 것이고, 재결 이유에서 한 판단이 장차 이 사건 해양사고와 관련한 민사소송 등에서 원고의 책임비율로 확정되는 것도 아니므로 원고의 주장은 이유 없다(대법원 2012. 11. 29. 선고 2012추138 판결, 대법원 2014. 4. 10. 선고 2013추74 판결).

* 비교판례 : 징계재결 여부 및 그 양정의 적법 여부를 따지는 전제로서 원인규명재결에서의 사실인정과 법령의 적용을 다툴 수 있다고 할 것이므로, 원고들로서는 사고발생 원인비율에 대하여도 다툴 수는 있다고 할 것이다(대법원 2007. 7. 13.

선고 2005추93 판결).

> ○ 해설
>
> 취소소송의 대상이 될 수 있는 것은 징계 또는 권고재결이고, 원인규명재결 부분 및 사고발생 원인비율 그 자체는 취소소송의 대상이 되지 않는다. 다만, 징계재결의 적법 여부를 따지는 과정에서 사실인정, 법령의 적용, 사고발생 원인비율 등을 다툴 수 있다.

징계재결의 취소를 구하면서 원인규명재결 부분(사실인정, 법령의 적용, 원인제공비율)을 다투는 것은 적법하다.

> ❖ 징계재결의 적법 여부를 따지는 전제로서 원인규명재결의 사실인정과 법령의 적용을 다툴 수 있음
>
> 해심법 제5조 제1항 소정의 '원인규명재결'은 행정처분에 해당하지 않으므로 항고소송의 대상이 될 수 없지만, 해심법 제5조 제2항 소정의 '징계재결' 여부 및 그 양정은 원인규명재결의 내용, 즉 해양사고의 원인을 포함하여 그 원인에 대한 해기사 또는 도선사의 직무상의 고의 또는 과실의 정도, 해양사고에 의한 피해의 경중, 해양사고 발생 당시의 상황, 해기사 또는 도선사의 경력, 기타 정상 등을 종합적으로 고려하여 이루어지므로 징계재결 여부 및 그 양정의 적법 여부를 따지는 전제로서 원인규명재결에 있어서의 사실인정과 법령의 적용을 다툴 수 있다(대법원 2005. 9. 28. 선고 2004추65 판결, 대전고법 2015. 7. 23. 선고 2014누526 판결).
>
> ○ 해설
>
> 원인규명재결 자체는 취소소송의 대상이 되지 않지만(각하), 징계재결의 취소를 구하면서 그 전제인 원인규명재결 부분을 다툴 수 있으므로 사실인정, 법령의 적용 등이 판단대상이 될 수 있다. 즉, 청구취지에서는 징계취소만을 구하여야 하고, 청구이유에서 징계재결의 위법·부당함을 다투면서 원인규명재결 부분의 사실인정, 법령의 적용, 원인제공비율 등을 다툴 수 있는 것이다.
>
> 법원이 피고(중앙해심)의 본안전 항변을 받아들이지 않을 때 자주 인용하는 판결이다.

Ⅳ. 대상적격이 없는 것(이의신청 기각결정)

중앙해심의 '이의신청 기각결정'에 대하여는 법원에 소를 제기할 수 없다.

> ❖ **중앙해심의 이의신청 기각결정에 대하여 해심법 제74조 제1항 소정의 소를 제기할 수 있는지 여부**(소극)
>
> 법 제74조 제1항은 중앙해양안전심판원의 재결에 대하여 소를 제기할 수 있다고 규정하고 있고, 시행령 제71조, 제65조에서 이의신청에 대한 결정에 관하여 법 제74조를 준용하고 있지도 아니하므로 결국 중앙해양안전심판원의 이의신청에 대한 위 결정은 법 제74조 제1항에 규정한 소의 대상이 될 수 없다 할 것이다(대법원 2002. 8. 27. 선고 2002추30 판결).
>
> ○ **해설**
>
> 원고는 이해관계인인 A보험회사 심판변론인의 심판절차 참여배제를 주장하면서 그 이유로 ① A보험회사는 해심법상 이해관계인에 해당하지 않고, ② 가사 이해관계인이라 하더라도 심판절차에 적극적으로 참여할 수 없다고 주장하였으나, 부산해심으로부터 기각결정을 받았다.
>
> 원고는 이에 불복하여 중앙해심에 이의신청을 하였으나 중앙해심으로부터 이의신청을 기각하는 결정을 받고, 법원에 '이익신청결정 취소의 소'를 제기한 것이다.
>
> 법원은 '이의신청에 대한 중앙해심의 기각결정'은 해심법 제74조 제1항 소정의 재결취소소송의 대상이 되지 않는다고 판단하였다.

Ⅴ. 기　타

집행이 완료된 '징계재결'에 대한 취소소송이 가능한지 문제될 수 있다. 즉, 중앙심판원의 재결은 재결을 고지한 때 집행할 수 있으므로(시행령 제72조의2), 재결취소소송 제기 후 징계집행이 완료된 경우에 취소소송을 제기할 소의 이익이 있는지 문제된다.

대법원은, 해양사고관련자가 향후 해양사고를 일으킬 경우 '징계량 결정 지침'에 따라 심판원으로부터 가중된 징계를 받을 수 있으므로 취소소송을 제기할 소의 이익이 있다고 판단한 바 있다(대법원 2009. 5. 28. 선고 2008추56 판결, 대법원 2011. 10. 13. 선고 2009추183 판결).

❖ **징계집행이 완료된 후에도 소의 이익이 있음**

제재적 행정처분이 그 처분에서 정한 제재기간의 경과로 인하여 그 효과가 소멸되었으나, 부령인 시행규칙 또는 지방자치단체 규칙의 형식으로 정한 처분기준에서 제재적 행정처분을 받은 것을 가중사유나 전제요건으로 삼아 장래의 제재적 행정처분을 하도록 정하고 있는 경우, 선행처분인 제재적 행정처분을 받은 상대방이 그 처분에서 정한 제재기간이 경과하였다 하더라도 그 처분의 취소를 구할 법률상 이익이 있는지 여부(한정적극).

원고가 이 사건 소로써 이 사건 재결의 취소를 구함에 대하여, 피고(중앙해심)는 2011. 2. 1.부터 2011. 2. 28.까지 원고에 대하여 업무정지 1개월의 징계집행을 실시하여 이미 그 집행이 완료되었으므로, 이 사건 소는 소의 이익이 없어 부적법하다고 다툰다.

그러나 중앙해양안전심판원의 '해양사고관련자 징계양정 지침'에 의하면, 해양사고와 관련하여 징계를 받은 날로부터 1년 이내에 다시 해양사고를 일으킨 경우 징계량의 2배 범위 내에서 징계량을 가중할 수 있고, 또 해양사고방지를 위하여 특히 필요한 경우에는 면허를 취소할 수 있다고 규정하고 있으며(제8조 제1항 제3호, 제2항), 한편 이 사건 징계집행일로부터 1년이 경과하지 아니하였음은 역수상 명백하다. 이와 같이 제재적 행정처분의 가중사유나 전제요건에 관한 규정이 법령이 아닌 행정규칙의 형식으로 되어 있다 하더라도 관할 행정청이나 담당공무원은 이를 준수할 의무가 있으므로, 이 사건 재결의 존재로 인하여 적어도 이 사건 징계집행일로부터 1년 이내에는 원고가 가중된 징계량을 받을 수 있는 구체적이고 현실적인 위험이 있다고 할 것이다. 따라서 다른 사항에 관하여 논의할 필요 없이 이 점만으로도 원고는 이 사건 재결의 취소를 구할 법률상 이익이 있다(대법원 2009. 5. 28. 선고 2008추56 판결 등 참조).

결국 이를 다투는 피고의 본안전 항변은 받아들이지 아니한다(대법원 2011. 10. 13. 선고 2009추183 판결).

○ 해설

현행 중앙해양안전심판원 예규인 「해양사고관련자 징계량 결정 지침」에 의하면 해양사고를 발생시킨 날로부터 2년 이내에 다시 해양사고를 일으킨 경우 징계량을 가중할 수 있다(제8조 제3호). 징계의 집행이 완료된 경우라도, 해양사고관련자로서는 향후 해양사고를 일으킬 경우 심판원으로부터 가중된 징계를 받을 수 있으므로 재결취소소송의 소의 이익이 있다는 판결이다.

> *비교판례(대법원 1996. 11. 8. 선고 96추77 판결, 대법원 1997. 4. 11. 선고 96추220 판결, 대법원 1998. 1. 23. 선고 95추63 판결)
>
> 제재적 행정처분에 있어서 그 제재기간이 경과된 후에는 그 행정처분의 효력은 상실되는 것이므로 그 제재기간 경과 후에는 그 처분이 외형상 잔존함으로 인하여 어떠한 법률상 이익이 침해되고 있다고 볼 만한 별다른 사정이 없는 한 그 처분의 취소를 구할 법률상 이익이 없다할 것인바, 원재결은 위 업무정지기간이 경과함으로써 그 효력이 상실되었다 할 것이고, 또한 원재결이 외형상 잔존함으로 인하여 원고에게 어떠한 법률상 이익이 침해되고 있다는 별다른 사정도 발견할 수 없다. 따라서 원재결의 취소를 구하는 이 사건 소는 부적법하다 할 것이다.

제8절   본안판단

재결취소소송이 인용되려면 심판원의 재결이 위법·부당하다고 인정되어야 한다. 심판원이 심판청구된 해양사고관련자의 직무상 고의·과실 여부만 판단하고, 심판청구되지 않은 자의 책임존부를 판단하지 않더라도 위법하지 않다.

> ❖ **심판원이 '심판청구되지 않은 자'의 책임존부를 판단하지 않더라도 위법하지 아니함**
>
> 원고들은 이 사건 화재의 발생에는 소유주와 선장에게도 책임이 있음에도 이들의 책임을 묻지 아니한 원재결은 부당하여 취소되어야 한다고 주장하나 앞에서 본 바와 같이 원고들의 업무상의 잘못이 이 사건 화재발생의 원인이 되었음이 분명한 이상 소유주나 선장의 화재발생에 대한 책임존부여부는 원재결의 당부를 따질 사유가 될 수 없으므로 소론은 이유 없다(대법원 1990. 9. 11. 선고 89추17 판결).

심판원의 징계량이 사회통념상 재량권의 범위를 넘을 때는 징계권의 일탈·남용으로서 그 처분은 위법하다.

> ❖ **징계권의 일탈·남용**
>
> 해난에 관하여 직무상 과실이 있어 징계재결을 하는 경우에도 그 징계의 정도가 사회통념상 재량권의 범위를 넘을 때는 징계권의 일탈 내지 남용으로서 그 처분은 위법한 것이고 징계의 정도가 사회통념상 재량권의 범위를 넘는가의 여부는 징계의 사유가 된 사실의 내용과 성질 및 징계에 의하여 달성하려는 행정목적과 이에 수반되는 제반사정을 객관적으로 심사하여 판단하여야 한다(대법원 1987. 7. 7. 선고 83추1 판결).

심판원의 징계양정이 과다한지 여부는 해양사고 재발방지를 위한 제재의 필요성 등을 검토하되, 중앙해양안전심판원 예규인 「해양사고관련자 징계량 결정 지침」도 하나의 기준이 된다.

> ❖ **중앙해양안전심판원 예규인 「해양사고관련자 징계량 결정 지침」에 의한 징계양정이 과다하지 않다고 본 사례**
>
> 해심법 제6조 제1항 제2호, 동법 시행령 제7조의2에 따른 「해양사고관련자 징계량 결정 지침」에 따르면, 이 사건 해양사고는 원고의 "경과실"에 의한 것으로서, "중손"의 선박피해에 해당하고, "3급사상"의 인적피해에 해당하므로, 원고에 대하여 "3월 이상 4월 이하의 업무정지"를 하여야 하며(3급사상을 제외하더라도 3월 이하 업무정지를 하여야 한다), 해양사고 재발방지를 위한 제재의 필요성 등에 비추어 보면, 이러한 징계량 결정 지침의 내용이 부당하다고 보이지도 않는다(대전고법 2016. 12. 22. 선고 2016누12101 판결).
>
> ○ **해설**
>
> 현행 중앙해양안전심판원 예규인 「해양사고관련자 징계량 결정 지침」은 해양사고관련자의 귀책사유(고의, 중과실, 경과실), 선박피해(전손, 중손, 경손, 피해없음), 인적피해(1-3급사상, 피해없음), 시설물손상여부 등 다양한 요소를 복합적으로 고

려하여 징계량을 결정하도록 하고 있다. 이러한 징계량 결정지침은 해양안전심판의 공정성과 신뢰성을 확보하기 위하여 중앙해심에서 마련한 것으로, 심판관은 징계의 종류를 선택하고 징계량을 결정할 때 참고하여야 한다.

법원이 재결취소소송에서 징계양정의 과다 여부를 판단할 때 본 지침을 하나의 판단기준으로 활용한 점은 의미가 있다.

심판원은 ① 개선이나 시정의 효과를 기대할 수 없거나, ② 재결 당시 해양사고관련자가 이미 개선 또는 시정이 필요한 사항을 충분히 조치한 경우에는 권고재결을 하지 아니한다. 그러나 재결 당시 개선 또는 시정이 필요한 사항이 조치되었다는 점이 충분히 입증되어야 한다.

❖ **권고사항 이행조치완료**

① '재결 당시' 조치가 이미 완료되어 있어야 하며, 충분한 것이라고 인정할 증거가 갖추어져야 한다(대법원 2011. 2. 24. 선고 2009추15 판결, 이른바 '태안반도 유조선 기름유출사건').

② 이 사건 시정명령이 위법하기 위해서는 원고가 주장하는 조치들이 이 사건 시정명령 당시 이미 이루어져 있었고 그 조치들이 안전관리체제의 수립·시행 등으로 보기에 충분한 것이라고 인정되어야 한다(대전고등법원 2018. 5. 31. 선고 2017누12887 판결, 대법원 2018. 10. 25. 선고 2018두48892 판결, 이른바 '어선 제501오룡호 침몰사건').

○ **해설**

이른바 '태안반도 유조선 기름유출사건'에서, 중앙해심은 ① 해양사고관련자 A중공업에 대하여 안전관리체제를 구비하도록 개선권고를, ② 해양사고관련자 B안전관리회사에 대하여 안전관리체제를 수립·시행하고 안전관리 전문가를 배치하도록 개선권고를 하였다. 이에 해양사고관련자들은 '이미 3,000t 해상크레인 안전운항 매뉴얼을 마련하였고, A중공업은 선박의 위치를 실시간으로 알려주는 선박 모니터링 시스템을 구축하여 기존 시스템과 결합하였으며, B회사는 1급 항해사 자격의 운항감독과 1급 기관사 자격의 공무감독을 채용하였으므로 개선조치가 완료되어 원고들에 대한 개선권고는 법적 이익을 상실하였다'고 주장하였다.

그러나 대법원은 '원고들이 주장하는 조치들이 이 사건 재결 당시 이미 이루어져 있었고 그 조치들이 권고사항인 안전관리체제의 수립·시행 등으로 보기에 충분한 것이라고 인정할 아무런 증거가 없다'며 원고청구를 기각하였다.

이처럼, 해양사고관련자가 권고재결의 위법성을 입증하려면 ① '재결 당시' 시정권고사항이 이미 조치되어 있을 것, ② 그 조치가 권고사항을 충분히 이행한 것으로 인정될 것 등을 모두 주장·입증하여야 한다.

❖ 심판원이 권고재결을 하지 않은 사례

재결	사건명	대상자	조치내용
중앙해심 2015-010	어선 A호 전복사건	배수갑문 운영주체	시정을 권고하여야 하나, 이 사건 발생 이후 CCTV의 위치의 변경, 경광등의 추가설비 등의 안전시설을 보강하였으며, 당직근무자가 반드시 종합통제실에서 근무하면서 새만금호 내의 선박에 대한 확인을 하도록 하는 등의 개선조치를 이행하였으므로 굳이 시정을 권고하지 아니함
중앙해심 2015-012	자동차운반선A · 케미컬운반선B 충돌사건	B선박 항해사	시정을 권고하여야 하나 외국인으로 실익이 없어 굳이 권고하지 아니함
중앙해심 2016-020	유선 A호 침수사건	유람선 관리감독 기관	이 기관은 한파로 한강이 결빙될 경우에 대한 운항통제기준을 마련하지 아니하여 이 침수사고를 발생하게 한 것은 이 기관의 직무상 과실로 인정됨. 다만, 사고 당시 한파로 한강이 결빙되더라도 유도선의 운항을 제한할 법적인 근거가 없어 운항을 통제하지 못하였던 점과 사고 이후 국민안전처에 한파 시에 대비한 선박운항 통제기준 마련을 건의하여, 관련기준인 「유선 및 도선사업법 시행규칙」 [별표 1]에 한파주의보가 발표된 경우 결빙 시 대비한 선박운항 통제기준이 마련되어 있는 점을 고려하여 개선을 권고하

			지 아니함
중앙 해심 2018 -004	액체화학품 운반선 A호 침수사건	안전관리 대행업자	사고이후 이 선박의 선수루 개구부 폐쇄장치를 국제선급연합회의 기준으로 개선하였고, 사이팅 홀도 나비너트 6개로 잠글 수 있도록 하여 수밀이 되는 구조로 개선하였고, 양묘기 체인 스토퍼, 공기관 헤드 및 사운딩 파이프도 정비를 완료하였으며, 또한 전체 관리선박이 기상서비스 회사의 기상정보를 받도록 개선하였는바 굳이 시정이나 개선을 권고 또는 명하지 아니함

제 9 절   파기환송판결의 기속력

법원이 중앙해심의 재결을 파기·환송한 경우 중앙해심은 증거관계에 변동이 생기지 않는 한 법원의 사실상 및 법률상 판단에 기속을 받아 그 취지대로 재결을 하여야 한다(제77조 제3항).

❖ **대법원 취소환송판결의 기속력**

사건을 환송받은 중앙해난심판원이 다시 심판을 함에 있어서는 대법원의 사실상 및 법률상의 판단에 기속을 받아 그 취지대로 재결을 하여야 할 것이다(대법원 1994. 12. 27. 선고 93추205 판결).

○ **해설**

사실관계는 다음과 같다.

① 중앙해심은 좁은 수로에서 발생한 충돌사고에서 해양사고관련자 A에게 업무정지 3월의 재결을 하였다(중앙해심 제92-6호).

② A는 대법원에 취소소송을 제기하였고, 대법원은 '상대선박의 전적인 과실에 의하여 충돌사고가 발생한 것이고, A의 과실이 있다고 볼 수 없다'고 파기·환송하

였다(대법원 1993. 6. 11. 선고 92추55 판결).

③ 중앙해심은 다시 사실심리를 거쳐 'A가 적극적인 회피동작을 취하지 못한 것도 일인이 된다'며 업무정지 1월의 재결을 하였다(중앙해심 제93-12호).

④ 이에 대법원은 "중앙심판원이 다시 심판을 함에 있어서는 대법원의 사실상 및 법률상의 판단에 기속을 받는다"는 내용의 판결을 한 것이다.

파기환송 판결의 사실상 및 법률상 판단의 기속력과 관련하여, 대법원은 "상고심으로부터 형사사건을 환송받은 법원은 그 사건의 재판에서 상고법원이 파기이유로 한 사실상 및 법률상의 판단에 대하여 환송 후의 심리과정에서 새로운 증거가 제시되어 기속적 판단의 기초가 된 증거관계에 변동이 생기지 않는 한 이에 기속된다"(대법원 2009. 4. 9. 선고 2008도10572 판결)고 판단한 바 있다.

심판원도 법원에서 재결이 파기·환송되어 온 경우 ① 새로운 증거가 추가되어 증거관계에 변동이 생긴 경우에는 법원판결에 반드시 기속된다고 볼 수 없으나, ② 증거관계에 변동이 생기지 않는 한 법원의 사실상 및 법률상 판단에 기속을 받아 그 취지에 따라 재결을 하여야 할 것이다.

제10절 집행정지

취소소송의 제기는 재결의 집행 또는 그 절차의 속행에 영향을 주지 아니한다(행정소송법 제23조 제1항). 그러나 재결의 집행으로 인하여 원고에게 회복하기 어려운 손해가 발생할 우려가 있고, 이를 예방하기 위한 긴급한 필요가 있다고 인정되며, 집행정지로 말미암아 공공복리에 중대한 영향을 미칠 우려가 있는 때에 해당한다고 인정할 만한 사정이 없는 때에는 당사자의 신청 또는 법원의 직권에 의하여 집행이 정지될 수 있다(행정소송법 제23조 제2항, 제3항).

❖ **법원이 직권으로 집행정지 한 사례**

이 법원이 이 사건 재결을 취소하는 판결을 함에도 불구하고 그 재결의 효력이 이 사건 상고심 판결 선고 시까지 유지된다면 위 재결의 집행으로 말미암아 원고에게 회복하기 어려운 손해가 발생할 우려가 있고, 이를 예방하기 위한 긴급한 필요가 있다고 인정되며, 달리 집행정지로 말미암아 공공복리에 중대한 영향을 미칠 우려가 있는 때에 해당한다고 인정할 만한 사정이 보이지 않는다. 따라서 행정소송법 제23조 제2항, 제3항에 의하여, 이 사건 재결은 이 사건 상고심 판결 선고 시까지 직권으로 그 집행을 정지한다(대전고법 2018. 9. 5. 선고 2018누10154 판결).

한편, 중앙해심의 징계재결의 집행이 완료된 경우에는 집행정지신청의 이익이 없어 부적법하다.

❖ **집행정지신청의 이익**(중앙해심의 징계재결이 이미 집행되어 그 재결에 대한 집행정지를 구할 이익이 없다는 이유로 집행정지신청을 각하한 사례)

기록에 의하면, 신청인이 2009. 9. 17. 중앙해양안전심판원 중해심 제2009-22호로 업무정지 1개월의 징계재결을 받고 2011. 2. 1.부터 2011. 2. 28.까지 그 재결의 집행이 완료된 사실이 인정된다. 그렇다면 신청인은 더 이상 위 재결에 대한 집행정지를 구할 이익이 없게 되었으므로, 이 사건 신청은 그 이익이 없어 부적법하다. 신청인의 이 사건 신청을 각하한다(대법원 2011. 10. 13. 선고 2009쿠16 결정).

제6장

주요 판결 및 재결례

제 1 절   중앙해심 재결례

이 책은 원칙적으로 해양사고심판에서 발생하는 절차상 쟁점에 대해 다루고 있으나, 이해를 돕기 위하여 몇 가지 본안 쟁점에 대한 해심 재결례를 아래와 같이 정리하였다. 이는 일부 예시로서 참고용일 뿐이며, 정확한 사실관계 및 재결내용에 관하여는 반드시 재결서 원문을 참고할 것을 부탁드린다.

* 괄호안의 숫자는 원인제공비율

쟁점	중앙해심 재결례
정류선의 항법상 지위	• 정류한 상태에서 낚시 중인 선박은 항행중 선박이며, 정침성이 없어 선원의 상무 적용(제2017-008호, 60:40) (제2015-011호, 60:40) • 정류 중인 상태도 항행 중인 상태에 해당, 정침성이 없어 선원의 상무 적용(제2010-004호, 60:40)
정박선	• 닻으로 고정된 어망에 연결된 배잡이줄이나 어망위치 표시용 부표에 선체를 묶고 있는 선박은 정박중 선박(대법원 2002추47 판결, 제2014-011호, 제2013-008호, 제2012-003호, 제2012-007호, 제2012-009호) • 야간에 항행선과 정박선 충돌(제2018-010호, 55:45) (제2015-018호, 90:10) (제2013-008호, 85:15) (제2012-003호, 70:30) (제2009-009호) • 주간에 항행선과 정박선 충돌(제2013-004호, 95:5) • 양묘하던 중 풍파에 떠밀려 다른 정박선과 충돌(제2011-021호, 90:10)

	• 정박선의 정박지 적절성 여부(제2019-002호, 제2018-010호, 제2017-005호, 제2016-018호, 제2009-029호, 제2009-027호)
조종 불능선, 조종 제한선	• 다른 어선과 접현하여 꽃게상자 이송작업을 하던 어선을 조종제한선으로 인정(제2013-009호, 90:10) • 국내 조선소에서 건조된 후 조종불능선 등화를 밝히고 해상에서 주기관 개방검사를 하던 시운전선을 조종불능선으로 인정한 사례(제2011-020호) • 흘수제약선 주장을 배척한 사례(제2009-019호) • 예인선열이 조종제한선에 해당하기 위한 요건(제2011-007호) • 예인선열을 조종제한선으로 인정하지 않은 사례(제2004-003호, 제2005-015호)
어로 종사선 인정사례	• 자망그물을 양망하던 어선(제2014-008호, 제2014-014호) • 닻자망 그물을 갑판위로 올려놓고 새우털기 작업을 하던 어선(제2015-008호) • 물돛을 배잡이줄로 연결하고 주기관을 정지한채 오징어 채낚기 어로작업을 하던 선박(제2011-020호) • 물돛에 의해 선수방위를 유지한 채 집어등 및 작업등을 켜고 오징어 채낚기 자동조상기를 작동하던 선박(제2014-015호) • 조업 중인 어선이 등화형상물 표시를 하지 않았더라도 다른 선박이 어로에 종사하고 있는 선박임을 쉽게 알 수 있는 경우에는 어로종사선으로 인정한 사례(제2017-003호, 제2016-011호, 제2015-008호, 제2009-020호, 제2000-003후)
어로 종사선 부정사례 (우선권 부정)	• 8노트의 속력으로 항해하며 장어통발을 투승하던 어선(제2007-013호, 조종성능은 제한되나 형상물이 없어 다른 선박이 쉽게 인식할 수 없음) • 7노트의 속력으로 항해하며 장어통발을 양승하던 어선(제2018-006호, 조종성능이 제한되지 않음) • 장어주낙을 양승하던 어선(제2014-016호) • 붕장어 낚시는 조종성능에 제한을 받지 아니함(제2009-006호) • 3~4노트로 항해하면서 조업하는 흘림낚시는 조종성능에 제한을 받지 아니함(제2009-012호)
안전한 속력의 판단기준	• 안전한 속력 판단기준(제2003-011호) • 안전한 속력 여부를 판단할 때 레이더 탐지거리를 고려한 사례(제2015-004호) • 「부산항 항법등에 관한 규칙」이 정한 속력을 초과하였으나, 안전한 속력 위반은 아니라고 판단한 사례(제2016-015호)

좁은 수로의 판단기준	• 좁은 수로 판단기준(제2013-007호, 조도수도) (제2014-002호, 대방수도) (제2016-003호, 우도 인근) (제2017-006호, 화태대교 인근 수역) • 좁은 수로 인정사례 : ① 폭 0.8마일 정도인 경남 거제도 가오도 근해 협수로 (대법원 1991. 12. 10. 선고 91추10 판결), ② 폭 0.5마일 정도인 전남 여천 군 남면 소두리도 남방 0.5마일 해상 금오수도(대법원 1993. 6. 11. 선고 92 추55 판결), ③ 폭 1.5마일 정도인 횡간수도(대법원 2005. 9. 28. 선고 2004추65 판결) • 좁은 수로 부정사례(제2015-004호, 서망항과 구자도 사이의 항로) (제2005- 015호, 마로해)
좁은 수로에서 의 항법	• 항행선과 항행선 충돌(제2004-004호, 65:35) • 항행선과 정박선 충돌(제2009-006호, 60:40) • 제한시계에 항행선과 정박선 충돌(제2016-003호, 55:45) • 방파제 사이의 좁은 수로(제2018-008호, 70:30) • 좁은 수로 '인근'에서는 선원의 상무 적용(제2016-009호, 70:30)
통항분리 수역 (지정항로)	• 옹도항로(제2017-013호, 75:25) • 옹도항로, 좌초(제2019-004호) • 완도항 출입 및 횡단항로(제2017-022호, 80:20) (제2011-007호, 55:45)
마주치는 상태의 항법	• 정면상태로 접근하는 항행선 간의 충돌사례(제2015-004호, 50:50) • 정면상태로 접근하는 항행선 중 하나가 졸음운항한 사건(제2005-015호, 70:30)
마주치는 상태와 횡단상태 의 구분	• 정선수 방향에서 좌우로 각 3도, 총 6도 범위 이내에서 양현등을 보는 경우에 는 마주치는 상태로 보고, 총합 6도를 넘어가는 경우에는 횡단상태로 본 사례 (제2010-007호) • 예외적으로 조타불량, 풍조류의 영향 등에 따라 6도를 넘어가더라도 양현등을 볼 수 있는 경우 마주치는 상태로 본 사례(제1993-010호)
횡단항법	• 횡단관계가 인정된 사례(제2018-006호) (제2013-003호, 60:40) (제 2010-011호, 70:30) (제2010-007호, 60:40) (제2009-010호, 70:30) (제2007-013호, 55:45) • 정횡으로부터 22.5도 안쪽에 있어 횡단상태에 있는 경우에도, 제3의 선박을 피하느라 변침하는 상황에 있었다면 정침성이 없어 횡단항법을 적용하지 않은 사례(제2015-012호, 70:30)
추월항법	• 상대선의 등화를 시인할 수 있던 시점부터 항법이 적용되고, 선미등이 보이는

	광달거리 3마일부터 충돌의 위험이 존재하며, 추월과정에서 침로가 변경되어 횡단하는 상태가 되더라도 추월항법이 적용된다고 본 사례(제2008-002호) • 추월관계가 인정된 사례(제2008-008호, 65:35) (제2017-017호, 85:15) • 추월의 종료시점(제2008-015호) • 예인선열과 타 선박간의 추월관계에 대한 적용여부를 판단할 때 기준이 되는 선박은 통상 예인선열의 맨 끝단에서 피예인되고 있는 부선이라고 판단한 사례, 횡단항법 적용(제2015-015호)
선박간 책무	• 조종제한선과 어로종사선 충돌사례(제2011-020호) • 항행선과 범선 충돌사례(제2016-010호, 95:5) • 항행선과 어로종사선 충돌사례(제2017-003호, 80:20) (제2015-015호, 80:20) (제2014-014호, 90:10) (제2014-008호, 85:15) (제2009-020호, 60:40) (제2000-003호)
제한시계	• 항행선과 항행선 충돌(제2018-005호, 60:40) (제2010-009호, 85:15) (제2010-008호, 55:45) (제2016-016호, 90:10, 좌현전타) (제2015-016호, 65:35) • 항행선과 정박선 충돌(제2019-003호, 95:5) (제2016-024호, 80:20) (제2011-018호, 90:10) • 정박지내 항행선과 정박선 충돌사례(제2019-003호, 95:5)
선원의 상무	• 항행선과 정박선(제2019-002) (제2017-016, 80:20) (제2017-005, 70:30) (세2016-018, 90:10) • 항법을 적용할 수 없는 근접상황(제2017-011호, 60:40) • 국가어항에서 출항선과 입항선이 충돌한 사례, 항법성립요건 불충족(제2016-002호, 55:45) • 항해를 재개한 지 3분만에 충돌사고가 발생한 사건에서 횡단항법이 아닌 선원의 상무 적용(제2009-012호, 55:45) • 양 선박이 운항을 시작하여 충돌하기까지 항행시간이 불과 1~2분 이내인 경우(제2008-012호, 70:30) • 40미터의 선망 어구 조임줄로 연결한 소형선망 선단 사이로 항행선이 진입하여 충돌(2014-016호, 95:5)
특수한 상황	• 요트경기에서 요트 간 충돌사례(제2017-007호, 95:5) • 항행선과 요트 간 충돌사례(제2016-010호, 95:5) • 스포츠피싱대회 중 모터보트 간 충돌사례(제2014-018호, 80:20) • 웨이크보드를 끌던 레저보트와 항행선 간 충돌사례(제2014-005호, 80:20)

	• 항행 중 경계소홀로 정치망어장으로 진입하여 어망 손상(제2017-009호) • 추천항로(제2011-010호) • 계류지에서 부선이 다른 부선의 닻줄과 엉키게 닻을 놓아 부선 간 충돌한 사례(제2016-006호, 55:45) • 항행선이 항행장애물인 침몰선과 충돌(제2016-019호, 100:0)
합의항법 위반	• 합의항법 적용요건, 합의항법 위반사례(제2015-005호, 80:20) • 합의항법의 우선적 효력(제2001-019호) • 합의항법 배척사례(제2016-015호) • 합의가 이루어졌으나, 개항질서법에 부합하는 내용이어서 새로운 항법관계가 형성되었다고 보지 않은 사례(제2009-019호) • 합의가 이루어졌으나, 대기장소에 관한 것일 뿐 선박입출항법에 반하는 새로운 항법관계가 형성되었다고 보지 않은 사례(제2016-023호)
무역항	• 무역항 항로를 따라 항행하던 선박과 항로 밖에서 항로에 진입하던 선박이 충돌한 사례(제2016-015호, 90:10) (제2009-31호, 70:30) (제2009-023호, 75:25) (제2009-011호, 70:30) (제2009-004호, 80:20) • 무역항 항로를 따라 항행하던 우선피항선이 항로를 횡단하던 우선피항선과 충돌한 사례(제2016-007호, 80:20) • 무역항 내 항행선 간의 충돌사례(제2009-015호, 70:30) (제2008-009호, 90:10) (제2006-010호, 65:35) • 항계 안에서 선회하던 선박이 항로를 따라 항행하던 선박과 충돌(제2014-013호, 60:40) • 무역항 내 항행선과 우선피항선 간의 충돌사례(제2019-007호, 80:20) • 무역항 내 항행선 간의 충돌사례, 제3선박을 피하기 위해 진로전방으로 좌현 변침(제2018-001호, 95:5) • 무역항 내 위험물운송선박과 우선피항선 간의 충돌사례(제2016-008호, 80:20) • 무역항 항로의 오른쪽 끝편으로 가까이 붙어 항행하다가 등부표를 손상시킨 사례(제2016-017호) • 도류제로 인한 시야 제한(제2013-001호, 65:35) • 무역항 내 우선피항선 간의 충돌사례(제2014-017호, 50:50) • 인천항 갑문 방파제 부근에서 발생한 충돌사고에 선박입출항법을 적용한 사례(제2016-023호, 75:25)
시설관리 책임	• 배수갑문 부근에서 불법어로작업을 하던 어선이 갑문개방으로 전복된 사건에서 배수갑문 관리자의 과실을 인정한 사례(제2015-010호)

❖ 기본적으로 알아두어야 할 해사법규

해양안전심판에서 자주 사용되는 해사법규 규정은 아래와 같다.

1. 부선이 선박검사 대상인지 여부

① 이 선박은 2007. 11. 4. 이전에 건조되고, 추진기관 또는 범장이 설치되지 아니한 선박으로 평수구역 안에서만 운항하거나, 여객 또는 화물을 적재하지 않은 상태로 연해구역 안에서만 운항하는 것을 조건으로 「선박안전법 시행령」 제2조 제1항 제3호에 따라 「선박안전법」 적용이 면제되는 선박이다(인천해심 제2019-011호).

② 부선인 A선박은 「선박안전법」이 적용되지 않아 선박검사 대상이 아니며, 「선박직원법」, 「선원법」상 선박소유자가 승무기준에 맞는 해기사나 선원을 승무시켜야 하는 선박도 아니다. 또한 「해사안전법」 제80조에 따른 등화 및 형상물의 기준과 「해사안전법」 제91조 제3항에 따른 기적·호종 및 징의 기준 등에 관하여 필요한 사항을 규정한 「선박설비기준」 제84조에서 비자항선에 대해서는 선등을 제외한 기적, 호종, 항해용 해도 등 항해용구의 비치의무가 없다. 즉, 부선인 A선박은 자격 있는 해기사를 승선시킬 의무도 없고, 선등을 제외한 항해 용구나 주의환기신호 장비를 갖출 의무도 없는바, 이와 같은 물적, 인적장비가 갖추어진 것을 전제로 인정되는 경계 의무나 주의환기신호 의무를 부선의 선두에게 지울 수는 없다고 본다(중앙해심 제2016-018호).

○ 해설

2007. 11. 4. 이전에 건조된 부선은 선박안전법상 선박검사를 수검받지 않아도 된다(선박안전법 시행령 제2조 제1항 제3호). 다만, 여객이나 화물을 적재한 상태에서 연해구역 이상을 항해하려면 선박검사를 받아야 한다.

노후된 부선이 선박검사를 받지 않고 연근해구역에서 화물운송에 사용되다가 좌초·전복·침몰되는 사례가 종종 발생하는데, 이는 선박안전법 위반으로 선박소유자 또는 용선자의 중대한 귀책사유가 된다.[1]

2. 안전관리체제를 수립·시행해야 하는 선박

이 선박은 총톤수 2,887톤의 부선 A호를 예인하는 선박이나, 2012. 7. 1. 이전에 「선박법」 제8조에 따라 등록한 선박으로 「해사안전법 시행령」 부칙(대통령령 제23373호, 2011. 12. 13.) 제2조(안전관리체제의 수립대상 선박에 대한 특례) 규정에 의하여 '안전관리체제 수립과 시행'이 적용되지 않는 선박이다(인천해심 제2019-019호).

○ 해설

해사안전법 제46조, 동법 시행령 제15조에 따라 일정규모 이상의 선박은 안전관리체제를 수립·시행하여야 한다. 해양사고가 발생한 경우, 안전관리회사가 안전관리체제에 따라 선박관리를 적절히 했는지 여부가 해양안전심판에서 심도있게 다루어지며, 재발방지를 위해 필요한 경우 권고재결이 이루어지고 있다.[2]

다만, 2012. 7. 1. 이전에 등록한 유류·가스류 및 화학제품류를 운송하는 선박 또는 부선, 예인선으로서 「해사안전법 시행령」 부칙(대통령령 제23373호, 2011. 12. 13.) 제2조에 해당하는 경우에는 '안전관리체제 수립과 시행'이 적용되지 않으므로 유의하여야 한다.

3. 해양오염방지관리인 승무대상 선박인지 여부

A선박의 임차인이자 안전관리대행자인 B회사는 「해양환경관리법」 제32조 및 제121조, 같은 법 시행령 제39조에 따라 일정한 자격을 갖춘 자를 A선박의 해양오염방지관리인으로 임명해야 한다. 그러나 B회사는 예인선 기관장을 부선 A선박의 해양오염방지관리인으로 임명하면서 당사자에게 알리지 않았고 소정의 교육을 이수토록 하지도 않았다. 결과적으로 이 회사는 해양오염방지관리인 없이 A선박을 운용하였고, A선박의 펌프기사가 단독으로 부주의하게 연료유 이송작업을 하는 것을 방치하였다(중앙해심 제2018-014호).

○ 해설

총톤수 150톤 이상인 유조선, 총톤수 400톤 이상인 선박(부선 등 선박의 구조상 오염물질 및 대기오염물질을 발생하지 아니하는 선박은 제외) 등은 해양오염방지관리인 승무대상 선박이다(선박에서의 오염방지에 관한 규칙 제27조).

해양오염방지관리인 승무대상인 선박에 ① 해양오염방지관리인이 승무하지 않거나(중앙해심 제2018-014호), ② 승무하더라도 주의의무를 소홀히 하여 해양사고가 발생한 경우(인천해심 제2018-039호) 귀책사유로 인정될 수 있다.

4. 최저승무기준 위반 여부

예인선 A호가 부선 B호를 예인할 경우에는 선장(5급 이상의 항해사), 1등 항해사(6급 이상의 항해사) 및 기관장(5급 이상의 기관사)이 승무하여야 한다. 그러나 선박소유자는 사고 발생 2개월 전 1등 항해사가 하선하자 항해사 면허를 소지하지 않은 갑판장을 승무시켰고, 그 결과 예인선 A호에는 선장 및 기관장만이 승선한 채 운항함으로써 「선박직원법」상 최저승무기준을 위반하였다(중앙해심 제2018-018호).

○ 해설

선박소유자는 선박에 「선박직원법」 제11조 제1항, 동법 시행령 제22조 및 별표 3(선박직원의 최저승무기준)의 기준에 맞는 해기사를 승무시켜야 한다.

5. 등화의 설치가 면제된 선박 여부

「해사안전법」 제97조에 따라 '등화의 설치 및 표시를 하지 아니할 수 있는 선박'이란 「선박안전법」 제26조에 따른 선박시설기준에 따라 등화의 설치가 면제된 선박을 말하는바, 해양수산부 고시에 의하여 정박등의 설치가 면제된 선박의 경우는 정박선이 표시해야 하는 형상물의 표시도 면제된 것으로 볼 수 있을 것이다. 그러므로, 「총톤수 10톤 미만 소형어선의 구조 및 설비 기준」에 의한 '소형어선'의 경우는 「해사안전법」 제88조 규정의 예외 조항에 해당하지 아니하고, 같은 법 제97조 규정에 의한 '정박등의 설치가 면제된 선박'에 해당되지 아니하므로 「해사안전법」에서 규정하고 있는 '정박선과 얹혀 있는 선박'이 표시해야 하는 등화나 형상물을 마땅히 표시해야 할 것이다(중앙해심 제2013-004호).

6. 외국선박의 정박지 위반여부

A선박은 알제리에서 나프타를 적재하고 출항한 후 대산항에서의 접안일정이 확정되지 않아 「영해 및 접속수역법」 제3조(내수) 규정에 의한 내수에 속하는 외해에서 정박하고 대기하게 되었다. 이러한 경우 외국선박인 A선박은 ① 무역항의 항만시설로 지정된 정박지를 배정받거나, ② 「해사안전법」 제32조(외국선박의 통항) 및 같은 법 시행규칙 제25조(외국선박의 통항)의 규정에 따라, 「선박의 입항 및 출항 등에 관한 법률」 제4조에 따른 허가를 받거나 신고를 하고 대기하거나, 또는 「선박법」 제6조(불개항장에의 기항과 국내 각 항간에서의 운송금지) 단서에 따라 불개항장 기항 허가를 받고 대기하거나, ③ 영해 밖 공해에서 정박하거나 항해하면서 대기하여야 한다(인천해심 제2017-046호).

7. 도선사 승선면제 대상 선박여부

A선박은 총톤수 8,299톤의 외국적 선박(단순나용선)으로서 「도선법」의 규정(제20조 제1항)에 따라 광양항에 입·출항할 경우 반드시 도선사를 승무시켜야 한다. 그러나 해양수산부령으로 정하는 대한민국 선박(대한민국 국적을 취득할 것을 조건으로 임차한 선박을 포함한다)의 선장으로서 해양수산부령으로 정하는 횟수 이상 해당 도선구에 입항·출항하는 경우는 이를 면제 받아 선장이 자력으로 도선할 수 있다(동법 제20조 제2항). 따라서 A선박은 대한민국 선박이나 대한민국 국적을 취

득할 조건으로 임차한 선박이 아닌 단순나용선이기 때문에 강제도선의 면제가 불가한 선박이다(중앙해심 제2015-005호).

제 2 절   항법 관련 판결

❖ **제한시계시 좁은 수로 통행방법**(좁은 수로에서 좌측으로 통항하고 충돌직전 좌현변침한 선박의 전적인 과실을 인정한 사례)

이 사건 사고는 안개가 낀 협수로를 무중항해방법과 협수로 통행방법을 준수하지 아니한 채 좌측으로 운항하다가 상대선박의 진행방향을 잘못 판별하여 협수로를 우현 대 우현으로 통과하려 한 유조선 선장의 전적인 과실에 의하여 발생한 것이라 할 것이고, 상대선박을 미리 발견하여 무중신호를 보내고 견시를 배치하였으며 우현변침하여 화물선을 협수로의 우측에 붙여 운항하는 등 해상교통안전법이 요구하는 항해의 안전을 위한 제반 조치를 다하여 조선한 원고에게 원재결[3]이 지적하는 경계를 소홀히 하고 조기에 피항협력동작을 하지 아니하였다는 과실이 있다고 볼

---

1) 중앙해심 제2017-015호.
   "부선이 화물을 적재하고 연해구역을 항해하려면 「선박안전법」에 따른 선박검사를 받아야 하나, 부선 A호는 항해구역이 연해구역인 부선으로 정기검사는 받았으나 지정된 기간 내에 제1종 중간검사를 받지 않아 연해구역을 항해할 수 없는 상태에 있었다. 그러나 예인선 선장은 선박소유자의 지시에 따라 부선 A호를 선미 예인하여 연해구역이 포함되는 거제도의 외해 쪽으로 항해함으로써 「선박안전법」에서 규정한 항해구역을 위반하였고, 이와 같이 항해구역을 위반하여 연해구역을 항해한 것은 부선 A호가 상대적으로 더 심한 해상고유의 위험에 노출되는 결과를 초래하였다. 따라서 부선 A호의 항해구역 위반은 이 사고의 원인에 일부 기여하였다고 판단된다."
2) 중앙해심 제2016-005호.
   "해양사고관련자 A는 B선박의 안전관리자로서, 선박사고 등 발생 시 비상대책의 수립에 관한 사항, 선박의 정비에 관한 사항 등이 포함된 선박의 안전운항 등을 위한 관리체제(안전관리체제)를 수립하고 시행하여야 할 주의의무가 있다. 그러나 이 회사는 이 선박의 주기관이 적절히 정비되지 아니한 상태로 황천이 예상되는 상황에서 출항을 감행하고 있는 사실을 알지 못하였고, 사고 발생 시 비상대책을 수립하여 위험 상황 등에 대한 보고와 분석을 하여야 함에도 적절한 안전관리를 하지 못하였고 이러한 이 선박의 부실한 안전관리로 인해 이건 침몰사고가 발생하게 한 것은 이 회사의 직무상 과실로 인정된다."

수는 없다(대법원 1993. 6. 11. 선고 92추55 판결).

○ 해설

좁은 수로(narrow channels)란 선박이 자유롭게 충분한 수역을 가지고 통과할 수 없는 수로나 항로를 의미한다. 좁은 수로는 수역이 좁고 선박 운용기술상의 제약으로 인하여 넓은 바다에서의 항행규정을 적용해서는 충돌의 위험을 방지할 수 없기 때문에 해사안전법은 좁은 수로에서의 항법을 특별히 규정하고 있다(해사안전법 제67조, 국제규칙 제9조). 이러한 좁은 수로에서의 항행 규정은 ① 시계상태와 관계없이 적용되고, ② 좁은 수로에 전속하여 적용되며, ③ 모든 선박에 적용하는 특별하고 독립적인 항행규정이라 할 수 있다(중앙해심 제2014−002호).

좁은 수로에서의 항행방법은 ① 오른쪽 항행원칙,4) ② 소형선박 및 범선의 통항불방해 의무, ③ 어로에 종사하고 있는 선박의 통항불방해 의무,5) ④ 횡단금지 의무 등이 있다(해사안전법 제67조). 좁은 수로에서의 항법은 제한시계에서도 적용되므로 모든 선박은 좁은 수로를 따라 항해하는 경우 시계의 제한 여부에 관계없이, 다른 선박이 있건 없건 간에 오른편 끝쪽으로 항해하여야 한다(중앙해심 제2011−011호). 한편 제한시계에서는 상대선박이 본선의 좌현 선수에 있든 우현 선수에 있든 좌현변침을 하여서는 아니 된다(해사안전법 제77조 제5항 1호). 이는 상대선박이 본선의 우현 선수 쪽에서 본선측으로 내려오고 있다면, 본선이 좌현 변침하는 순간에 상대선박이 항법에 따라 우현 변침하면 충돌코스로 접근하게 되고, 상대선박이 본선의 좌현 선수쪽에 있다면 본선이 좌현 변침하고 상대선박이 침로를 그대로 유지한다면 충돌코스가 되므로 정횡 전방에 있는 선박에 대하여 좌현 변침을 하여서는 안 된다고 규정하는 것이다.6)

원재결은 원고가 제한시계에서 좁은 수로의 항행방법에 따라 수로 우측으로 항행하고 무중신호를 울리며 경계요원을 배치한 사실은 인정하였으나, 원고가 상대선의 행위를 인지하고도 긴급투묘나 적극적인 회피동작을 하지 못한 점을 지적하면서 업무정지 3개월의 징계재결을 하였다. 이에 반하여 대법원은 이 충돌사고는 좁은 수로의 좌측으로 항행한 상대선의 전적인 과실로 발생한 것이며 원고에게는 아무런 과실이 없다고 판단하였다. 상대선이 수로 좌측으로 오면서 좌현변침한 것을 더하여 보면, 원고가 무중신호 취명, 경계요원 배치, 우현변침하는 등의 피항조치를 한 것은 당시 상황에서 가능한 모든 피항조치를 한 것으로 평가받을 수 있으므로, 대법원 판결은 타당하다고 생각된다.

---

3) 중앙해심 제1993-012호.

❖ 제한시계시 좁은 수로 통행방법

짙은 안개로 시계가 극히 제한되었으므로 선박을 운항하는 자로서는 당연히 무중항해의 방법에 의하여 레이다를 켜서 전방을 감시하고 무중신호를 울려 전방에서 다가오는 다른 선박에 위험을 경고하고 협수로 통과방법에 따라 선박이 협수로의 우측을 통과하도록 하였어야 할 터인데도 선장은 선교근무를 마치고 선장실에서 쉬고 있었고 항해사는 레이다도 끄고 무중신호도 하지 아니한 채 위 협수로의 좌측 0.2마일 해상까지 바짝 붙어 약 9.4노트의 속도로 항해하였다. 어선이 유조선의 접근을 보고서도 당연히 피항하리라고 가볍게 믿고 계속 접근한 과실도 선박충돌 사고원인의 하나이지만, 기본적으로는 안개가 낀 협수로를 항해하면서도 무중항해방법과 협수로 통행방법을 준수하지 아니한 유조선의 항해사의 과실과 위 선박의 안전에 관하여 최종적 책임이 있으면서도 그를 철저히 감독하지 못한 선장의 과실이 더 큰 원인이 되었다고 하여 유조선의 항해사와 선장에게 9월 및 4월간 각 업무정지하고, 어선의 선장에게 6월간 업무정지한 원재결은 적법하다(대법원 1991. 12. 10. 선고 91추10 판결).

"수심인 A(원고, 화물선 선장)는 약 1.5마일 거리에서 상대선을 레이다로 초인하였을 때, 두 선박이 좌현대 좌현으로 무난히 항과할 수 있으리라 판단하고 감속과 동시에 소각도 우변침으로 수로 우측을 항행하면서 선수에 경계요원을 배치하는 등 무중항해에 필요한 조치를 취한 것은 인정된다. 그러나 수심인 A는 자선의 진행을 완전히 멈출 수 있도록 하는 방법으로 닻을 사용할 수 있도록 준비를 하지 않았으므로 상대선이 좌변침하면서 자선의 진로를 가로막는 위급한 상황이 되었을시 투묘하지 못하여 전진타력을 완전히 멈추게 하지 못하였고 또 우변침하고 있는 자선보다 더 빨리 좌변침하고 있는 상대선의 행위를 인지하고서도 임기응변으로 급좌전타하여 충돌을 피하기 위한 긴급조치를 하지 못하는 등 충돌 직전에 적극적인 회피동작을 취하지 못하였는바, 이러한 위급시 긴급투묘, 긴급좌전타 조치를 취하지 못한 동 수심인의 행위도 이건 발생의 일인이 되었다고 판단된다."

4) A.N. Cockcroft & J.N.F. Lameijer, *A GUIDE TO THE COLLISION AVOIDANCE RULES*, Butterworth-Heinemann, 2011, p. 46~47.

"좁은 수로의 중앙부분에서 양측면으로 갈수록 수면이 낮아지기 때문에 이는 안전하고 실행가능한 한도에서 지켜져야 한다. 연안 쪽으로 붙어가기 위해 선박을 위험에 처하게 하거나, 오른쪽 끝단에 붙어가기 위해 좁은 수로를 지나는 내내 계속적인 침로 변경을 기대하는 것은 어렵기 때문이다."

5) Cockcroft, *op.cit.*, p. 48.

"국제규칙 9조 C호는 어로종사선이 좁은 수로를 항해하는 선박을 방해하지 않을 것을 규정한다. 즉, 이는 좁은 수로에 항행하는 선박이 없을 때에는 어로가 허용된다는 것을 의미한다."

6) 김인현, 「해상교통법」 제5판, 삼우사, 2018, 210면.

○ 해설

좁은 수로에서의 항법은 제한시계 여부와 상관 없이 모든 시계에서 적용되는 항법이다. 따라서 좁은 수로를 항행하는 선박은 좁은 수로의 우측으로 항행하여야 하되, 제한시계에서의 항법을 적용하여 속력을 낮추고 추가 경계원을 배치하는 등의 주의의무가 추가로 부과된다.[7]

또한, 시계가 제한된 수역 또는 그 부근에서는 규정된 음향신호(항행 중인 동력선은 대수속력이 있는 경우에는 2분을 넘지 아니하는 간격으로 장음을 1회, 정지하여 대수속력이 없는 경우에는 장음 사이의 간격을 2초 정도로 연속하여 장음을 2회 울리되 2분을 넘지 아니한 간격으로 음향신호를 울려야 한다. 다만, 길이 12미터 미만의 선박은 이와 같은 신호를 하지 아니할 수 있으나 2분을 넘지 아니하는 간격으로 다른 유효한 음향신호를 하여야 한다)를 하여야 한다(해사안전법 제93조).

위 사건에서 ① 원고1(선장)은 선교근무를 마치고 선장실에서 쉬고 있었고, 원고2(당직 항해사)는 레이더를 끄고 무중신호도 하지 아니한 채 좁은 수로의 좌측 0.2마일 해상까지 바짝 붙어 약 9.4노트의 속도로 항해했던 점, ② 원고2는 좁은 수로 좌측으로 붙어서 항해하다가 안개 속에서 갑자기 어선이 나타나는 것을 거의 근접된 상태에서야 발견하고 당황하여 우현전타하려고 하였고, 마침 선교에 올라온 원고1이 원고2를 밀어내고 자신이 직접 키를 조작하여 충돌을 피하려 하였으나 워낙 거리가 근접한 탓에 충돌을 피하지 못했던 점, ③ 이 충돌사고로 상대어선이 크게 훼손되고 화물인 벙커씨유가 유출되어 인근해역을 오염시킨 점 등을 감안할 때, 안개 낀 좁은 수로에서 무중항해방법과 좁은 수로 통항방법을 준수하지 않은 원고2의 과실과 선박의 안전에 관하여 최종적 책임이 있으면서도 원고2를 철저히 감독하지 못한 원고1의 과실이 인정되므로 대상판결은 타당하다.

[참고재결] 제한시계 항법이 적용되는 가시거리

해사안전법 제2조, 국제규칙 제3조에는 '제한된 시계(restricted visibility)'에 대한 정의규정이 있으나, 이는 불확정개념으로 그 가시거리에 관하여 규정하지 않는다.

현등의 광달거리인 3마일(대형선), 1~2마일(소형선)을 적용해야 한다는 견해가 일반적이나, 제한시계의 판단기준을 특정 숫자로 단정하기는 어려우며 각 선박이 처한 상황에 따라 이보다 가시거리가 적은 경우에도 제한시계로 인정되지 않을 수

---

7) 김인현, 전게서, 215면.

있다. 아래는 제한시계에 관한 재결례이다.

재결번호	가시거리	제한시계 인정여부
부산해심 제2011-037호	시정 2마일	×
중앙해심 제2012-003호	시정 1마일	×
부산해심 제2013-047호	시정 0.5~1마일	×
부산해심 제2015-017호	시정 0.6마일	○
부산해심 제2015-037호	시정 1~2마일	○
부산해심 제2016-016호	시정 0.5~2마일	○
중앙해심 제2019-002호	시정 2마일	×
중앙해심 제2019-004호	시정 0.5마일	○

❖ **좁은 수로에서는 조종제한선에게 진로우선권이 보장되지 아니함**

해상교통안전법 제17조에서 정한 좁은 수로 항법은 좁은 수로에서의 선박의 충돌을 효과적으로 예방하기 위하여 선박의 종류나 기상상황 등에 관계없이 적용되는 특별항법으로서 조종제한선이라고 하여 적용이 배제되지 아니하므로 좁은 수로에서는 상대 선박으로부터 진로우선권을 양보받았다는 등 다른 특별한 사정이 없는 한 조종제한선이라고 하여 좁은 수로 항법을 지키는 선박에 대한 진로우선권이 보장되는 것은 아니다(대법원 2005. 9. 28. 선고 2004추65 판결).[8]

❖ **예인선열의 조종능력 제한여부 판단기준**

해상교통안전법 제2조 제7호 (바)목은 예인작업에 종사하고 있어 다른 선박의 진로를 피할 수 없는 선박을 조종제한선의 하나로 규정하고, 제26조 제2항은 항행

---

8) 위 판결에 대한 평석으로는, 김종성, "좁은 수로 항법과 예인선단의 조종제한 여부", 한국해법학회지 제29권 제1호, 2007, 125면.
"해상교통안전법 제26조(선박간의 책무) 제1항의 규정은 제17조(좁은 수로)의 규정에 의한 경우를 제외한다고 명확하게 규정하고 있으므로 제26조 제1항에 따라 좁은 수로에서는 선박간의 책무가 적용되지 않는다고 하여야 함에도 불필요한 설시를 하고 있다."고 지적한다.

중인 동력선은 조종제한선의 진로를 피하여야 한다고 규정하고 있어 조종제한선은 동력선에 대하여 진로우선권이 보장되어 있다. 여기에서의 조종제한선에 해당하는지 여부는 예인선열의 총길이, 운항가능 최대속력(예인으로 인한 속력의 저하), 예인선과 피예인선의 크기, 피예인선에 화물을 실었는지 여부, 피항공간 등을 종합적으로 고려하여 판단되어야 한다.

갑 제1호증의 26 내지 29, 32 내지 34, 58, 갑 제3호증의 44의 각 기재 및 영상에 변론 전체의 취지를 종합하면, A선박은 길이 27m, 총톤수가 87t, 디젤기관 1,250마력으로서 길이 63m, 총톤수 1,026t의 B선박을 예인하고 있었던 사실, 당시 B선박은 바다모래 1,350㎥를 선적하고 피피로프로 된 직경 약 100㎜ 예인줄 2개를 연결하여 길이 약 200m의 선미예인형태로 현대7호에 의해 예인되고 있었던 사실, 예인선 A선박이 후진은 물론 각도가 큰 변침을 하기 위해서는 피예인선 B선박의 전복의 위험이 있어 상당한 정도의 거리를 확보하지 아니하면 어려울 것으로 보이는 점, 이 사건 사고 당시는 야간으로서 A선박 및 B선박이 조종제한선의 등화표시를 하고 있었던 사실, 이 사건 항로는 폭이 약 1.5마일에 불과하였던 사실을 인정할 수 있고 반증이 없는바, 위 인정 사실에 의하면, A선박은 진로로부터의 이탈능력을 매우 제한받는 예인작업에 종사하고 있어 다른 선박의 진로를 피할 수 없는 선박, 즉 조종제한선에 해당한다고 봄이 상당하다(대법원 2005. 9. 28. 선고 2004추65 판결).

○ 해설

국제해상충돌예방규칙(COLREGs) 제3조는 '조종제한선'을 선박의 조종성능을 제한하는 작업에 종사하고 있어 다른 선박의 진로를 피할 수 없는 선박이라고 정의하며,[9) 그 예로 '진로에서 벗어날 수 있는 능력을 극히(severely) 제한하는 예인작업에 종사하는 선박'[10)을 들고 있다. 또한, 해사안전법 제2조 제13호 바목은 조종제한선의 하나로 '진로에서 벗어날 수 있는 능력에 제한을 많이 받는 예인작업에 종사하고 있어 다른 선박의 진로를 피할 수 없는 선박'을 그 예로 들고 있다.

위 국제규칙 및 해사안전법에 의하면 예인선이 조종제한선으로 인정받기 위해서는 ① 작업의 성질상 조종능력이 제한됨으로 인하여 침로이탈능력이 극히 제한될 것, ② 조종능력의 제한으로 다른 선박의 진로를 피할 수 없을 것 등 2가지 요건을 갖추어야 한다. 그런데 예인작업에 종사하는 예인선은 일반적으로 침로변경이 자유롭지 못하기 때문에 어느 정도로 침로이탈능력이 제한받아야 '극히(severely)' 제한받는다고 볼 수 있는지 문제되어 왔다. 이 점에 대하여 위 대법원 판결은 '극히(severely)'와 '제한을 많이 받는'이라는 불확정개념을 판단할 수 있는 구체적 기준으로 '예인선열의 총길이, 운항가능 최대속력, 예인선과 피예인선의 크기, 피예인선에 화물을 실었는지 여부, 피항공간 등'을 제시한 점에서 의미가 있다.

대법원에서 설시한 요소를 고려하여 조종제한선 여부를 판단해야 하는 것이 필요하겠으나, 우리나라 해상교통여건상 다음과 같은 어려움이 있다.

즉, ① 우리나라 연안에서는 바다모래, 골재, 철제, 각종 구조물 등을 적재한 부선을 예인선으로 예인하는 형태의 운송이 일반화되어 있고, 예인선에 비하여 부선의 크기가 10배 이상인 것이 대부분이며, 그 척수도 많으므로 이러한 예인선열을 모두 조종제한선으로 보게 되면 우리나라 해안을 항행하는 모든 동력선이 이들을 피해야 하므로 해상교통질서에 엄청난 혼란을 불러올 뿐만 아니라 일반동력선의 항해안전은 물론 예인선열의 항해안전도 크게 위협받을 수 있다.[11] ② 예인선이 조종제한선인지 여부가 상대선 입장에서 명백하여야 할 것인데, 상대선의 당직사관이 대법원이 설시한 사정을 종합적으로 고려하여 조종제한선 여부를 판단하기는 어렵다고 보인다. ③ 또한, 조종제한선은 어로에 종사하고 있는 선박보다 더 진로우선권이 부여되어 있기 때문에(해사안전법 제76조) 예인선열이 조종제한선으로서의 우선권을 부여받기 위해서는 어로에 종사하고 있는 선박보다 더욱 조종성능이 제한되는 상태여야 한다.

결국 예인선열이 조종제한선에 해당하는지 여부에 대하여 일률적인 판단기준을 정하는 것은 쉽지 않으며, 그러한 기준이 마련된다고 하더라도 상대선이 이를 쉽게 판단하기 어려운 문제가 있다. 이러한 이유로 해양안전심판의 재결례에서 예인선열이 조종제한선으로 인정된 경우는 거의 없는 실정이다. 따라서 예인선의 조종제한 여부를 판단함에 있어서는 국제규칙의 '극히(severely)'와 해사안전법의 '제한을 많이 받는'이라는 문구에 충실하게 해석하되, 대법원이 제시한 기준을 감안하여 조종제한선 여부를 판단하는 것이 타당할 것으로 보인다.

---

9) Rule3: General Definitions
  (g) The term "vessel restricted in her ability to manoeuvre" means a vessel which from the nature of her work is restricted in her ability to manoeuvre as required by these Rules and therefore is unable to keep out of the way of another vessel. The term "vessel restricted in her ability to manoeuvre" shall include but not be limited to:
10) (vi) a vessel engaged in a towing operation such as severely restricts the towing vessel and her tow in their ability to deviate from their course.
11) 김종성, 전게논문, 120면.

[참고재결] 예인선열이 조종제한선에 해당하지 않는다고 본 사례
(중앙해심 제2011-007호)

예인선열이 어느 경우에 조종제한선에 해당하는지에 대한 기준은 없다. 예인작업에 종사하는 거의 모든 예인선은 침로의 변경이 자유롭지 못하여 그 침로이탈능력이 상당히 제약받는 것은 주지의 사실이나 어느 정도 제약을 받아야 극히 심하게 제약 받는다고 볼 것인가에 대한 판단이 모호하기 때문이다.

다만, 예인선열의 총길이, 운항가능 최대속력, 예인선과 피예인선의 크기, 피예인선에 화물적재여부, 피항공간 등을 종합적으로 고려하고, 이에 덧붙여 우리나라 해상교통사정을 종합적으로 검토하여 판단하고 있으나 현재까지 해양안전심판원의 판례는 일관되게 예인선열 자체에 대하여 국제해상충돌예방규칙에서 정하는 조종성능이 제한받고 있는 상태가 아니라고 판시해 오고 있다.

우리나라 연안에는 바다모래, 골재, 철재, 각종 구조물 등을 적재한 부선을 예인선이 예인하는 형태의 운송이 일반화되어 있고 예인선 대비 피예인선의 크기가 10배 이상인 것이 대부분이며 그 척수 또한 매우 많아 이 모든 예인선열을 조종제한선으로 간주한다면 우리 해안을 항해하는 모든 동력선들이 이들을 피해야 하므로 해상교통질서에 엄청난 혼란을 불러올 뿐만 아니라 일반동력선의 항해안전은 물론 예인선열의 항해 안전도 크게 위협받게 될 것이기 때문이다.

이 사건에서 A예인선열은 당시 약 2마일 거리에서 상대선박을 초인하였고, 완도항 해상관제센터로부터 싱대신이 집근하고 있다는 사실을 이미 통보받은 상태였기 때문에 충돌회피 동작을 취할 수 있는 충분한 시간과 여유 공간이 있었으므로 침로의 이탈에 제한을 받는 조종제한선이라고 볼 수 없다.

❖ 어선군을 우회하지 않은 항행선의 과실을 인정한 사례

상대 선박은 닻자망을 투망한 후 닻줄(길이 약 20m)을 내어 어망의 배잡이 줄(길이 50m)에 묶은 상태로 정박하고 있었고, 선원들은 양망시기를 기다리느라 선교 내에서 휴식을 취하면서도 접근하여 오는 선박을 경계할 당직자를 배치하지 아니하였다. 이 사건 사고는 상대 선박이 정박 중 경계를 소홀히 하여 충돌을 피하기 위한 협력동작을 취하지 아니한 과실이 그 원인의 하나라고 할 것이지만, 다른 한편 어로작업중인 어선들이 산재해 있는 장소를 운항하는 경우 어선군을 우회함으로써 사고를 미연에 방지하여야 할 것이고, 설령 우회하지 아니한다 하더라도 정박한 선박을 통과하는 경우 그 선박의 뒤쪽이 아니라 옆쪽으로 그물이 쳐져 있을 수도 있으므로[12] 속력을 충분히 줄인 후 안전한 거리를 두고 통과하여 한다. 어선군을 우회하지 아니함은 물론 속력을 줄이지 아니하고 상대 선박과의 사이에 안전한 거리도 두지 아니한 채 같은 속력으로 근접하여 운항한 점에서 원고(선장)에게도 과실이 있고, 이러한 과실도 사고원인의 하나가 되었다고 아니할 수 없다(대법원 2002. 9. 6. 선고 2002추47 판결).

❖ 항로 밖에서 항로에 들어오는 경우 항로를 항행하는 선박의 진로를 피하여야 함

무역항 항계 내의 항로 밖에서 항로에 들어오는 경우는 항로를 항행하는 경우라고 할 수 없으므로, 비록 흘수제약선이라 하더라도 항로 밖에서 항로에 들어오는 경우는 항로를 항행하는 다른 선박의 진로를 피하여 항행하여야 한다. 따라서 A선박은 항로 밖에서 항로로 들어오고 있었고, B선박은 항로를 항행하고 있었음은 앞서 본 바와 같으므로, A선박이 흘수제약선에 해당하는지 여부를 살펴볼 필요도 없이 A선박은 B선박에 대하여 통행우선권이 있다고 볼 수 없다(대법원 2011. 8. 25. 선고 2009추114 판결).

❖ 항계 내 항법(부산항 내항·외항 방파제)

구 개항질서법 제16조에 의하면, 개항의 방파제의 입구 또는 입구부근에서 출항하는 선박과 마주칠 우려가 있는 입항하는 동력선은 방파제 밖에서 출항하는 선박의 진로를 피하여야 한다고 규정하여 출항선을 우선시키고 비교적 넓은 수역에 있어 행동이 자유로운 입항선을 방파제의 밖에서 기다리게 하도록 출항선에 일방통행권을 인정하고 있는바, ① 위의 규정은 외항 방파제와 내항방파제를 구별하고 있지 아니하므로 이 사건과 같은 외항방파제가 별도로 있는 내항방파제에도 적용된다. ② 또한, 입구 또는 입구부근에서 마주칠 우려가 있다 함은 방파제 입구부근의 지세나 복잡정도의 상황, 출입하는 선박의 대소나 흘수 등을 구체적으로 감안하여 입항선이 출항선을 보아 방파제의 입구 또는 입구부근의 해역에서 마주칠지도 모른다고

---

12) 원고는 충돌사고가 정횡으로 설치한 그물의 존재를 알리기 위한 등화를 밝히지 아니한 상대 어선의 전적인 과실로 발생하였다고 주장하였으나, 법원은 이를 받아들이지 않았다.

예측될 때를 말하는 것이고, 그러한 경우에 입항선에 피항의무를 인정하고 출항선에 우선통행권을 부여하는 것이라 할 것이다. 그런데 이 사건 방파제 입구의 가항폭이 350m인 반면 A선박의 선폭이 12m이고 B선박의 선폭은 9.3m인 점, A선박 선장이 B선박을 처음 발견한 시간과 지점, 그 당시 이 사건 방파제 입구부근에서의 선박의 운항상황, 이 사건 충돌지점 등 위 인정의 사실에 비추어 A선박이 방파제의 입구또는 입구부근에서 B선박과 마주칠 우려가 있었다고는 인정되지 아니하므로 충돌사건 발생의 주된 원인이 A선박의 대피의무위반에 있다고 할 수도 없다(대법원 1993. 2. 12. 선고 92추79 판결).[13]

[참고판결] 3척의 선박이 주묘[14]되어 충돌한 경우의 과실비율

❖ 서울중앙지법 2013. 7. 25. 선고 2012가합44193 판결(확정)

(사실관계)

① B선박(총톤수 27,423톤)은 2010. 4. 27. 방글라데시 치타공항에 묘박 중이었고, A선박(총톤수 15,887톤)과 C선박(총톤수 26,014톤)은 2010. 5. 17. 각 치타공항에 묘박하였다.

② 묘박 위치는 북쪽에서부터 A선박, B선박, C선박의 순서였고, C선박과 B선

---

13) 중앙해심 제1992-014호.
　"이 규정은 입항하는 선박, 출항하는 선박, 2척의 선박이 상단되는 침로로 방파제입구를 교행할 경우, 항법에 따라 서로 정상적으로 우측통항을 하더라도 선박이 너무 크거나 항로폭이 너무 좁아서 어느 한쪽이 다른쪽 선박의 진로를 피하지 않으면 접촉 또는 충돌의 위험이 있다고 판단되는 경우에는 입항하는 선박이 방파제 밖에서 대피하라는 것이다. 다시 말하여 이 규정은 어떠한 경우에도, 즉 선박의 대소에 불구하고 또한 항로의 여건이나 방파제 구조 여하에 불구하고 출항하는 선박이 있을 때는 입항하는 선박은 무조건 방파제 밖에서 대피해야 된다는 의미가 아니다. 이 사건의 경우 입항선 A선박은 총톤수 1,591톤에 그 너비 12.0미터, 출항선 B선박은 총톤수 795톤에 그 너비 9.30미터이고 항로폭과 방파제입구 너비는 350미터에 달한다. 이러한 여건이므로 이 두 선박이 서로 정상적으로 우측통항을 하게 되면 최소한 150미터 이상의 충분한 거리를 유지한 채 안전하고 자유롭게 교행할 수 있는 상황이다. 따라서 수심인 A가 이 충돌사건발생의 주된 원인을 A선박측 대피의무 위반에 있다고 주장하는 것은 부당하다."
14) 주묘(走錨, dragging anchor): 정박한 선박의 닻의 파주력(닻이 해저면과 접촉하거나 닻의 일부가 흙에 박힌 상태에서 수평으로 가해지는 힘에 저항하여 그 위치를 유지하는 능력)이 외력보다 작게 되어 닻이 끌려 선박의 위치가 고정되지 않고 이동하는 것.

박 사이에는 약 2㎞ 이상, B선박과 A선박 사이에는 약 700m 정도 떨어져 있었다.

③ 묘박 중이던 A선박은 2010. 5. 29. 23:17경 B선박 방향으로 주묘하기 시작하였고, B선박은 그 무렵 A선박의 주묘 사실을 인지하였다.

④ A선박의 주묘 사실을 안 B선박은 무적(fog horn)을 울리고 VHF 채널로 A선박을 수차례 호출하였으며, A선박의 응답이 없자, 2010. 5. 29. 23:25경 공용채널인 VHF 12번으로 항만관제소에 연락하였다.

⑤ B선박은 2010. 5. 29. 23:46경 A선박과 충돌하였는데, B선박은 AIS상 그때까지 아무런 움직임이 없었던 것으로 나타난다.

⑥ B선박과 A선박은 위와 같은 이 사건 1차 충돌 이후 서로 엉켜 C선박이 묘박한 곳으로 주묘하기 시작하였고, C선박은 2010. 5. 30. 00:10경 이러한 사실을 인지하였다.

⑦ 이에 C선박은 2010. 5. 30. 00:19경 B선박에 엔진가동을 요청하였고, B선박이 이를 거절하자, 00:20경 닻을 감아올리는 양묘를 시도하면서 엔진을 가동하였다가 00:36경에는 닻을 최대 11샤클로 풀고 엔진을 정지하였는데, 충돌 직전 선수가 두 선박이 주묘하여 오는 방향으로 바뀌었다.

⑧ 2010. 5. 30. 00:58경 이 사건 2차 충돌이 발생하였고 더 이상의 주묘는 없었으며, A선박은 같은 날 02:30경, B선박은 06:20경 각각 닻줄을 끊고 충돌지점을 벗어났다.

(법원의 판단-과실비율)

① 기본적으로 묘박 중인 선박보다는 주묘 중인 선박의 피항의무가 크다고 보는 것이 합리적인 점, ② A선박이 치타공항만청이 정한 최소 묘박거리(1.3㎞)를 지키지 않은데다가 묘박도 제대로 하지 않음으로써 주묘하기 시작한 것이 이 사건 각 선박충돌의 가장 큰 원인이 된 점, ③ B선박으로서는 (i) 이 사건 충돌 이전 약 30분의 시간 동안 양묘하거나 엔진을 사용하여 충돌을 벗어나는 등의 충돌회피조치를 취하지 않았고, 충돌 이후에도 닻줄을 푸는 등으로 주묘에 대한 대비를 하지 않았으며, (ii) 이 사건 1차 충돌 이후 A선박과 주묘가 계속되는 중에도 엔진을 가동하거나 다른 닻을 투묘하는 등의 주묘를 막기 위한 조치를 취하지 않았으며, (iii) 이러한 조치들이 여의치 않았다고 하더라도, 닻줄을 끊음으로써 주묘를 벗어날 수 있었음에도 그러한 조치를 취하지 않는 등 이 사건 1차 충돌 전후로 별다른 조치를 취하지 않음으로써 이 사건 2차 충돌로 이어진 점, ④ C선박으로서는 (i) 이 사건 1차 충돌

(2010. 5. 29. 23:46경) 이후 두 선박이 C선박이 묘박해 있던 곳으로 주묘하였음에도 그로부터 약 25분이 지난 2010. 5. 30. 00:10경에야 이를 인지하고 대비하기 시작하기는 하였으나, (ii) C선박의 위와 같은 피항조치로 두 선박이 주묘하여 오는 방향에서 다소 벗어남으로써 더 큰 충돌은 피할 수 있었고, (iii) 충돌 직전 C선박의 선수 방향이 바뀐 것은 C선박이 의도적으로 이를 하였다거나 이에 과실이 있었다고는 보이지 않는 점 등을 종합하여 국제해상충돌예방규칙에서 정하고 있는 경계의무, 충돌의 위험 판단 및 회피의무, 선원의 상무 등 일반적인 주의의무에 따라 판단하면, C선박, B선박, A선박의 각 과실비율은 10:30:60으로 보는 것이 타당하다.

○ 해설

방글라데시 묘박지에서 정박 중이던 3척의 상선이 주묘되어 연쇄충돌이 발생한 사건이다.

A선박이 먼저 주묘되어 묘박 중이던 B선박과 충돌하였고(1차 충돌), A선박과 B선박이 엉킨 상태로 주묘되어 C선박과 충돌(2차 충돌)하였다. 법원은 각 선박의 과실비율을 A선박(60%), B선박(30%), C선박(10%)이라고 판단하였다.

비록 하급심 판결이기는 하나, 3척의 선박 사이에 2번의 연쇄충돌이 있었던 사건에서 선박간 과실비율을 밝힌 의미 있는 판결이다.

제 3 절   면허행사 해양사고관련자의 책임 존부

Ⅰ. 해 기 사

❖ **당직항해사의 과실로 발생한 충돌사고에서 선장의 감독책임을 인정한 사례**

이 사건 해양사고는 심야에 안개가 짙게 낀 해역을 항해하면서 제한시계 항법을 준수하지 아니한 항해사의 과실과 선장으로서 선박의 안전에 관하여 최종적 책임이 있으면서도 그를 철저히 감독하지 못한 원고(선장)의 과실이 경합하여 발생한 것이다.[15] 이러한 원고의 과실과 상대선이 침몰하고 선원 8명이 사망 또는 실종된 점 등의 사정에 비추어 보면 원고에 대한 업무정지 2개월의 징계가 지나치게 가혹

한 것으로 징계권을 남용하거나 그 한계를 일탈한 것으로 볼 수는 없다(대법원 2009. 7. 9. 선고 2007추66 판결).

❖ **선장의 직접 지휘**

선원법 제9조(선장의 직접 지휘) ① 선장은 다음 각 호의 어느 하나에 해당하는 때에는 선박의 조종을 직접 지휘하여야 한다.

    1. 항구를 출입할 때

    2. 좁은 수로를 지나갈 때

    3. 선박의 충돌·침몰 등 해양사고가 빈발하는 해역을 통과할 때

    4. 그 밖에 선박에 위험이 발생할 우려가 있는 때로서 해양수산부령으로 정하는 때

  ② 선장은 제1항에 해당하는 때를 제외하고는 제60조 제3항에 따라 휴식을 취하는 시간에 1등항해사 등 대통령령으로 정하는 직원에게 선박의 조종을 지휘하게 할 수 있다.

선원법 시행규칙 제4조의2(선장의 직접 지휘) 법 제9조 제1항 제4호에서 "해양수산부령으로 정하는 때"란 다음 각 호의 어느 하나에 해당하는 때를 말한다.

    1. 안개, 강설(降雪) 또는 폭풍우 등으로 시계(視界)가 현저히 제한되어 선박의 충돌 또는 좌초의 우려가 있는 때

    2. 조류(潮流), 해류 또는 강한 바람 등의 영향으로 선박의 침로(針路) 유지가 어려운 때

    3. 선박이 항해 중 어선군(漁船群)을 만나거나 운항 중인 항로의 통행량이 크게 증가하는 때

    4. 선박의 안전항해에 필요한 설비 등의 고장으로 정상적인 선박 운항이 곤란하게 된 때

---

15) 중앙해심 제2007-11호.
    사실관계는 다음과 같다. 항해사는 선장에게 보고하지 않고 제한시계에서 혼자 항해당직을 수행하다가 충돌사고를 일으켰고, 선장은 충돌 후 2시간 20분이 경과된 후에야 무선전화 내용을 듣고 충돌사고를 짐작할 수 있었으나 관계기관 신고 등 선장으로서 취해야 할 조치를 취하지 않았다. 중앙해심은 당직항해사에게 업무정지 4월, 선장에게 항해사에 대한 지도감독 소홀 및 충돌 후 조치미흡을 이유로 업무정지 2월의 징계를 내렸다. 이에 선장이 해양사고에 대해 책임이 없고, 사고 발생사실을 알지 못하였다며 재결취소소송을 제기한 사건이다.

선원법 제164조(벌칙) 선장이 다음 각 호의 어느 하나에 해당할 때에는 1년 이하의 징역 또는 1천만원 이하의 벌금에 처한다.

　　3. 제9조 제1항를 위반하여 선박의 조종을 직접 지휘하지 아니하였을 때

[참고재결] 선장의 당직항해사에 대한 관리·감독 의무의 범위

당직항해사의 당직 중 해양사고가 발생하였을 때 선장의 직무상 과실이 인정될 수 있는지 여부가 문제된다. 아래는 선장의 직무상 과실이 문제되었던 사례이다.[16]

① 중앙해심 제2010-8호

해양사고관련자 A는 선장으로서 시계가 제한된 상태에서는 직접 지휘하여야 할 주의의무가 있으나 사고 당시 직접 지휘하지 아니하였으며, 당직항해사가 시계가 극히 제한된 상태가 되었어도 이를 선장에게 보고하지 아니하였을 뿐만 아니라 무중신호도 울리지 않는 등 평소 당직근무에 대한 지도감독을 소홀히 하여 이 충돌사고가 발생하게 한 행위는 이 사람의 직무상 과실이다. 이 사람의 3급항해사 업무를 1개월 15일 정지한다.

② 중앙해심 제2008-025호

해양사고관련자 A는 선장으로서 연안항해를 위한 항로를 선정할 때에는 선박의 크기와 항로상의 제반 여건을 고려하여 안전한 항로를 선정하여야 함에도 (중략) 부적절한 항로를 선정하였다. 나아가 A는 이와 같이 부적절한 항로를 선정하여 항해하면서 수심이 얕은 수역이 많고 항로표지가 없는 오도북사퇴 수역의 변침점에서 당직항해사의 변침상황을 확인하지 아니하였다. 이 사람의 3급항해사 업무를 1월 정지한다.

③ 인천해심 제2014-012호

해양사고관련자 A는 선장으로서, 야간항해 중에는 항해 당직자가 당직 수행을 철저히 수행하도록 관리·감독할 주의의무가 있으나, 이를 소홀히 하여 야간에 당직항해사가 조타수를 임의로 조타실을 떠나게 한 후 혼자 당직을 수행하면서 스마트폰을 보느라 상대선을 보지 못한 채 충돌에 이르게 된 것은 이 사람의 직무상 과실로 인정된다. 이 사람의 3급항해사 업무를 4개월 정지한다.

④ 부산해심 제2014-058호

해양사고관련자 A는 예인선열의 선장이자 안전책임자로서 신규 항해사가 승선할 경우 안전한 운항을 위하여 교육을 시행하고, 항해 당직 중 위험 상황이 생길시 지체 없이 선장을 호출하게 하는 등의 지시를 내릴 주의의무가 있다. 그럼에도 불구하고 이 사람은 신규 항해사가 항해사로 승선한 경험이 없지 않다는 이유만으로 어떠한 교육이나 지시사항 없이 항해 당직을 맡긴 것은 이 사람의 직무상 과실이다. 이 사람의 5급항해사 업무를 2개월 정지한다(집행유예 6개월).

❖ 조타기의 작동불량 상태를 미리 확인하지 않은 선장의 과실을 인정한 사례

해난사고 당시 시정이 2마일 정도로서 비교적 양호하였고 선박의 레이다 작동에 아무런 문제가 없었음에도 불구하고 음주 상태에서 항행하여 가면서 경계를 게을리하여 진로 전방에서 마주오는 상대 선박을 뒤늦게 발견하고 급히 피항조치를 취하려 하였지만 조타기의 작동 상태 역시 미리 확인하여 두지 아니하였던 탓으로[17] 사고 당시 작동 불량을 일으킴으로써 안전 피항을 하지 못한 과실로 해난을 발생케 한 선장에 대하여 과실 내용과 상대 선박의 피해 등의 제반 사정을 모두 고려하여 3월의 업무정지를 명한 중앙해난심판원의 징계재결을 수긍한 사례(대법원 2000. 6. 9. 선고 99추16 판결).

❖ 기상악화로 인한 사고에서 선장의 책임을 인정한 사례

B선박의 좌초사고는 기상악화로 인한 강풍과 거센 파도 때문에 발생한 것이기도 하지만, 한편으로는 기상악화와 그로 인한 강풍과 높은 파도가 예상되는 시점에서 A선박의 선주이자 선장인 원고가 기상상황을 고려하여 A선박의 선수에서 계선줄을 내어 육상 방파제 밧줄걸이에 단단히 걸고, 선미에서 선미닻을 내어 선수와 선

---

16) 이에 대한 자세한 내용으로는, 제13회 해양안전심판 재결평석회의, "선장의 당직항해사에 대한 감독의무", 2015. 12.

17) 선박의 조타기가 사고일 며칠 전에 일정각도 이상은 제대로 조작되지 않는 고장이 발생하여 일차 수리를 하였으나 사고당시 또다시 20도 이상 변침시 작동하지 아니한 사실이 인정된 사안에서 선장에게 그 작동상태를 미리 확인하여 두지 아니하였던 탓으로 사고당시 작동 불량을 일으킴으로써 안전피항을 하지 못한 과실을 인정하였다.

미를 보다 더 고정시켜 A선박의 횡요동으로 인한 영향을 최대한도로 줄일 수 있도록 하였어야 함에도 불구하고, 기상상황을 전혀 고려하지 아니한 채 위와 같은 방법으로 선수와 선미를 고정시키지 아니하고, 단지 A선박의 우측현의 선수 및 선미에서 각 한줄씩만 내어 B선박의 좌현측에 계류시킴으로써 A선박의 횡요동 영향이 B선박의 횡요동을 더욱 가중시키는 결과를 초래하게 하여 B선박의 우측현에서 C선박의 좌측현에 묶었던 계선줄이 장력을 이기지 못하여 끊어지게 하고, 급기야 선미 닻을 끌리게 하여 C선박으로 하여금 방파제 쪽으로 쉽게 끌려가게 한 원고의 과실 또한 이 사건 사고의 발생 또는 그 확대의 원인이 되었다고 아니할 수 없으므로, 원고에게 이와 같은 과실이 있음을 이유로 징계재결 중 가장 가벼운 견책재결을 한 원재결에 어떠한 위법이 있다고 볼 수 없다(대법원 1997. 2. 14. 선고 95추70 판결).

❖ 예선작업 중 발생한 사고에 대한 예선선장 및 본선선장의 과실을 인정한 사례

예선행위가 본선선장의 지시에 따라 이루어지는 것이라 하더라도 예선행위를 수행하기 위해 예선에서 행하여야 하는 구체적인 행위는 예선선장의 독자적인 판단과 지시에 따라 가장 효율적이고 안전한 방법으로 이루어져야 할 것인바, 예선선장이 예선작업 완료 후 미속으로 전진중인 본선에서 예인삭을 분리하는 작업을 함에 있어 본선선장으로 하여금 그 작업이 순조롭게 진행되는 것으로 착각하게 만들고, 또한 자신의 지시에 따라 예선 선원들에 의해 비트에서 풀린 예인사이 장력으로 인하여 점점 풀려나가고 있는 상황이었는데도 선원들로 하여금 예인삭에서 멀리 떨어지도록 지시하는 등의 안전조치를 취하지 못한 과실로 장력으로 풀린 예인삭에 난타당하여 선원들이 사상한 사건에서 예선선장의 5급항해사 업무를 2월 정지하고, 본선선장을 견책한 재결이 적법하다고 본 사례(대법원 1991. 12. 24. 선고 91추13 판결).

❖ 도선사의 도선지휘 잘못에 대한 선장의 직무상 과실을 인정한 사례

도선사가 선박을 도선지휘하면서 과도한 속력으로 항진하는 바람에 전진타력을 적절하게 제어하지 못함으로써 선박이 부두에 접촉하는 사고를 발생시킨 사건에서, 원고(선장)가 상세한 도선계획의 설명을 요청하여 검토·협의할 주의의무가 있음에도 이를 소홀히 하였을 뿐만 아니라, 도선사가 통상적인 조종지휘에서 벗어나 과도

한 속력으로 계류예정 부두로 접근하고 있음을 확인하고도 이를 시정할 것을 요청하거나 이를 수정하기 위하여 직접 선박을 조종지휘하지 아니하는 등 항해에 관한 최종 지휘자로서의 의무를 다하지 아니한 직무상의 과실이 충분히 인정되므로 원고(선장)의 1급항해사 업무를 1개월 정지한 재결이 적법하다고 본 사례(대전고법 2015. 7. 23. 선고 2014누562 판결).

[참고재결] 선장과 도선사의 과실이 동등하다고 인정한 사례(중앙해심 제2014-010호)

해양사고관련자 A는 선장으로서, 부두에 계류하기 위하여 승선한 도선사에게 선박에 관한 정확한 정보를 제공하고, 계류예정 부두에 이르기까지의 상세한 도선계획의 설명을 요청하여 검토·협의하여야 할 주의의무가 있으나 이를 소홀히 하였을 뿐만 아니라, 도선사의 조종지휘에 대하여 일일이 간섭할 수는 없다 하더라도 선박 조종지휘 상황이 통상의 예에서 벗어난 위험한 것임을 알았을 때는 조기에 이를 시정토록 촉구하여 안전한 운항을 위하여 필요한 조치를 취하도록 하는 등 적극적인 조치를 하여야 함에도 도선지휘 담당 도선사가 통상적인 조종지휘에서 벗어난 과도한 속력으로 계류예정 부두로 접근하고 있음을 확인하고도 시정할 것을 요청하거나 이를 수정하기 위하여 직접 선박을 조종지휘하지 아니하는 등 항해에 관한 최종 지휘자로서 의무를 다하지 아니한 것은 이 사람의 직무상 과실로 인정된다.

해양사고관련자 A의 행위는 마땅히 도선지휘 담당 도선사의 과실과 동등한 것으로 인정된다.

❖ 선박이 항행 중 해도에 표기되지 않은 어장을 손상시킨 경우, 당직항해사의 항행과실을 인정한 사례

국립해양조사원으로서는 지방자치단체로부터 어장 정보를 통보받긴 하나 어장의 수가 너무 많을 뿐 아니라 어장의 허가 위치와 실제 설치 위치가 다르거나 위치가 변동되는 경우가 많아 모든 어장 정보를 해도에 표기하기는 어려운 점, 이러한 사정으로 항해통보나 해도의 주의기사 등을 통하여 어장 관련 정보를 제공하고 있는 점 등에 비추어 이 사건 사고와 관련하여 국립해양조사원의 과실을 인정하기는 어렵다. 앞서 살펴본 바와 같이 원고의 직무상 과실이 인정되는 이상, 원고(당직 항해사)의 과실은 이 사건 어장의 소유자나 국립해양조사원의 과실 인정 여부와 관계없이 원고에 대한 징계사유로 인정된다고 할 것이다(대전고법 2017. 11. 23. 선고 2017누11518 판결).

○ 해설

대형트롤어업 어선이 정치망 어장에 진입하였다가 후진하면서 어장을 손상시킨 사건에서 원고(당직 항해사)는 국립해양조사원이 해도에 어장을 표기하지 않은 잘못으로 사고가 발생하였다고 주장하였다. 그러나 법원은 어장 구역이 해도에 표기되지는 않았으나, 관련 해도에 특별히 2개의 주의기사가 수록되어 있던 점, 원고가 어장 구역 근방을 항해한 경험이 있던 점 등을 고려하여 항해당직자인 원고로서는 어장이 산재할 가능성을 충분히 염두에 두고 선박의 속력을 줄이고 레이더 관측을 포함한 경계를 철저히 하여 어장 구역을 피해서 항해할 주의의무가 있다고 판단하였다.

❖ **계약서에 해기사의 책임을 면책하는 약관이 있더라도, 심판원의 징계까지 면책되지 아니함**

갑제15호증(예선약관)에 의하면 예선 선장은 본선에 대한 예선작업 중 발생한 예선조선상의 잘못으로 인한 손해의 책임을 지지 아니하도록 되어 있음을 인정할 수가 있으나, 그렇다고 하여 해난심판법에 따른 징계까지 면책된다고 할 수는 없다(대법원 1991. 12. 24. 선고 91추13 판결).

○ 해설

심판원은 해양사고가 해기사나 도선사의 직무상 고의 또는 과실로 발생한 것으로 인정할 때 해당자를 징계할 수 있으므로(해심법 제5조), 사인간의 약정으로 선장의 책임이 면제되더라도 징계까지 피할 수 있는 것은 아니다.

Ⅱ. 도 선 사

❖ **대형유조선을 도선함에 있어서 도선사와 선장의 쌍방과실인정 사례**

선장은 강제도선구에서는 도선사의 조선지휘 사항에 일일이 간섭할 수는 없다 하더라도 도선사의 도선과정에서 보통 때와는 달리 과속임을 알았다면 조기에 이를 시정토록 촉구하여 감속조치를 취하도록 하여야 할 직무상 주의의무가 있음에도 속도계를 사전에 수리하지 아니하여 도선사로 하여금 속도계에 의거한 도선을 하지 못하게 하였고 선박이 10노트 이상으로 진행함을 알고도 뒤늦게 과속임을 알리는 등 소극적인 조언만을 하고 별다른 조치를 취하지 않은 책임이 있다(대법원 1984. 5. 29. 선고 84추1 판결, 도선사의 업무를 30개월 정지하고, 선장의 업무를 12개월 정지한 중앙해심 재결이 적법하다고 본 판례).

❖ 예선작업 중 발생한 사고에 대한 도선사의 책임을 인정한 사례

예인과정에서 예선이 전복하여 선장 등이 사망한 해난사고에 관하여, 본선에 승선하여 예선을 지휘하고 있던 도선사의 좌측방향으로의 이동지시에 민첩하게 대응하지 못한 예선 측의 과실도 그 원인의 하나라고 할 것이지만, 기본적으로는 예인작업 전반을 책임지는 도선사가 본선을 조선함에 있어 본선의 조선 시기, 본선과 예선 간의 예인각도, 예인삭에 걸리는 장력의 정도 등을 적절하게 고려하지 아니한 채 본선의 기관사용 및 증속을 하였고, 예인상태를 면밀히 관찰하면서 예선 기동상의 제반 상황변화에 따른 적절하고 신속한 조치를 취하지 아니한 과실이 더 큰 원인이 되었다고 아니할 수 없고 한편 그와 같은 과실과 위 사고로 인한 피해정도 등 제반 사정에 비추어 볼 때, 도선사를 견책한 재결이 적법하다고 본 사례(대법원 1995. 2. 28. 선고 93추137 판결).

❖ 도선시 보조도선사의 주의의무(주도선사에게 선박의 속력이 빠르다는 점을 인지시킨 보조도선사에게 징계사유가 없다고 본 사례)

공동도선시 도선을 지휘하는 주도선사가 그 결과에 대한 책임도 부담하여야 하고, 보조도선사는 주도선사에 대한 보조 업무, 주도선사 유고 시 예비 업무에 한하여 그 책임을 부담하게 하는 것이 해당 거래계의 실무에 부합한다고 판단된다. 보조도선사는 장안서에서 창서까지의 항해에 대하여 도선을 수행하는 도선사로서 그 결과에 대한 책임을 진다는 것이고, 그 이후의 구간에 대하여는 예비적, 보조적인 책임만 부담한다고 해석함이 타당하다. 보조도선사가 주도선사에게 이 사건 선박의 속력이 빠르다고 지적하였다면, 이로써 보조도선사로서 부담하는 지적의무를 이행하였다고 보는 것이 타당하다. 이를 넘어 원고에게 보다 조기에 주도선사의 도선이 잘못임을 지적하게 하거나 그 지적을 반복하여 잘못을 시정하게 할 주의의무를 부담시킬 수는 없다(대전고법 2018. 9. 5. 선고 2018누10154 판결).

[참고재결] 경직된 도선문화(중앙해심 제2016-022호) [유조선 우이산호 부두시설 접촉사건]

현재 우리나라의 도선실태를 살펴보면, 도선사 지휘 하에 도선 중인 선박의 선장은 선박의 안전이 침해받을 수 있는 상황이 되더라도 도선사의 조선능력과 도선사가 입·출항 항만에 대해 선장보다 더 많은 정보를 가지고 있다고 간주하여 이에 대해서 능동적으로 그 위험 요소를 제거하려 하지 않고 도선사가 해결할 수 있는 다른 방안을 생각하고 있다고 쉽게 믿어버리는 경향이 있다. 또한 도선사는 그 항만에 대해 잘 알고 있고 경험과 능력이 뛰어나다는 자부심이 강해 선장이 도선관련 지적을 하면 불쾌한 반응을 보이는 경우가 많다.

이 접촉사건에서 주도선사는 도선경력이 약 23년으로 풍부한 경험과 능력을 인정받고 있는 데 반해, 보조도선사는 우이산과 같은 초대형원유운반선을 직접 도선한 경험이 없어 도선 경험이 비교적 일천하였고, 선장은 '주도선사가 훨씬 연장자이면서 자신보다 경험과 능력이 우월하다'는 관념을 가지고 도선에 이의를 제기할 경우 주도선사가 불쾌하게 생각할 것을 우려하는 한국적인 도선사와 선장간 문화가 존재하였다. 이러한 분위기에서 선장은 당시 우이산의 운항속력이 과도하게 빠른 것을 인지하고도 보조도선사에게만 소극적으로 우려를 나타내었고, 보조도선사는 자신에 비해 경험이 많은 주도선사를 믿고 당시 속력만을 주도선사에게 보고하고 감속 건의 등 적극적인 조치를 취하지 않은 것으로 추정된다.

그간의 도선사가 승선한 선박에서의 해양사고를 살펴보면, 선박조종술의 미숙이나 항만의 특이한 지형 때문에 생기는 경우보다 도선사 자신이 가진 항만정보나 선박조종술을 과신하고 더 조심스럽게 선박을 조종하지 않기 때문에 생기는 경우가 더 많다. 우리나라에서 도선사와 선장은 상기와 같은 문제 때문에 도선사가 선장의 지적이나 충고에 대해 불쾌하고 생각하고 이를 염려한 선장이 방관자적 태도를 취하는 것이 일반적인 모습이다.

따라서 도선사와 선장간 또는 주도선사와 보조도선사간의 경직된 도선문화는 바뀌어야 한다고 판단된다.

○ 해설

이른바 '유조선 우이산 부두시설 접촉사건'에서 보조도선사는 선장으로부터 선박의 속력이 빠르다는 말을 듣고도 주도선사에게 이를 보고하거나 지적하지 아니하였고, 예인선들이 예인줄을 연결하는 데 어려움이 있어 주도선사의 지시를 따르지 못하고 있는 상황이었는데 주도선사에게 이를 보고하지 아니하였고, 그 결과 발생한 사고로 1명이 부상당하고, 400억원 이상의 재산상 손해와 유류가 유출되는 해양오염이 발생하였다.

중앙해심은, 보조도선사가 주도선사와 공동도선을 하는 경우에는 예인선이 주도선사의 지시 또는 의도에 따르고 있는지 여부, 수로 상황 및 주위 선박의 동정확인, 선박 상호 간의 거리, 해상교통관제센터, 선사대리점 및 다른 선박과의 연락업무 등을 수행하며 항행 위해요소 발견 시 주도선사에게 적극적으로 보고하며 주도선사를 보조할 주의의무가 있다고 설시하였다. 다만, 위와 같은 도선문화를 지적하면서 사고예방정보 제공미흡을 이유로 보조도선사를 견책하였다.

제 4 절   일반 해양사고관련자의 책임 존부

❖ 자격 미달의 선원을 승선시킨 선박소유자에게 한 시정권고재결이 적법하다고 본 사례

원고(선박소유자)가 관계 법령에서 정한 자격 미달의 선장을 비롯한 선원들로 하여금 이 사건 선박을 운항하게 한 것은 앞에서 본 선장이나 선원들의 과실과 무관하다고 보기 어렵다(대전고등법원 2018. 5. 31. 선고 2017누12887 판결, 대법원 2018. 10. 25. 선고 2018두48892 판결, 이른바 '어선 제501오룡호 침몰사건').

❖ 태풍이 예상 진로와 달리 지나가 발생한 사고에 대한 '선박관리자'의 책임을 인정한 사례[18]

태풍과 같은 기상의 상황은 변화무쌍하여 정확한 예측이 불가능한 속성을 지니고 있으므로 이미 상당한 시간 전에 태풍경보가 있었던 이상 대형공선의 선박관리자인 원고(A상선 울산사무소장)로서는 태풍의 진로가 예상과 달라져 해상에 더 심

한 강풍과 파랑이 일어날지도 모르는 경우까지 대비하여 대풍의 피해가 생기지 아니하도록 안전한 장소로 피항하는 등 안전조치를 철저히 강구하여야 할 주의의무가 있는 것이므로 태풍의 진로가 당초 예보된 것과는 달리 지나감에 따라 위 선박이 정박중이던 항구가 예상보다 더 강한 태풍권에 들게 되어 위 선박의 계선삭이 절단되어 표류하게 되었다 하더라도 이에 제대로 대비하지 못하였던 원고에게 선박관리상의 잘못이 없다고는 할 수 없는 것으로써 이 사건 해난을 가지고 불가항력에 의한 사고라고 볼 수는 없다고 할 것이다. 따라서 원고의 과실을 인정한 원재결에 원고의 주장과 같은 심리미진 또는 법리오해의 잘못은 없다(대법원 1991. 1. 15. 선고 88추27 판결).

○ 해설

원고(A상선 울산사무소장)는 부선(8,841톤)을 안벽에 계선시킨 후 공선상태에서 장기간 대기 중이었다. 태풍 셀마의 북상에 대비하여 부선 선수에 4개, 중앙에 9개, 선미에 8개의 계선삭으로 결박해두었으나, 강한 풍파에 의하여 계선삭이 절단되어 표류하면서 주위 선박을 파손시키는 사고가 발생하였다. 원고는 태풍에 의한 불가항력의 사고였다고 주장하였으나, 법원은 선박관리자인 원고가 태풍 셀마에 대비하여 선박의 계선삭을 보강하였으나 그 조치만으로 태풍영향에 견딜 수 있다고 판단한 것은 잘못이고 당시 태풍의 영향력을 고려하여 충분하고 적극적인 안전조치를 취할 의무가 있음에도 불구하고 이를 소홀히 한 과실이 인정되므로 시정권고를 내린 중앙해심의 재결이 적법하다고 판단하였다.

[참고재결] 태풍에 대비한 피항장소의 선정(중앙해심 제2012-009호)

선박이 계류 또는 정박 중 태풍의 접근으로 인한 황천이 예상될 때는 라디오, TV 등에 의한 기상예보 및 태풍의 발달과 중심위치의 이동에 따른 풍향 및 풍력의 변화상태, 현 계선 장소에서 강풍 및 큰 파도가 도래하는 방향, 현재의 계선상태에 대한 신뢰도 등을 고려하여 현재상태를 유지할 것인가 아니면 이동할 것인가를 결정하여 충분히 안전한 장소에서 태풍을 맞도록 대비하여야 할 것이다.

계선 장소 및 방법을 선택할 때는 태풍의 진로와 묘박지의 지형에 따라 신중하

---

18) 태풍 피항 실패에 대한 선장, 선박소유자, 안전관리자의 책임에 관한 내용으로는, 제4회 해양안전심판 재결평석회의, "실패한 황천(태풍) 피항에 대한 해심의 재결", 2009. 12.

게 결정하여야 하는데, 이건 접촉사고 발생장소와 같이 태풍이 계선장소의 서방을 지나게 되는 경우는 태풍의 접근에 따라 처음에는 북풍이 불다가 동풍으로 바뀐 뒤 태풍이 통과하면 남풍으로 바뀌게 되며, 특히 두 섬 사이의 골이 형성되어 있는 장소는 그 골을 따라 불어오는 바람의 세기가 더욱 강해져 계류줄이 절단되거나 닻이 끌릴 위험이 매우 높아진다.

❖ 부선의 선두 겸 예인선단장인 사람에게 '선의의 조력' 이행의무를 인정한 사례

부선의 선두 겸 예인선단장인 A는 예인선단 내 통신설비를 이용하여 예인선 선장들과 수시로 교신함으로써 예상되는 위험요소들을 미리 파악하고, VTS 및 주위 선박에 대한 위험고지, 대피, 비상투묘 등 필요한 조치를 협의하여 시행할 주의의무가 있다. 이 사건 재결에서 말하는 '선의의 조력'은 위와 같은 주의의무의 이행을 의미하는 것으로 보인다. A는 기상악화를 예고하는 문자 메시지를 받고도 기상상태에 관하여 예인선 선장들과 별다른 논의를 하지 아니한 채 출항하기로 결정한 사실, 예인선단이 풍파에 밀려 유조선에서 1.87마일 거리까지 접근하고 피항이 실패하였는데도, 예인선 선장들과 협의하여 VTS 및 유조선과 교신하고 비상 투묘를 하는 등 충돌방지에 필요한 조치를 취하지 않은 주의의무 위반이 있다(대법원 2011. 2. 24. 선고 2009추15 판결, 태안반도 유조선 기름유출사고).

❖ 부두의 보존상 하자에 대하여 부두점유자의 책임을 인정한 사례(부두소유자의 책임 부정)

갯벌에 방치되어 있던 철제구조물로 선박의 선저가 파공되어 해양오염이 발생한 사건에서 부두의 직접점유자인 B회사가 민법 제758조 제1항의 규정에 따른 공작물 점유자로 그 안전관리 책임을 부담하는 것이므로 부두의 소유자인 인천국제공항공사에게 시정을 권고한 재결이 위법하다고 본 사례(대전고법 2016. 6. 9. 선고 2015누12821 판결, 대법원 2016. 10. 13. 선고 2016두43831 판결).

❍ 해설

사실관계는 다음과 같다. ① 2014. 7.경 영종도 삼목부두에 접안 중이던 A선박이 간조 때 물이 빠지면서 갯벌에 얹히게 되었는데, 갯벌에 방치되어 있던 철제구조물의 뾰족한 돌출부가 A선박의 선저 부위와 접촉하면서 A선박의 연료유 탱크에 파공이 발생하여 해양오염사고가 발생하였다. ② 중앙해심은 A선박의 선장을 징계하고, 부두소유자인 인천국제공항공사에게 시정을 권고하였다(중앙해심 제2015-007호).[19] ③ 이에 원고(인천국제공항공사)는 'B회사에게 부두사용을 승인하여 B회사가 부두를 직접 점유하고 있었으므로, 부두에 대한 안전관리책임은 부두점유자인 B회사에게 있다'며 재결취소소송을 제기하였다.

법원은 부두소유자인 원고에게 책임이 없다고 판단하면서 다음과 같은 이유를 제시하였다. 즉, ① 삼목부두는 B회사가 임차인으로 이를 실제 사용, 관리하는 직접점유자라고 보아야 하므로, 소유인인 원고가 아니라 그 점유자인 B회사가 공작물인 삼목부두의 보존의 하자로 인한 해양오염사고에 대한 책임을 부담한다고 보는 것이 타당하다. ② 이 사건 철제구조물은 원고가 2014. 1.경 B회사에게 삼목부두를 임차한 이후인 2014. 6.경 나타난 것으로 봄이 타당하고, 원고에게 B회사의 귀책사유로 인한 부두의 하자까지도 수선·유지할 의무가 있다고 할 수 없다. ③ 삼목부두는 1995년경부터 사용되었는데, 사고발생 3주 전 이 사건 해양오염사고 발생지점과 동일한 지점에서 다른 선박의 선저 파공 사고가 발생한 사실이 있을 뿐, 그 이전에는 위 지점에서 선저 파공 사고가 발생한 사실이 없었다. ④ B회사는 사고발생 3주 전 동일한 지점에서 선저 파공 사고가 발생한 사실이 있음에도 불구하고 이러한 사실은 원고에게 전달하는 등의 조치를 전혀 취하지 않았던 사실을 인정할 수 있으므로, 손해의 방지에 필요한 주의를 해태하지 않았다고 할 수도 없다.

위 판결에서는 민법 제758조 제1항의 공작물 책임이 주요 쟁점이 되면서, 해양오염사고의 원인이 된 삼목부두에 대한 안전관리책임이 누구에게 있는지 문제되었다. 먼저, 중앙해심은 단기간의 사용승인을 받아 부두를 사용하는 B회사에게 안전관리책임을 묻기 어렵다고 보았으나, 법원은 원고가 부두소유자로서 우월적 지위에 있다는 사정만으로 B회사가 점유자가 아닌 자라고 볼 수는 없다고 판단하였다. 둘째, 중앙해심은 철제구조물이 갯벌에 방치된 시기를 특정하지 않았으나, 법원은 B회사가 부두를 임차한 이후라고 보아, 철제구조물 방치에 대한 책임이 B회사에게 있다고 판단하였다. 위 판결은 공작물 책임의 법리에 입각하여 부두의 직접점유자에게 1차적인 안전관리책임이 있다고 판단한 것으로 보인다.

---

19) "귀사는 동 부두의 소유자로서 공작물 소유자 책임(민법 제758조)에 따라 부두 자체는 물론 선박의 부두 사용에 필수적으로 수반되는 부두 주변 해역에 대한 안전관리 책임이 있으나 철제구조물을 갯벌 속에 방치하는 등 안전관리를 소홀히 하여 이번 사고 발생의 원인을 제공하였다고 판단됨

제5절 용선계약

용선계약(charter party)이란 용선자가 선박소유자로부터 선박의 전부 또는 일부를 빌리고 그에 대한 대가로 용선료를 지급하기로 하는 계약이다. 용선계약의 전형적인 형태로는 항해용선계약, 정기용선계약, 선체용선계약이 있다.

❖ **용선계약의 구별기준**

선박의 이용계약이 선박임대차계약인지, 항해용선계약인지 아니면 이와 유사한 성격을 가진 제3의 특수한 계약인지 여부 및 그 선박의 선장·선원에 대한 실질적인 지휘·감독권이 이용권자에게 부여되어 있는지 여부는 그 계약의 취지·내용, 특히 이용기간의 장단, 사용료의 고하, 점유관계의 유무 기타 임대차 조건 등을 구체적으로 검토하여 결정하여야 한다(대법원 1999. 2. 5. 선고 97다19090 판결, 대법원 2015. 1. 29. 선고 2013추104 판결).

Ⅰ. 정기용선계약과 선체용선계약의 차이점

정기용선계약이란 선박소유자가 선원이 승무하고 항해장비를 갖춘 선박을 일정한 기간동안 항해에 사용하게 할 것을 약정하고 용선자가 이에 대하여 기간으로 정한 용선료를 지급하기로 약정한 계약을 말한다(상법 제842조). 선체용선계약이란 용선자의 관리·지배하에 선박을 운항할 목적으로 선박소유자가 용선자에게 선박을 제공할 것을 약정하고 용선자가 이에 따른 용선료를 지급하기로 약정한 계약을 말한다(상법 제847조 제1항).

선체용선계약은 선체용선자가 선박을 관리·지배하므로 선체용선자가 선원을 선임하고 그 선원을 통하여 선박을 점유한다. 이에 반하여 정기용선계약은

니다.

따라서 「해양사고의 조사 및 심판에 관한 법률」제5조제3항의 규정에 따라 부두 주변해역에 대한 지속적인 안전관리를 통하여 장애물에 의한 사고가 발생하지 않도록 시정할 것을 권고하니 적극 조치하여 주시기 바랍니다."

선박소유자가 선원을 선임하고 그 선원을 통하여 선박을 점유하며 정기용선자는 단지 선박에 대한 사용·수익권만을 갖는다는 점에서 차이가 있다.

상법상 정기용선계약에 있어서 선장 및 선원들에 대한 객관적인 지휘·감독권은 선주에게 있으므로 정기용선자는 선박과 관련된 사고에 관하여 특별한 사정이 없는 한 책임을 지지 않게 된다.

❖ **정기용선자의 책임**

정기용선된 선박의 선장이 항행상의 과실로 충돌사고를 일으켜 제3자에게 손해를 가한 경우 용선자가 아니라 선주가 선장의 사용자로서 배상책임을 부담하는 것이나, 다만 정기용선자에게 민법상의 일반 불법행위책임 내지 사용자책임을 부담시킬 만한 귀책사유가 인정되는 때에는 정기용선자도 그에 따른 배상책임을 별도로 부담할 수 있다(대법원 2003. 8. 22. 선고 2001다65977 판결).

Ⅱ. 선원부 선체용선계약

우리 상법은 선박소유자가 선장과 그 밖의 해원을 공급할 의무를 지는 경우에도 용선자의 관리·지배하에서 해원이 선박을 운항하는 것을 목적으로 하면 이를 선체용선계약으로 본다(상법 제847조 제2항, 이른바 '선원부 선체용선').

선원부 선체용선계약은 선원이 승무한 선박을 용선하여 자기의 해상기업활동에 이용한다는 점에서 정기용선계약과 유사하나, 선원부 선체용선의 경우에는 비록 선박소유자가 선원을 공급했다 하더라도 선체용선자가 선박을 관리·지배하는 반면에 정기용선자는 선박에 대한 단순한 사용·수익권만을 가진다는 차이가 있다.[20]

용선자가 선원을 공급받는 점에서 선원부 선체용선계약과 정기용선계약은 외견상 구조가 유사하나, 계약의 성질이 어느 것인지에 따라 민사상 책임은 큰 차이가 발생한다. ① 용선계약의 성질이 정기용선계약이라면, 선박소유자가 고용한 선장 및 선원들에 의해 사고가 발생하였으므로 선박소유자가 책임을 부담

---

20) 최종현, 「해상법 상론」 제2판, 박영사, 2014, 470면.

할 것이나, ② 용선계약의 성질이 선원부 선체용선계약이라면, 비록 선박소유자가 선원을 공급하였더라도 선체용선자가 선박을 관리·지배하고 있었으므로 선체용선자가 책임을 부담하게 된다.

❖ '선원부 선체용선계약'의 판단기준

현행 상법 제847조 제2항은 선박소유자가 선장과 그 밖의 해원을 공급할 의무를 지는 경우에도 용선자의 관리·지배 하에서 해원이 선박을 운항하는 것을 목적으로 하면 이를 선체용선계약으로 본다고 규정하고 있고, 이러한 선원부 선체용선계약이 정기용선계약과 구별되는 것은 결국 선박 및 선원에 대한 지배·관리권이 선박소유자에게 있는 것인지, 용선자에게 있는 것인지 여부로 구분할 수밖에 없다. 여기서 선체용선자에게 지배·관리권이 있는지 여부는 선박소유자의 선원에 대한 고용계약이 선체용선자에게 승계되거나 이와 동일한 효력을 갖는 교체요구권이 인정되는지 여부, 선체용선자가 선원 등에 대하여 선박소유자와 동일한 실질적 지휘·감독권이 있는지 여부 등을 종합적으로 고려하여 판단되어야 한다.

① 이 사건 계약에서 선원의 급료는 원고(선박소유자)가 부담하고, 선원의 식대, 식수, 수당, 현장에서 장비 사용에 필요한 유대, 잡유, 자재 등은 피고(용선자)가 부담하도록 규정하고 있는 점에 비추어 원고의 선원에 대한 고용계약이 피고에게 승계된 것으로 보이지는 않고, 피고에게 선원에 대한 교체요구권은 없는 것으로 보이는 점, ② 피고가 장비사용기간 중 발생하는 일체의 사고에 관하여 민·형사상의 책임을 부담하고, 임대기간 중 사고로 원고의 장비가 파손되었을 경우 수리비 전체를 피고가 부담하도록 규정되어 있기는 하나, 원고 선원의 귀책사유로 인한 사고(음주 등)에 관하여는 피고의 책임이 배제되어 있는 점, ③ 원고의 선원들은 피고의 정당하지 못한 지시, 해상장비에 손상 또는 사고를 유발하는 지시에 관해 거부할 수 있도록 규정하고 있는 점, ④ 이 사건 사고 당시 선박에는 원고가 고용한 선원 A, B, C만이 승선하였던 점, ⑤ 이 사건 계약은 장비사용기간 중에 발생한 일체의 사고, 임대기간 중 사고라는 표현을 사용하고 있고, 이 사건 선박의 사용장소를 '거문도해상 백도 인근해역'으로 정하고, 선박사용은 선박구난작업에 한정한 점 등에 비추어 원고와 피고가 임대기간과 장비사용기간을 구분하여 피고의 책임범위를 한정하려고 한 것으로 보이는 점, ⑥ 원고가 이 사건 사고 이후 선원을 충원하지 아니한 채 이 사건 사고 현장에서 이 사건 선박을 철수시켜 다른 현장에 투입하였던 점 등

의 사정을 종합하여 보면 이 사건 선박 및 선원에 대한 지배·관리권이 선박소유자
인 원고를 벗어나 완전히 피고에게 이전되었다고 보기는 어렵다. 오히려 임대기간
과 장비사용기간을 구분하여 피고의 책임범위를 제한하고 있고, 해상장비의 손상
또는 사고를 유발할 수 있는 피고의 지시는 원고의 선원들이 거부할 수 있다는 등
이 사건 계약 내용에 비추어 보면 이 사건 선박이 피고의 구난작업에 필요한 범위
내에서 사용되고 있는 경우에는 선체용선계약의 성질에 가깝고, 위 구난작업에 필
요한 범위를 벗어난 이 사건 선박의 사용, 관리에 관한 사항과 관련된 부분은 일반
적인 임대차계약의 법리에 따라 원고와 피고의 책임범위를 특정하려는 내용의 특수
한 계약이라고 봄이 상당하다[부산고등법원 2015. 9. 17. 선고 2014나6312 판결(확
정)].

○ 해설

사실관계는 다음과 같다.

① 피고(용선자)는 2011. 12. 19. 원고(선박소유자)와 이 사건 선박을 용선하는
'해상장비 임대차계약'을 체결하였다. 이 사건 선박은 인양능력 160톤의 해상기중기
선으로 월임대료는 5,000만원이었다.

② 계약 체결 후 원고는 원고가 고용한 선원 A, B, C를 이 사건 선박에 승선시
켰다.

③ 피고는 2011. 12. 19. 20:00경 예인선으로 이 사건 선박을 예인하여 정박지를
출항하였고, 같은 달 20. 05:30경 구난현장으로부터 약 28킬로미터 떨어진 해상에
도착하여 정박한 후 구조현장에 투입되기를 기다렸다.

④ 이 사건 선박의 선원 A(혈중알콜농도 0.158%), B는 2011. 12. 20. 12:30경
이 사건 선박이 우현으로 기울어져 있는 것을 발견하고 맨홀 내부로 진입하였다가
산소부족으로 의식을 잃고 사망하였다.

⑤ 원고는 용선계약의 성질이 '선원부 선체용선계약'이라고 주장하면서 피고가
선원사망에 대한 모든 책임을 부담한다며 구상금 소송을 제기하였다.

⑥ 이에 법원은 "이 사건 사고는 선박구난작업이 개시되기 전 인근해역에 대기
하던 도중 원고의 선원들이 이 사건 선박의 상태를 점검하는 과정에서 발생한 것으
로 이 사건 선박이 구난작업에 필요한 범위 내에서 사용, 수익되고 있던 상황이라
할 수 없어 이 사건 선박에 대한 지배·관리권이 완전히 피고에게 이전되었다고 보
기 어렵다. 따라서 피고가 선체용선자의 지위에 있음을 전제로 한 원고의 주장은 이
유 없다"며 원고의 주장을 배척하였다.

❖ **계약의 성질이 정기용선계약이라는 원고의 주장을 배척하고, 선박임대차계약을 인정한 사례**

이 사건 임대차계약에서 이 사건 예인선 선장A에 대한 이용관계가 포함되어 있음은 앞서본 바와 같으나, 이 사건 임대차계약은 상법상의 정기용선계약에 준하는 것으로 보기 어렵다. 오히려 이 사건 임대차 계약은 선박임대차계약이거나 이와 유사한 성격을 가진 제3의 특수한 계약에 가깝다고 볼 수 있다.

① 이 사건 임대차계약상 참가인(선박소유자)의 업무는 수상장비 및 이에 부속되는 제반 부속류의 사용위치로의 운반 및 사용완료 후 철수작업에 한정된다(기존계약서 제1조 제3항). 참가인 소속 선장A는 원고의 지시에 따라 이 사건 예인선으로 이 사건 부선을 예인하는 역할로 한정되어 있고, 이 사건 부선을 작업장소에 예인한 뒤에는 수상장비의 고장수리 외에 이 사건 부선의 사용·관리에 대해 특별히 관여할 여지가 없었다. ② 이 사건 임대차계약상 사용기간 중 수상장비의 관리는 원고의 의무이고, 원고의 과실로 인한 손망실에 대한 책임도 원고에게 있으며(기존계약서 제4조 제3항), 각종 사고에 대한 책임에 대해서도 원고 또는 참가인의 귀책사유로 인한 사고의 책임은 귀책 당사자에게 있는 것으로 규정되어 있다(기존계약서 제6조 제2항). ③ 선장A에 대한 이용관계는 이 사건 임대차계약의 범위에 포함되어 있으나, 선장A 외의 참가인 소속의 다른 선원이 포함되어 있다는 자료는 기록상 나타나지 않고, 이 사건 부선에서 이루어지는 작업은 모두 원고가 고용한 작업원들에 의하여 이루어졌다. ④ 교량 상판의 운반은 상당한 전문기술을 요하는 작업이고, 원고는 그에 관하여 전문성이 있는 반면, 참가인이나 선장A은 그러한 전문성을 가지고 있지 않다. 이 사건 부선이 작업장소로 이동된 다음 교량 상판의 운반 작업은 전문기술을 보유한 원고에 의하여 이루어질 수밖에 없다. ⑤ 원고는 교량 상판의 운반 작업을 위하여 이 사건 부선에, 크레인, 리프팅 타워, 프레임, 스트랜드잭을 설치하였다. 또한, 운반작업 과정에서 부선의 수평 상태에 변화가 발생한 경우, 원고의 작업원들은 이 사건 부선에 평형수를 주입·배출하는 방식으로 수평을 조정하였다. 이와 같이 이 사건 예인선 및 부선의 예인에 관한 사항 이외에 교량 상판 운반 작업, 부선의 관리에 관한 사항은 전적으로 원고의 통제 하에 있었던 것으로 보인다[대전고등법원 2016. 9. 7. 선고 2015누13831 판결(확정)].

○ 해설

사실관계는 다음과 같다(원재결: 중앙해심 제2015-013호).
① 선박임차인(원고)은 교각을 철거하기 위하여 선박소유자(피고 보조참가인)

로부터 예인선(선장 포함) 및 부선을 임차하였다.

② 임차한 부선의 외판손상으로 강물이 유입되고 종격벽 용접홀을 통해 평형수가 이동하는 현상이 발견되어, 원고가 나무쐐기를 박는 등 임시조치를 마치고 야간 당직자를 배치하지 않은 채 철수한 다음날 부선이 침몰된 상태로 발견되었다.

③ 원고는 선박소유자로부터 예인선·부선과 함께 예인선 선장을 공급받았으므로 용선계약의 성질이 정기용선계약이고 피고가 모든 책임을 부담한다고 주장하였다. ④ 법원은 '계약의 성질이 선박임대차계약이거나 이와 유사한 성격을 가진 제3의 특수한 계약에 가깝다'며 원고의 주장을 배척하였다.

Ⅲ. 정기용선계약과 항해용선계약의 차이점

항해용선계약이란 특정한 항해를 목적으로 선박소유자가 용선자에게 선원이 승무하고 항해장비를 갖춘 선박의 전부 또는 일부를 제공하기로 약정하고 용선자가 이에 대하여 운임을 지급하기로 약정함으로써 그 효력이 생기는 계약을 말한다(상법 제827조 제1항).

항해용선계약은 항해용선자가 선원이 승무하고 항해장비를 갖춘 선박을 용선한다는 점에서 정기용선계약과 유사하나, 항해용선자는 통상 자기의 화물을 운송하기 위하여 특정한 항해를 목적으로 선박을 용선하므로 항해용선계약은 운송계약의 일종이고 항해용선자는 운송계약의 한 쪽 당사자인 화주의 지위에 있게 되는 반면에 정기용선자는 일정기간 선박에 대한 사용·수익권을 가지고 당해 선박을 자기의 해상기업활동에 이용하는 해상기업의 주체로서 운송인의 지위에 있게 된다는 점에서 차이가 있다.[21]

Ⅳ. 용선계약과 책임의 주체

해양안전심판에서 주로 문제되는 것은 용선한 예인선·부선에서 사고가 발생했을 때 해양사고관련자로 누구를 지정하여 재결을 하여야 하는지 여부이다.

---

21) 최종현, 전게서, 470~471면.

용선한 예인선·부선이 충돌·침몰·좌초·전복 등의 사고가 발생하는 경우, 해양사고와 관련된 사람이 여러 명 있을 수 있는데(예인선 선박소유자, 예인선 용선자, 예인선 선장, 부선 선박소유자, 부선 용선자, 부선 선두 등), 민사재판에서는 용선계약의 성질을 엄밀히 검토하여야 하나, 해양안전심판에서는 해양사고의 원인과 관계있는 사유가 밝혀진 경우에는 민사상 책임을 지지 않는 정기용선자, 항해용선자에게도 권고재결을 할 수 있으므로 그 법적 성질을 규명하는 것이 반드시 선행되어야 하는 것은 아니다.

민사상 책임을 지는 주체와 해양안전심판을 통해 권고재결을 받는 대상자가 동일하지 않을 수 있다는 점을 유의하여야 한다.

1. 선체용선자에 대한 권고재결

선체용선계약의 경우, 선원에 대한 지휘감독 권한과 선박에 대한 지배관리권이 선체용선자에게 있으므로 선체용선자가 권고재결의 대상이 된다.

❖ 선체용선자에 대한 권고재결이 적법하다고 본 사례

① 선원에 대한 지휘감독 권한과 선박에 대한 지배관리권이 원고에게 있다고 볼 수 있으므로 이 사건 선박의 이용계약은 선체용선계약 또는 선박임대차계약에 해당하고, 따라서 원고는 이 사건 선박을 관리하는 업무를 처리하는 지위에 있다고 할 것이다. 이 사건 해양사고는 천재지변이나 불가항력적 사고라기보다는 이 사건 선박의 관리책임이 있는 원고가 태풍에 대비하는 안전관리를 소홀히 한 잘못으로 발생한 사고라고 봄이 타당하다. 이 사건 선박임대차계약의 실질이 정기용선계약에 해당하여 선박의 항행과 관리에 관련된 해기적인 사항에 대한 법적인 책임은 선박소유자에게 있다는 원고의 주장은 이유 없다(대법원 2015. 1. 29. 선고 2013추104 판결).

② 원고가 선주로부터 부선을 선체용선한 후 A에게 공사를 재하도급 하고 부선이 A의 작업지시를 받으며 작업하였더라도, 사고당시 이 사건 부선이 원고의 지배·관리 아래에 있었다고 판단하여 원고에게 시정권고한 재결이 적법하다고 본 사례(대법원 2015. 12. 10. 선고 2012추244 판결).

---

2. 정기용선자에 대한 권고재결

정기용선계약의 경우, 선원에 대한 지휘감독 권한과 선박에 대한 지배관리권이 선박소유자에게 있으나, 정기용선자도 해양사고의 원인과 관계있는 사유가 밝혀진 경우에는 권고재결의 대상이 된다. 즉, 상법상 정기용선계약에 있어서 선박의 항행 및 관리에 관련된 해기적인 사항에 관하여는 선장 및 선원들에 대한 객관적인 지휘·감독권은 특별한 사정이 없는 한 오로지 선주에게 있다할 것이나, 해양사고의 원인을 규명함으로써 해양안전의 확보에 이바지함을 목적으로 하는 해심법과 선박의 운행 중 사고로 인한 공평한 손해배상 등을 목적으로 하는 상법은 각기 그 입법취지를 달리하는 것이므로, 상법상 손해배상책임을 지지 않는 정기용선자라 하더라도 해양사고의 원인이 관계있는 사유가 밝혀진 경우에는 해심법에 의한 시정권고재결을 할 수 있다.

❖ **정기용선자에게도 시정권고재결이 가능함**(정기용선자의 책임을 인정한 사례)

해양사고의 원인을 규명함으로써 해양안전의 확보에 이바지함을 목적으로 하는 해양사고의 조사 및 심판에 관한 법률과 선박의 운행 중 사고로 인한 공평한 손해배상 등을 목적으로 하는 상법은 각기 그 입법 취지를 달리하는 것이므로, 상법상 손해배상책임을 지지 않는 정기용선자나 항해용선자라 하더라도 해양사고의 원인에 관계있는 사유가 밝혀진 경우에는 그에 대해 해양사고의 조사 및 심판에 관한 법률에 의한 시정권고재결을 할 수 있는 것이다.

예인선 선장으로부터 출항 연기를 건의 받았음에도 불구하고, 원고(용선자)의 현장소장이 다음날 예정된 작업공정만을 고려한 나머지 이를 묵살한 채 별다른 대책 없이 출항을 강행하도록 지시하였고, 이러한 원고측의 잘못이 해양사고를 발생시킨 원인 중 하나가 되었다. 원고가 예인선의 정기용선자 내지 항해용선자에 불과하다는 사정을 들어 이를 다투는 원고의 주장은 받아들일 수 없다(대법원 2009. 5. 25. 선고 2008추49 판결).

○ **해설**

사실관계는 다음과 같다(원재결: 중앙해심 제2008-18호).

① 원고(용선자, 조류발전소 건설공사 하수급자)는 예인선·부선을 이용하여 조

류발전소 건설에 필요한 구조물을 운반할 목적으로, A로부터 선장을 포함한 예인선을 용선하였다.

　② 예인선 선장은 예정된 출항시기가 정조시 이후로 창조류가 시작되어 조류가 강하므로 출항연기를 건의하였으나, 원고의 현장소장은 작업일정상 출항을 강행하였다.

　③ 결국 선장은 원고 현장소장의 요구대로 출항하였으나, 예인선열은 명량수도의 강한 조류에 밀려 진도대교와 충돌하는 사고가 발생하였다.

　④ 중앙해심은 사고발생원인이 예인선 선장의 조선미숙과 원고가 출항시각을 맞추지 못한 점에 있다며 원고에게 시정을 권고하였다.

　⑤ 원고는 법원에 재결취소소송을 제기하며, '하도급회사인 자신에게 출항시기를 임의로 변경하거나 선장의 출항연기를 수용할 수 있는 권한이나 의무가 없으며, 이 사건 사고는 예인선 선장의 조선잘못으로 발생한 것일 뿐 출항시기와는 아무런 인과관계가 없으며, 원고는 예인선을 정기용선 또는 항해용선한 것이므로 선박운항을 지휘·감독할 위치에 있지 않았기 때문에 시정권고 재결은 위법하다'고 주장하였다.

　⑤ 이에 대법원은 출항을 강행한 원고에게 과실이 있으며, 정기용선자나 항해용선자라 하더라도 해양사고의 원인에 관계있는 사유가 밝혀진 경우 시정권고재결을 할 수 있으므로, 중앙해심의 재결이 적법하다고 판단한 것이다.

　❖ **정기용선자에게도 시정권고재결이 가능함**(정기용선자의 책임을 부정한 사례)

　상법상 정기용선계약에 있어서 선박의 항행 및 관리에 관련된 해기적인 사항에 관하여는 선장 및 선원들에 대한 객관적인 지휘·감독권은 특별한 사정이 없는 한 오로지 선주에게 있다할 것이나, 해양사고의 원인을 규명함으로써 해양안전의 확보에 이바지함을 목적으로 하는 해심법과 선박의 운행 중 사고로 인한 공평한 손해배상 등을 목적으로 하는 상법은 각기 그 입법취지를 달리하는 것이므로, 상법상 손해배상책임을 지지 않는 정기용선자라 하더라도 해양사고의 원인이 관계있는 사유가 밝혀진 경우에는 해심법에 의한 시정권고재결을 할 수 있을 터이지만, 정기용선자가 선박의 항행 및 관리에 관련된 해기적인 사항에 관한 안전의무를 게을리 하지 않았거나 정기용선자에게 안전의무를 기대할 수 없는 경우에까지 그에 대하여 시정권고재결을 하는 것은 위법하다고 할 것이다(대법원 2008. 8. 21. 선고 2007추80 판결).

○ 해설

사실관계는 다음과 같다.

① 5급항해사 이상의 면허가 요구되는 선박을 6급항해사 선장이 기상 악화 상황에서 무리한 출항을 강행하다가 침몰사고가 발생하였다.

② 중앙해심은 선주 및 정기용선자에게 시정을 권고하였고(중앙해심 제2007-012호), 정기용선자가 재결취소소송을 제기하였다.

③ 대법원은 '선박과 함께 선장 및 선원까지도 함께 선주로부터 용선한 원고에게 선장의 자격 적격여부까지 확인할 의무가 있다고 보기 어려우므로 원고가 선장의 자격 적격여부를 확인하지 아니하는 등 안전관리를 소홀히 한 과실이 있다고 볼수 없다'고 판시하면서 중앙해심의 재결을 파기환송하였다.[22]

정기용선된 선박이 해양사고를 발생시켰을 경우, 민사적으로 선장에 대한 지휘·감독권이 있는 선주가 책임을 지는 것이 타당하다. 그러나 해양안전심판은 해양사고와 시정·개선을 권고할 사항 사이에 엄격한 인과관계의 틀을 요구하지 않고 해양사고의 재발방지와 안전운항을 도모한다는 취지에서 법원은 해양사고의 원인과 관계있는 경우 정기용선자에게 시정권고가 가능하다고 판단하고 있다. 다만, 대상판결에서는 정기용선자가 선장의 면허 적격여부까지 확인하기 어렵다는 이유로 과실이 없다고 보았다.

요컨대, 정기용선자인 해양사고관련자가 시정권고재결의 위법성을 입증하려면 ① 용선계약의 성질이 정기용선계약인 점, ② 해양사고관련자가 헤기적인 사항에 관하여 안전의무를 다하였다는 점 등을 모두 주장·입증하여야 할 것이다.

---

22) 선박소유자도 재결취소소송을 제기하였으나 무자격자를 승무하게 한 사실이 인정된다며 선박소유자의 청구를 기각하였다(대법원 2008. 8. 21. 선고 2007추97 판결).

참고자료

[참고자료 1] 해양사고의 조사 및 심판에 관한 법률
(약칭: 해양사고심판법)

[시행 2019. 7. 1.] 법률 제16164호, 2018. 12. 31. 일부개정

제1장 총칙 〈개정 2009. 12. 29.〉

제1조(목적) 이 법은 해양사고에 대한 조사 및 심판을 통하여 해양사고의 원인을 밝힘으로써 해양안전의 확보에 이바지함을 목적으로 한다.

[전문개정 2009. 12. 29.]

제2조(정의) 이 법에서 사용하는 용어의 뜻은 다음과 같다. 〈개정 2011. 6. 15., 2013. 3. 23.〉

1. "해양사고"란 해양 및 내수면(內水面)에서 발생한 다음 각 목의 어느 하나에 해당하는 사고를 말한다.

    가. 선박의 구조·설비 또는 운용과 관련하여 사람이 사망 또는 실종되거나 부상을 입은 사고

    나. 선박의 운용과 관련하여 선박이나 육상시설·해상시설이 손상된 사고

    다. 선박이 멸실·유기되거나 행방불명된 사고

    라. 선박이 충돌·좌초·전복·침몰되거나 선박을 조종할 수 없게 된 사고

    마. 선박의 운용과 관련하여 해양오염 피해가 발생한 사고

1의2. "준해양사고"란 선박의 구조·설비 또는 운용과 관련하여 시정 또는 개선되지 아니하면 선박과 사람의 안전 및 해양환경 등에 위해를 끼칠 수 있는 사태로서 해양수산부령으로 정하는 사고를 말한다.

2. "선박"이란 수상 또는 수중을 항행하거나 항행할 수 있는 구조물로서 대통령령으로 정하는 것을 말한다.

3. "해양사고관련자"란 해양사고의 원인과 관련된 자로서 제39조에 따라 지정된 자를 말한다.

3의2. "이해관계인"이란 해양사고의 원인과 직접 관계가 없는 자로서 해양사고의 심판 또는 재결로 인하여 경제적으로 직접적인 영향을 받는 자를 말한다.

4. "원격영상심판(遠隔映像審判)"이란 해양사고관련자가 해양수산부령으로 정하는 동영상 및 음성을 동시에 송수신하는 장치가 갖추어진 관할 해양안전심판원 외의 원격지 심판정(審判廷) 또는 이와 같은 장치가 갖추어진 시설로서 관할 해양안전심판원이 지정하는 시설에 출석하여 진행하는 심판을 말한다.

[전문개정 2009. 12. 29.]

제3조(심판원의 설치) 해양사고사건을 심판하기 위하여 해양수산부장관 소속으로 해

양안전심판원(이하 "심판원"이라 한다)을 둔다. 〈개정 2013. 3. 23.〉

[전문개정 2009. 12. 29.]

제4조(해양사고의 원인규명 등) ① 심판원이 심판을 할 때에는 다음 사항에 관하여 해양사고의 원인을 밝혀야 한다.

1. 사람의 고의 또는 과실로 인하여 발생한 것인지 여부

2. 선박승무원의 인원, 자격, 기능, 근로조건 또는 복무에 관한 사유로 발생한 것인지 여부

3. 선박의 선체 또는 기관의 구조·재질·공작이나 선박의 의장(艤裝) 또는 성능에 관한 사유로 발생한 것인지 여부

4. 수로도지(水路圖誌)·항로표지·선박통신·기상통보 또는 구난시설 등의 항해보조시설에 관한 사유로 발생한 것인지 여부

5. 항만이나 수로의 상황에 관한 사유로 발생한 것인지 여부

6. 화물의 특성이나 적재에 관한 사유로 발생한 것인지 여부

② 심판원은 제1항에 따른 해양사고의 원인을 밝힐 때 해양사고의 발생에 2명 이상이 관련되어 있는 경우에는 각 관련자에 대하여 원인의 제공 정도를 밝힐 수 있다.

③ 심판원은 제1항 각 호에 해당하는 해양사고의 원인규명을 위하여 필요하다고 인정하면 해양수산부령으로 정하는 전문연구기관에 자문할 수 있다. 〈개정 2013. 3. 23.〉

[전문개정 2009. 12. 29.]

제5조(재결) ① 심판원은 해양사고의 원인을 밝히고 재결(裁決)로써 그 결과를 명백하게 하여야 한다.

② 심판원은 해양사고가 해기사나 도선사의 직무상 고의 또는 과실로 발생한 것으로 인정할 때에는 재결로써 해당자를 징계하여야 한다.

③ 심판원은 필요하면 제2항에 규정된 사람 외에 해양사고관련자에게 시정 또는 개선을 권고하거나 명하는 재결을 할 수 있다. 다만, 행정기관에 대하여는 시정 또는 개선을 명하는 재결을 할 수 없다. 〈개정 2011. 6. 15.〉

[전문개정 2009. 12. 29.]

제5조의2(시정 등의 요청) 심판원은 심판의 결과 해양사고를 방지하기 위하여 시정하거나 개선할 사항이 있다고 인정할 때에는 해양사고관련자가 아닌 행정기관이나 단체에 대하여 해양사고를 방지하기 위한 시정 또는 개선조치를 요청할 수 있다.

[전문개정 2009. 12. 29.]

제6조(징계의 종류와 감면) ① 제5조제2항의 징계는 다음 세 가지로 하고, 행위의 경중(輕重)에 따라서 심판원이 징계의 종류를 정한다.

1. 면허의 취소

2. 업무정지

3. 견책(譴責)

② 제1항제2호의 업무정지 기간은 1개월 이상 1년 이하로 한다.

③ 심판원은 제5조제2항에 따른 징계를 할 때 해양사고의 성질이나 상황 또는 그 사람의 경력과 그 밖의 정상(情狀)을 고

려하여 이를 감면할 수 있다.

[전문개정 2009. 12. 29.]

제6조의2(징계의 집행유예) ① 심판원은 제6조제1항제2호에 따른 업무정지 중 그 기간이 1개월 이상 3개월 이하의 징계를 재결하는 경우에 선박운항에 관한 직무교육(이하 "직무교육"이라 한다)이 필요하다고 인정할 때에는 그 징계재결과 함께 3개월 이상 9개월 이하의 기간 동안 징계의 집행유예(이하 "집행유예"라 한다)를 재결할 수 있다. 이 경우 해당 징계재결을 받은 사람의 명시한 의사에 반하여서는 아니 된다.

② 제1항에 따른 집행유예의 기준 등에 필요한 사항은 심판원이 정한다.

[본조신설 2011. 6. 15.]

제6조의3(직무교육의 이수명령) ① 심판원은 제6조의2에 따라 징계의 집행을 유예하는 때에는 그 유예기간 내에 직무교육을 이수하도록 명하여야 한다.

② 제1항에 따라 직무교육을 이수하도록 명령을 받은 사람은 심판원 또는 대통령령으로 정하는 위탁 교육기관에서 직무교육을 받아야 한다.

③ 제2항에 따라 교육을 실시하는 심판원 또는 위탁 교육기관은 교육생으로부터 소정의 수강료를 받을 수 있다.

④ 제1항부터 제3항까지에서 규정한 사항 외에 직무교육의 기간, 내용 등 직무교육 이수에 관하여 필요한 사항은 심판원이 정한다.

[본조신설 2011. 6. 15.]

제6조의4(집행유예의 실효) 제6조의2에 따라 징계의 집행유예 재결을 받은 사람이 다음 각 호의 어느 하나에 해당하는 경우에는 그 집행유예의 재결은 효력을 잃는다.

1. 집행유예기간 내에 직무교육을 이수하지 아니한 경우

2. 집행유예기간 중에 업무정지 이상의 징계재결을 받아 그 재결이 확정된 경우

[본조신설 2011. 6. 15.]

제6조의5(집행유예의 효과) 제6조의2에 따라 징계의 집행유예 재결을 받은 후 그 집행유예의 재결이 실효됨이 없이 집행유예기간이 지난 때에는 징계를 집행한 것으로 본다.

[본조신설 2011. 6. 15.]

제7조(일사부재리) 심판원은 본안(本案)에 대한 확정재결이 있는 사건에 대하여는 거듭 심판할 수 없다.

[전문개정 2009. 12. 29.]

제7조의2(공소 제기 전 심판원의 의견청취) 검사는 해양사고가 발생하여 해양사고관련자에 대하여 공소를 제기하는 경우에는 관할 지방해양안전심판원의 의견을 들을 수 있다.

[전문개정 2009. 12. 29.]

제7조의3(심판정에서의 용어) ① 심판정에서는 국어를 사용한다.

② 국어가 통하지 아니하는 사람의 진술은 통역인으로 하여금 통역하게 하여야 한다.

[전문개정 2009. 12. 29.]

제 2 장 심판원의 조직 〈개정 2009. 12. 29.〉

제8조(심판원의 조직) ① 심판원은 중앙해양

안전심판원(이하 "중앙심판원"이라 한다)과 지방해양안전심판원(이하 "지방심판원"이라 한다)의 2종으로 한다.

② 각급 심판원에 원장 1명과 대통령령으로 정하는 수의 심판관을 둔다.

③ 중앙심판원의 조직과 지방심판원의 명칭·조직 및 관할구역은 대통령령으로 정한다.

[전문개정 2009. 12. 29.]

제9조(중앙심판원장 및 지방심판원장) ① 중앙심판원에 중앙해양안전심판원장(이하 "중앙심판원장"이라 한다)을, 지방심판원에 지방해양안전심판원장(이하 "지방심판원장"이라 한다)을 둔다.

② 중앙심판원장은 제9조의2제2항 각 호의 어느 하나에 해당하는 자격이 있는 사람 중에서 해양수산부장관의 제청에 따라 대통령이 임명한다. 〈개정 2013. 3. 23.〉

③ 지방심판원장은 제9조의2제2항 각 호의 어느 하나에 해당하는 자격이 있는 사람 또는 지방심판원의 심판관 중에서 해양수산부장관의 제청으로 대통령이 임명한다. 〈개정 2011. 6. 15., 2013. 3. 23.〉

[전문개정 2009. 12. 29.]

제9조의2(심판관의 임명 및 자격) ① 중앙심판원의 심판관은 해양수산부장관의 제청에 따라 대통령이 임명하고, 지방심판원의 심판관은 중앙심판원장의 추천을 받아 해양수산부장관이 임명한다. 〈개정 2013. 3. 23.〉

② 중앙심판원의 심판관이 될 수 있는 사람은 다음 각 호의 어느 하나에 해당하는 사람이어야 한다.

1. 지방심판원의 심판관으로 4년 이상 근무한 사람

2. 2급 이상의 항해사·기관사 또는 운항사의 해기사면허(이하 "2급 이상의 해기사면허"라 한다)를 받은 사람으로서 4급 이상의 일반직 국가공무원으로 4년 이상 근무한 사람

3. 3급 이상의 일반직 국가공무원으로서 해양수산행정에 3년 이상 근무한 사람

4. 제1호부터 제3호까지의 경력 연수를 합산하여 4년 이상인 사람

③ 지방심판원의 심판관이 될 수 있는 사람은 다음 각 호의 어느 하나에 해당하는 사람이어야 한다.

1. 1급 항해사, 1급 기관사 또는 1급 운항사의 해기사면허를 받은 사람으로서 원양구역을 항행구역으로 하는 선박의 선장 또는 기관장으로 3년 이상 승선한 사람

2. 2급 이상의 해기사면허를 받은 사람으로서 5급 이상의 일반직 국가공무원으로 2년 이상 근무한 사람

3. 2급 이상의 해기사면허를 받은 사람으로서 대통령령으로 정하는 교육기관에서 선박의 운항 또는 선박용 기관의 운전에 관한 과목을 3년 이상 가르친 사람

4. 제1호부터 제3호까지의 경력 연수를 합산하여 3년 이상인 사람

5. 변호사 자격이 있는 사람으로서 3년 이상의 실무경력이 있는 사람

[전문개정 2009. 12. 29.]

제10조(결격사유) 「국가공무원법」 제33조

각 호의 어느 하나에 해당하는 사람은 심판원장이나 심판관이 될 수 없다.

[전문개정 2009. 12. 29.]

제11조(심판원장 및 심판관의 직무) ① 중앙심판원장의 직무는 다음과 같다.

1. 중앙심판원의 일반사무를 관장하며, 소속 직원을 지휘·감독한다.

2. 중앙심판원의 심판부를 구성하고 심판관 중에서 심판장을 지명한다. 다만, 특히 중요한 사건에 대하여는 스스로 심판장이 될 수 있다.

3. 지방심판원의 일반사무를 지휘·감독한다.

4. 각급 심판원의 심판관에 결원이 있거나 그 밖의 부득이한 사유가 있을 때에는 중앙심판원의 심판관은 지방심판원장으로, 지방심판원의 심판관은 다른 지방심판원의 심판관으로 하여금 심판관의 직무를 하게 할 수 있다.

② 지방심판원장의 직무는 다음과 같다.

1. 해당 지방심판원의 일반사무를 관장하며, 소속 직원을 지휘·감독한다.

2. 해당 지방심판원의 심판부를 구성하고 심판장이 된다.

③ 심판관은 심판직무에 종사한다.

④ 심판원장이 부득이한 사유로 직무를 수행할 수 없을 때에는 그 심판원의 심판관 중 선임자가 그 직무를 대행한다. 다만, 심판업무 외의 업무는 제16조제1항에 따른 수석조사관이 그 직무를 대행한다.

[전문개정 2009. 12. 29.]

제12조(심판직무의 독립) 심판장과 심판관은 독립하여 심판직무를 수행한다.

[전문개정 2009. 12. 29.]

제13조(심판관의 신분 및 임기) ① 심판원장과 심판관은 일반직공무원으로서 「국가공무원법」 제26조의5에 따른 임기제공무원으로 한다. 〈개정 2014. 3. 24.〉

② 심판원장과 심판관의 임기는 3년으로 하며, 연임할 수 있다.

③ 심판원장과 심판관은 형의 선고, 징계처분 또는 법에 의하지 아니하고는 그 의사에 반하여 면직·감봉이나 그 밖의 불리한 처분을 받지 아니한다.

④ 심판원장과 심판관의 임용요건, 임용절차, 근무상한연령 및 그 밖에 필요한 사항에 관하여 이 법에 특별한 규정이 없는 경우에는 「국가공무원법」에 따른다. 〈개정 2011. 6. 15., 2014. 3. 24., 2018. 12. 31.〉

[전문개정 2009. 12. 29.]

제13조의2(심판관의 전보) 해양수산부장관은 심판업무 수행상 부득이하다고 인정되는 경우에만 제13조제2항의 임기 중인 지방심판원장 또는 각급 심판원의 심판관을 다른 심판원의 해당 직급에 전보(轉補)할 수 있다. 〈개정 2013. 3. 23.〉

[전문개정 2009. 12. 29.]

제14조(비상임심판관) ① 각급 심판원에 비상임심판관을 두되, 비상임심판관은 그 직무에 필요한 학식과 경험이 있는 사람 중에서 각급 심판원장이 위촉한다. 이 경우 지방심판원장은 중앙심판원장의 승인을 받아야 한다. 〈개정 2018. 12. 31.〉

② 비상임심판관은 해양사고의 원인규명이 특히 곤란한 사건의 심판에 참여한다.

③ 심판에 참여하는 비상임심판관의 직무와 권한은 심판관과 같다.

④ 각급 심판원장은 비상임심판관이 다음 각 호의 어느 하나에 해당하는 경우에는 비상임심판관을 해촉할 수 있다. 이 경우 지방심판원장은 중앙심판원장의 승인을 받아야 한다. 〈신설 2018. 12. 31.〉

1. 심신장애로 직무를 수행할 수 없게 된 경우

2. 비상임심판관 스스로 직무를 수행하는 것이 곤란하다고 의사를 밝히는 경우

3. 심판과 관련된 비위(非違)사실이 있는 경우

4. 직무태만, 품위손상이나 그 밖의 사유로 인하여 비상임심판관으로 적합하지 아니하다고 인정되는 경우

5. 「국가공무원법」 제33조 각 호의 어느 하나에 해당되는 경우

6. 제15조제2항 각 호의 어느 하나에 해당함에도 불구하고 같은 조 제4항에 따라 회피하지 아니한 경우

⑤ 각급 심판원에 두는 비상임심판관의 수와 자격 등에 관하여 필요한 사항은 대통령령으로 정한다. 〈개정 2018. 12. 31.〉

[전문개정 2009. 12. 29.]

제15조(심판관·비상임심판관의 제척·기피·회피) ① 심판관(심판장을 포함한다. 이하 이 조에서 같다)이나 비상임심판관은 다음 각 호의 어느 하나에 해당하는 경우에는 직무집행에서 제척된다.

1. 심판관·비상임심판관이 해양사고관련자의 친족이거나 친족이었던 경우

2. 심판관·비상임심판관이 해당 사건에 대하여 증언이나 감정을 한 경우

3. 심판관·비상임심판관이 해당 사건에 대하여 해양사고관련자의 심판변론인이나 대리인으로서 심판에 관여한 경우

4. 심판관·비상임심판관이 해당 사건에 대하여 조사관의 직무를 수행한 경우

5. 심판관·비상임심판관이 전심(前審)의 심판에 관여한 경우

6. 심판관·비상임심판관이 심판 대상이 된 선박의 소유자·관리인 또는 임차인인 경우

② 조사관, 해양사고관련자 및 심판변론인은 다음 각 호의 어느 하나에 해당하는 경우 심판관과 비상임심판관의 기피를 신청할 수 있다.

1. 심판관·비상임심판관이 제1항 각 호의 사유에 해당하는 경우

2. 심판관·비상임심판관이 불공평한 심판을 할 우려가 있는 경우

③ 심판정에서 해당 사건에 대하여 이미 진술을 한 사람은 제2항제2호의 사유만을 이유로 하여 기피의 신청을 하지 못한다. 다만, 기피 사유가 있음을 알지 못하였을 때 또는 기피 사유가 그 후 발생하였을 때에는 그러하지 아니하다.

④ 심판관·비상임심판관은 제2항에 해당하는 사유가 있다고 인정할 때에는 직무집행에서 회피하여야 한다. 〈개정 2018. 12. 31.〉

⑤ 심판관·비상임심판관의 제척·기피·회피에 대한 결정은 그 심판관·비상임심판관의 소속 심판원 합의체심판부에서 한다. 다만, 특별심판부를 구성하는 경우에

는 그 특별심판부가 구성된 지방심판원 합의체심판부에서 결정한다.

[전문개정 2009. 12. 29.]

제16조(조사관 등) ① 각급 심판원에 수석조사관, 조사관 및 조사사무를 보조하는 직원을 둔다.

② 제1항의 수석조사관, 조사관 및 조사사무를 보조하는 직원은 일반직 국가공무원으로 임명하되, 그 정원은 대통령령으로 정한다.

[전문개정 2009. 12. 29.]

제16조의2(조사관의 자격) ① 중앙심판원의 수석조사관(이하 "중앙수석조사관"이라 한다)이 될 수 있는 사람은 다음 각 호의 어느 하나에 해당하는 사람으로 한다.

1. 제9조의2제2항제1호 및 제2호에 해당하는 사람

2. 3급 이상의 일반직 국가공무원으로서 해양수산행정에 3년(해양안전 관련 업무에 1년 이상 근무한 경력을 포함한다) 이상 근무한 사람

3. 제1호 및 제2호의 경력 연수를 합산하여 4년 이상인 사람

② 중앙심판원의 조사관과 지방심판원의 수석조사관(이하 "지방수석조사관"이라 한다)이 될 수 있는 사람은 제9조의2제3항제1호부터 제4호까지의 규정에 해당하는 사람으로 한다. 다만, 지방심판원의 조사관의 자격에 관하여는 대통령령으로 정한다.

[전문개정 2009. 12. 29.]

제17조(조사관의 직무) 수석조사관과 조사관은 해양사고의 조사, 심판의 청구, 재결의

집행, 그 밖에 대통령령으로 정하는 사무를 담당한다.

[전문개정 2009. 12. 29.]

제18조(조사사무에 관한 지휘·감독) ① 조사관은 조사사무에 관하여 소속 상급자의 지휘·감독에 따른다.

② 조사관은 구체적 사건과 관련된 제1항의 지휘·감독의 적법성 또는 정당성 여부에 대하여 이견이 있는 경우에는 이의를 제기할 수 있다.

③ 중앙수석조사관은 조사사무의 최고 감독자로서 일반적으로 모든 조사관을 지휘·감독하고, 구체적인 사건에 대하여는 중앙심판원의 조사관과 지방수석조사관을 지휘·감독한다.

[전문개정 2011. 6. 15.]

제18조의2(조사관 직무의 위임·이전 및 승계) ① 중앙수석조사관 또는 지방수석조사관은 소속 조사관으로 하여금 그 권한에 속하는 직무의 일부를 처리하게 할 수 있다.

② 중앙수석조사관 또는 지방수석조사관은 소속 조사관의 직무를 자신이 처리하거나 다른 조사관으로 하여금 처리하게 할 수 있다.

[전문개정 2011. 6. 15.]

제18조의3(특별조사부의 구성) ① 중앙수석조사관은 다음 각 호의 어느 하나에 해당하는 해양사고로서 심판청구를 위한 조사와는 별도로 해양사고를 방지하기 위하여 특별한 조사가 필요하다고 인정하는 경우에는 특별조사부를 구성할 수 있다.

1. 사람이 사망한 해양사고

2. 선박 또는 그 밖의 시설이 본래의 기

능을 상실하는 등 피해가 매우 큰 해양사고

3. 기름 등의 유출로 심각한 해양오염을 일으킨 해양사고

4. 제1호부터 제3호까지에서 규정한 해양사고 외에 해양사고 조사에 국제협력이 필요한 해양사고 및 준해양사고

② 제1항에 따른 특별조사부(이하 "특별조사부"라 한다)는 다음 각 호의 어느 하나에 해당하는 사람 10명 이내로 구성하되, 특별조사부의 장은 조사관 중에서 중앙수석조사관이 지명하는 사람으로 한다. 다만, 특히 중요한 사건에 대하여는 중앙수석조사관이 스스로 특별조사부의 장이 될 수 있다.

1. 조사관(수석조사관을 포함한다. 이하 같다)

2. 해양사고와 관련된 관계 기관의 공무원

3. 해양사고 관련 전문가

③ 특별조사부의 장은 조사가 끝난 후 10일 이내에 조사보고서를 작성하여 해양수산부장관 및 중앙수석조사관에게 제출하고, 이를 제출받은 중앙수석조사관은 그 보고서를 관계 행정기관의 장 및 국제해사기구에 송부(해양사고의 조사 및 심판과 관련하여 국제적으로 발효된 국제협약에 따른 보고대상 해양사고만 해당한다)하여야 한다. 〈개정 2013. 3. 23.〉

④ 중앙수석조사관은 제3항에 따른 조사보고서를 공표하여야 한다. 다만, 국가의 안전보장이 침해될 우려가 있는 경우에는 그러하지 아니하다.

⑤ 중앙수석조사관은 특별조사부의 해양사고 조사가 종료된 후에 그 해양사고 조사 결과를 변경시킬 수 있을 정도의 중요한 증거가 발견된 경우에는 해당 해양사고를 다시 조사할 수 있다.

⑥ 특별조사부의 해양사고 조사는 민형사상 책임과 관련된 사법절차, 심판청구를 위한 조사 절차 및 행정처분절차 또는 행정쟁송절차와 분리하여 독립적으로 수행되어야 하며, 특별조사부의 조사관에 대하여는 제18조 및 제18조의2를 적용하지 아니한다.

⑦ 특별조사부의 해양사고 조사과정에서 얻은 정보는 공개한다. 다만, 해당 해양사고 조사나 장래의 해양사고 조사에 부정적 영향을 줄 수 있거나, 국가의 안전보장 또는 개인의 사생활이 침해될 우려가 있는 정보로서 대통령령으로 정하는 정보는 공개하지 아니할 수 있다.

⑧ 해양사고의 조사절차, 조사보고서의 작성방법 등 특별조사부의 운영에 필요한 사항은 해양수산부령으로 정한다. 〈개정 2013. 3. 23.〉

[전문개정 2011. 6. 15.]

제19조(조사관 일반사무의 지휘·감독) 심판원장은 조사관의 일반사무를 지휘·감독한다. 이 경우 조사관의 고유사무에 관여하거나 영향을 주어서는 아니 된다.

[전문개정 2009. 12. 29.]

제20조 삭제 〈1999. 2. 5.〉

제20조의2(심판관 및 조사관 등의 연수교육) 중앙심판원장은 심판관, 조사관 및 그 밖의 직원의 자질 향상을 위하여 필요하다고 인정하면 해양수산부령으로 정하는 바

에 따라 연수교육을 할 수 있다. 〈개정 2013. 3. 23.〉

[전문개정 2009 12. 29.]

제21조(심급) 지방심판원은 제1심 심판을 하고, 중앙심판원은 제2심 심판을 한다.

[전문개정 2009. 12. 29.]

제22조(심판부의 구성 및 의결) ① 지방심판원은 심판관 3명으로 구성하는 합의체에서 심판을 한다. 다만, 대통령령으로 정하는 경미한 사건 및 제38조의2에 따른 약식심판 사건에 관하여는 1명의 심판관이 심판을 한다. 〈개정 2011. 6. 15.〉

② 중앙심판원은 심판관 5명 이상으로 구성하는 합의체에서 심판을 한다.

③ 각급 심판원은 제14조제2항에 규정된 사건에는 제1항과 제2항에도 불구하고 원장이 지명하는 비상임심판관 2명을 참여시켜야 한다.

④ 합의체심판부는 합의체를 구성하는 심판관(심판장과 비상임심판관을 포함한다)의 과반수의 찬성으로 의결한다.

[전문개정 2009. 12. 29.]

제22조의2(특별심판부의 구성) ① 중앙심판원장은 다음 각 호의 어느 하나에 해당하는 해양사고 중 그 원인규명에 고도의 전문성이 필요하다고 인정할 때에는 그 사건을 관할하는 지방심판원에 특별심판부를 구성할 수 있다.

1. 10명 이상이 사망하거나 부상당한 해양사고

2. 선박이나 그 밖의 시설의 피해가 현저히 큰 해양사고

3. 기름 등의 유출로 심각한 해양오염을 일으킨 해양사고

② 제1항에 따른 특별심판부는 해당 해양사고의 원인규명에 전문지식을 가진 심판관 2명과 그 사건을 관할하는 지방심판원장으로 구성하되, 지방심판원장이 심판장이 된다.

[전문개정 2009. 12. 29.]

제23조(심판부의 직원) ① 심판부에 서기, 심판정 경위(警衛) 및 심판 보조직원을 둔다.

② 서기는 심판에 참석하며 심판장과 심판관의 명을 받아 서류의 작성·보관 또는 송달에 관한 사무를 담당한다.

③ 심판정 경위는 심판장의 명을 받아 심판정의 질서유지를 담당한다.

④ 심판 보조직원은 심판장과 심판관의 명을 받아 증거조사 및 서기업무를 제외한 심판 보조업무를 담당한다.

⑤ 서기, 심판정 경위 및 심판 보조직원은 심판원장이 그 소속 직원 중에서 지명하거나 임명한다.

[전문개정 2009. 12. 29.]

제2장의2 심판원의 관할 〈개정 2009. 12. 29.〉

제24조(관할) ① 심판에 부칠 사건의 관할권은 해양사고가 발생한 지점을 관할하는 지방심판원에 속한다. 다만, 해양사고 발생 지점이 분명하지 아니하면 그 해양사고와 관련된 선박의 선적항을 관할하는 심판원에 속한다.

② 하나의 사건이 2곳 이상의 지방심판원에 계속(係屬)되었을 때에는 최초의 심판청구를 받은 지방심판원에서 심판한다.

③ 하나의 선박에 관한 2개 이상의 사건이 2곳 이상의 지방심판원에 계속되었을 때에는 최초의 심판청구를 받은 지방심판원이 심판한다. 〈개정 2018. 12. 31.〉

④ 하나의 선박에 관한 2개 이상의 사건을 심판하는 지방심판원은 필요하다고 인정하는 때에는 직권으로 또는 조사관, 해양사고관련자나 심판변론인의 신청에 따라 결정으로 그 심판을 분리하거나 병합할 수 있다. 〈개정 2018. 12. 31.〉

⑤ 국외에서 발생한 사건의 관할에 대하여는 대통령령으로 정한다.

[전문개정 2009. 12. 29.]

제25조(사건 이송) ① 지방심판원은 사건이 그 관할이 아니라고 인정할 때에는 결정으로써 이를 관할 지방심판원에 이송하여야 한다.

② 제1항에 따라 이송을 받은 지방심판원은 다시 사건을 다른 지방심판원에 이송할 수 없다.

③ 제1항에 따라 이송된 사건은 처음부터 이송을 받은 지방심판원에 계속된 것으로 본다.

[전문개정 2009. 12. 29.]

제26조(관할 이전의 신청) ① 조사관이나 해양사고관련자는 해당 해양사고의 해양사고관련자가 관할 지방심판원에 출석하는 것이 불편하다고 인정되는 경우에는 대통령령으로 정하는 바에 따라 중앙심판원에 관할의 이전을 신청할 수 있다. 이 경우 신청인은 관할 지방심판원에 신청서를 제출할 수 있으며, 이를 제출받은 관할 지방심판원은 지체 없이 중앙심판원에 보내

야 한다.

② 중앙심판원은 제1항의 신청이 있는 경우로서 심판상 편의가 있다고 인정할 때에는 결정으로 관할을 이전할 수 있다.

[전문개정 2009. 12. 29.]

제3장 심판변론인 〈개정 2009. 12. 29.〉

제27조(심판변론인의 선임) ① 해양사고관련자나 이해관계인은 심판변론인을 선임할 수 있다.

② 해양사고관련자의 법정대리인·배우자·직계친족과 형제자매는 독립하여 심판변론인을 선임할 수 있다.

③ 심판변론인은 중앙심판원에 심판변론인으로 등록한 사람 중에서 선임하여야 한다. 다만, 각급 심판원장의 허가를 받은 경우에는 그러하지 아니하다.

④ 심판의 결과에 대하여 같은 이해관계를 가지는 해양사고관련자 또는 이해관계인이 선임한 심판변론인이 2명 이상이면 대표심판변론인 1명을 선임하여야 한다.

[전문개정 2009. 12. 29.]

제28조(심판변론인의 자격과 등록) ① 심판변론인이 될 수 있는 사람은 다음 각 호의 어느 하나에 해당하는 사람으로 한다. 〈개정 2013. 3. 23.〉

1. 제9조의2제3항제1호부터 제4호까지의 규정에 해당하는 사람

2. 심판관 및 조사관으로 근무한 경력이 있는 사람

3. 1급 항해사, 1급 기관사 또는 1급 운항사 면허를 받은 사람으로서 5년 이상 해사 관련 법률자문업무에 종사하

였거나 해양수산부령으로 정하는 해사 관련 분야의 법학박사 학위를 취득한 사람

4. 변호사 자격이 있는 사람

② 심판변론인의 업무에 종사하려는 사람은 대통령령으로 정하는 바에 따라 중앙심판원장에게 등록하여야 한다. 〈개정 2018. 12. 31.〉

[전문개정 2009. 12. 29.]

제28조의2(심판변론인의 결격사유) 다음 각 호의 어느 하나에 해당하는 사람은 심판변론인이 될 수 없다. 〈개정 2018. 12. 31.〉

1. 「국가공무원법」 제33조 각 호의 어느 하나에 해당하는 사람

2. 제29조의2에 따라 등록이 취소(「국가공무원법」 제33조제1호 또는 제2호에 해당하여 등록이 취소된 경우는 제외한다)된 날부터 3년이 지나지 아니한 사람

[전문개정 2009. 12. 29.]

제29조(심판변론인의 업무 등) ① 심판변론인은 다음 각 호의 업무를 수행한다.

1. 해양사고관련자나 이해관계인이 이 법에 따라 심판원에 대하여 하는 신청·청구·진술 등의 대리 또는 대행

2. 해양사고관련자 등에 대하여 하는 해양사고와 관련된 기술적 자문

② 심판변론인은 수임(受任)한 직무를 성실하게 수행하여야 한다.

③ 심판변론인 또는 심판변론인이었던 사람은 직무상 알게 된 비밀을 누설하여서는 아니 된다.

[전문개정 2009. 12. 29.]

제29조의2(심판변론인의 등록의 취소) 중앙심판원장은 심판변론인이 다음 각 호의 어느 하나에 해당하는 경우에는 대통령령으로 정하는 바에 따라 심판변론인의 등록을 취소하여야 한다.

1. 제28조제1항에 따른 자격이 없거나 그 자격을 상실하게 된 경우

2. 제28조의2 각 호의 어느 하나에 해당하게 된 경우

3. 제29조제2항 또는 제3항을 위반한 경우

4. 사망한 경우

[본조신설 2018. 12. 31.]

제30조(국선 심판변론인의 선정) ① 다음 각 호의 어느 하나에 해당하는 경우로서 심판변론인이 없는 때에는 심판원은 예산의 범위에서 직권으로 제28조제2항에 따라 등록한 사람 중에서 심판변론인(이하 이 조에서 같다)을 선정하여야 한다.

1. 해양사고관련자가 미성년자인 경우

2. 해양사고관련자가 70세 이상인 경우

3. 해양사고관련자가 청각 또는 언어 장애인인 경우

4. 해양사고관련자가 심신장애의 의심이 있는 경우

② 심판원은 해양사고관련자가 빈곤 또는 그 밖의 사유로 심판변론인을 선임할 수 없는 경우로서 해양사고관련자의 청구가 있는 경우에는 예산의 범위에서 심판변론인을 선정할 수 있다.

③ 심판원은 해양사고관련자의 연령·지능 및 교육 정도 등을 고려하여 권리보호를 위하여 필요하다고 인정하는 경우에는 예산의 범위에서 심판변론인을 선정할 수

있다. 이 경우 해양사고관련자의 명시한 의사에 반하여서는 아니 된다.

④ 제1항부터 제3항까지의 규정에 따른 심판변론인의 선정 등 국선심판변론인의 운영에 필요한 사항은 해양수산부령으로 정한다. 〈개정 2013. 3. 23.〉

[본조신설 2011. 6. 15.]

제30조의2(심판변론인협회) ① 심판변론인은 해양수산부장관의 허가를 받아 심판변론인협회(이하 "협회"라 한다)를 설립할 수 있다. 〈개정 2013. 3. 23.〉

② 협회는 법인으로 한다.

[전문개정 2009. 12. 29.]

제30조의3(사업) 협회는 다음의 사업을 한다.

1. 해양사고관련자의 심판구조사업

2. 해양사고의 방지에 관한 사업

3. 심판변론인과 위임인 간의 분쟁조정

4. 그 밖에 심판과 관련된 것으로서 대통령령으로 정하는 사업

[전문개정 2009. 12. 29.]

제30조의4(설립절차 등) 협회의 설립절차, 정관의 기재 사항, 임원과 감독에 필요한 사항은 대통령령으로 정한다.

[전문개정 2009. 12. 29.]

제30조의5(「민법」의 준용) 협회에 관하여 이 법에 규정이 있는 것을 제외하고는 「민법」 중 사단법인에 관한 규정을 준용한다.

[전문개정 2009. 12. 29.]

제4장 심판 전의 절차 〈개정 2009. 12. 29.〉

제31조(해양수산관서 등의 의무) ① 해양수산관서, 국가경찰공무원, 특별시장·광역시장·특별자치시장·도지사·특별자치도지사 및 시장·군수·구청장은 해양사고가 발생한 사실을 알았을 때에는 지체 없이 그 사실을 자세히 기록하여 관할 지방심판원의 조사관에게 통보하여야 한다. 〈개정 2014. 3. 24.〉

② 조사관이 해양사고에 관한 증거 수집이나 조사를 하기 위하여 관계 기관에 협조를 요청하면 그 기관은 이에 따라야 한다.

[전문개정 2009. 12. 29.]

제31조의2(준해양사고의 통보) ① 선박소유자 또는 선박운항자는 해양사고를 방지하기 위하여 선박(「어선법」 제2조제1호에 따른 어선은 제외한다. 이하 이 조에서 같다)의 운용과 관련하여 발생한 준해양사고를 해양수산부령으로 정하는 바에 따라 중앙수석조사관에게 통보하여야 한다. 〈개정 2013. 3. 23.〉

② 중앙수석조사관은 제1항에 따라 통보받은 내용을 분석하여 선박과 사람의 안전 및 해양환경 등에 위해를 끼칠 수 있는 사항이 포함되어 있는 경우에는 선박소유자 등 관계인에게 그 내용을 알려야 한다.

③ 중앙수석조사관은 제1항에 따라 준해양사고를 통보한 자의 의사에 반하여 통보자의 신분을 공개하여서는 아니 된다.

[본조신설 2011. 6. 15.]

제32조(영사의 임무) ① 영사는 국외에서 해양사고가 발생한 사실을 알았을 때에는 지체 없이 그 사실과 증거를 수집하여 중앙수석조사관에게 통보하여야 한다.

② 중앙수석조사관은 제1항의 통보를 받으면 지체 없이 관할 지방수석조사관에게

보내야 한다.

[전문개정 2009. 12. 29.]

제33조(사실조사의 요구) ① 해양사고에 대하여 이해관계가 있는 사람은 그 사실을 자세히 기록하여 관할 조사관에게 사실조사를 요구할 수 있다.

② 제1항의 요구를 받은 조사관은 사실조사를 하여 심판청구 여부를 결정하고 이를 요구자에게 알려야 한다.

③ 조사관이 제2항의 심판청구를 거부할 때에는 미리 중앙수석조사관의 승인을 받아야 한다.

[전문개정 2009. 12. 29.]

제34조(해양사고의 조사 및 처리) ① 조사관은 해양사고가 발생한 사실을 알게 되면 즉시 그 사실을 조사하고 증거를 수집하여야 한다.

② 조사관은 조사 결과 사건을 심판에 부칠 필요가 없다고 인정하는 경우에는 그 사건에 대하여 심판불필요처분(審判不必要處分)을 하여야 한다.

[전문개정 2009. 12. 29.]

제35조(증거보전) ① 조사관, 해양사고관련자 또는 심판변론인이 미리 증거를 보전하지 아니하면 그 증거를 채택하기 곤란하다고 인정하여 증거보전을 신청할 때에는 심판원은 심판청구 전이라도 검증 또는 감정을 할 수 있다. 〈개정 2011. 6. 15.〉

② 제1항의 신청에는 서면으로 증거를 표시하고 그 증거보전의 사유를 밝혀야 한다.

③ 해양사고가 발생한 경우 누구든지 다음 각 호의 어느 하나에 해당하는 행위를 하여서는 아니 된다. 다만, 선원이나 선박의 안전 확보, 해양환경의 보호 등 공공의 중대한 이익 보호 또는 인명 구조 등을 위하여 제5호에 따른 행위를 하여야 할 필요가 있는 경우에는 그러하지 아니하다. 〈개정 2014. 3. 24., 2018. 12. 31.〉

1. 해당 해양사고와 관련된 선박에 비치하거나 기록·보관하는 다음 각 목의 간행물 또는 서류 등(전자적 간행물 또는 서류 등을 포함하며, 이하 이 항에서 "기록물"이라 한다)의 파기 또는 변경

   가. 「선박안전법」 제32조에 따라 선박소유자가 선박에 비치하여야 하는 항해용 간행물

   나. 「선원법」 제20조제1항에 따라 선장이 선내에 비치하여야 하는 서류 및 같은 조 제2항에 따라 선장이 기록·보관하여야 하는 서류

2. 해당 해양사고와 관련된 선박으로서 「해사안전법」 제46조제2항에 따른 안전관리체제를 수립·시행하여야 하는 선박의 소유자 또는 같은 법 제51조에 따른 안전관리대행업자가 해당 선박의 안전관리체제 수립·시행과 관련하여 작성·보관하거나 선박에 비치하는 기록물의 파기 또는 변경

3. 해당 해양사고와 관련된 선박으로서 제2호에 따른 선박 외의 선박의 소유자 또는 「선박관리산업발전법」 제2조제2호의 선박관리사업자가 해당 선박의 운용, 선원의 관리 또는 선박의 정비와 관련하여 작성·보관하는 기록물

의 파기 또는 변경

4. 해당 해양사고와 관련된 선박과「해사안전법」제36조에 따른 선박교통관제 또는「선박의 입항 및 출항 등에 관한 법률」제19조에 따른 선박교통관제를 시행하는 기관 사이의 선박교통관제 또는 해상교통관제와 관련하여 작성·보관되는 기록물의 파기 또는 변경

5. 해당 해양사고와 관련된 선박의 손상된 선체·기관 및 각종 계기(計器)와 그 밖의 부분에 대한 수리

④「선박안전법」제26조에 따라 선박시설기준에서 정하는 항해자료기록장치(이하 이 항에서 "항해자료기록장치"라 한다)를 설치한 선박의 선장은 해당 선박과 관련하여 해양사고가 발생한 경우 지체 없이 항해자료기록장치의 정보를 보존하기 위한 조치를 하여야 한다. 〈신설 2014. 3. 24.〉

[전문개정 2009. 12. 29.]

제36조(비밀준수의무) 조사관이나 그의 보조자는 사실조사와 증거수집을 할 때 비밀을 준수하고 관계인의 명예를 훼손하지 아니하도록 주의하여야 한다.

[전문개정 2009. 12. 29.]

제37조(조사관의 권한) ① 조사관은 그 직무를 수행하기 위하여 필요할 때에는 다음 각 호의 처분을 할 수 있다.

1. 해양사고와 관계있는 사람을 출석하게 하거나 그 사람에게 질문하는 일

2. 선박이나 그 밖의 장소를 검사하는 일

3. 해양사고와 관계있는 사람에게 보고하게 하거나, 장부·서류 또는 그 밖의

물건을 제출하도록 명하는 일

4. 관공서에 대하여 보고 또는 자료의 제출 및 협조를 요구하는 일

5. 증인·감정인·통역인 또는 번역인을 출석하게 하거나 증언·감정·통역·번역을 하게 하는 일

② 제1항제1호의 처분을 받은 사람으로서 조사관이 특히 필요하다고 인정하면 해양수산관서에 대하여 72시간 이내의 기간 동안 해당자의 하선조치를 요구할 수 있다.

③ 조사관이 제1항제2호의 처분을 할 때에는 그 권한을 표시하는 증표를 지니고 이를 관계인에게 내보여야 한다.

[전문개정 2009. 12. 29.]

제38조(심판의 청구) ① 조사관은 사건을 심판에 부쳐야 할 것으로 인정할 때에는 지방심판원에 심판을 청구하여야 한다. 다만, 사건이 발생한 후 3년이 지난 해양사고에 대하여는 심판청구를 하지 못한다.

② 제1항의 청구는 해양사고사실을 표시한 서면으로 하여야 한다.

[전문개정 2009. 12. 29.]

제38조의2(약식심판의 청구) ① 조사관은 다음 각 호의 어느 하나에 해당하는 경미한 해양사고로서 해양사고관련자의 소환이 필요하지 아니하다고 인정할 때에는 약식심판을 청구할 수 있다. 다만, 해양사고관련자의 명시한 의사에 반하여서는 아니된다.

1. 사람이 사망하지 아니한 사고

2. 선박 또는 그 밖의 시설의 본래의 기능이 상실되지 아니한 사고

3. 대통령령으로 정하는 기준 이하의 오염물질이 해양에 배출된 사고

② 제1항에 따른 약식심판의 청구는 심판청구와 동시에 서면으로 하여야 한다.

[본조신설 2011. 6. 15.]

제39조(해양사고관련자의 지정과 통고) ① 조사관은 제38조에 따라 심판을 청구하는 경우에는 그 해양사고 발생의 원인과 관계가 있다고 인정되는 자를 해양사고관련자로 지정하여야 한다.

② 조사관은 제1항에 따라 해양사고관련자를 지정하면 그 내용을 대통령령으로 정하는 바에 따라 그 해양사고관련자에게 통고하여야 한다.

[전문개정 2009. 12. 29.]

제39조의2(이해관계인의 심판신청) ① 해양사고에 대하여 이해관계가 있는 자는 제34조제2항에 따른 심판불필요처분을 받은 해양사고에 대하여 원인규명이 필요하다고 인정하면 대통령령으로 정하는 바에 따라 관할 지방심판원에 그 처분이 올바른지에 대하여 심판을 신청할 수 있다.

② 관할 지방심판원은 제1항에 따라 심판이 신청된 경우 그 신청이 이유 있는 것으로 인정되는 경우에는 결정으로써 조사관으로 하여금 조사를 시작하여 심판을 청구하도록 하고, 그 신청이 이유 없는 것으로 인정되는 경우에는 결정으로써 이를 기각하여야 한다.

[전문개정 2009. 12. 29.]

제5장 지방심판원의 심판 〈개정 2009. 12. 29.〉

제40조(심판의 시작) 지방심판원은 조사관의 심판청구에 따라 심판을 시작한다.

[전문개정 2009. 12. 29.]

제41조(심판의 공개) 심판의 대심(對審)과 재결은 공개된 심판정에서 한다.

[전문개정 2009. 12. 29.]

제41조의2(원격영상심판) ① 심판원장은 제41조에도 불구하고 해양사고관련자가 교통의 불편 등으로 심판정에 직접 출석하기 어려운 경우에는 원격영상심판을 할 수 있다. 〈개정 2018. 12. 31.〉

② 제1항에 따른 원격영상심판은 해양사고관련자가 심판정에 출석하여 진행하는 심판으로 본다. 〈신설 2018. 12. 31.〉

③ 제1항에 따른 원격영상심판의 절차 등에 관하여 필요한 사항은 해양수산부령으로 정한다. 〈개정 2013. 3. 23., 2018. 12. 31.〉

[전문개정 2009. 12. 29.]

제41조의3(약식심판 절차) ① 제38조의2제1항에 따라 약식심판이 청구된 사건에 대하여는 심판의 개정(開廷)절차를 거치지 아니하고 서면으로 심판한다. 다만, 재결을 고지하는 경우에는 제55조의 절차를 따른다.

② 심판장은 제1항에 따라 약식심판을 할 경우에는 해양사고관련자에게 기한을 정하여 서면으로 변론의 기회를 주어야 한다.

③ 심판원은 제1항에 따라 약식심판으로 심판을 하기에 부적당하다고 인정할 때에는 심판의 개정절차에 따라 심판할 것을 결정할 수 있다.

[본조신설 2011. 6. 15.]

제42조(심판장의 권한) ① 심판장은 개정(開廷) 중 심판을 지휘하고 심판정의 질서를 유지한다.

② 심판장은 심판을 방해하는 사람에게 퇴정(退廷)을 명하거나 그 밖에 심판정의 질서를 유지하기 위하여 필요한 조치를 할 수 있다.

[전문개정 2009. 12. 29.]

제43조(심판기일의 지정 및 변경) ① 심판장은 심판기일을 정하여야 한다.

② 심판기일에는 해양사고관련자를 소환하여야 한다. 다만, 심판장은 1회 이상 출석한 해양사고관련자에 대하여는 소환하지 아니할 수 있다.

③ 심판장은 조사관, 심판변론인, 제44조의2에 따라 심판참여의 허가를 받은 이해관계인 및 소환하지 아니하는 해양사고관련자에게 심판기일을 알려야 한다. 〈개정 2011. 6. 15.〉

④ 심판장은 직권으로 또는 해양사고관련자, 조사관 및 심판변론인의 신청을 받아 제1회 심판기일을 변경할 수 있다.

[전문개정 2009. 12. 29.]

제43조의2(집중심리) ① 심판원은 심리에 2일 이상이 걸릴 때에는 가능하면 매일 계속 개정하여 집중심리를 하여야 한다.

② 심판장은 특별한 사정이 없으면 직전 심판기일부터 10일 이내에 다음 심판기일을 지정하여야 한다.

[전문개정 2009. 12. 29.]

제44조(소환과 신문) 지방심판원은 심판기일에 해양사고관련자, 증인, 그 밖의 이해관계인을 소환하고 신문할 수 있다.

[전문개정 2009. 12. 29.]

제44조의2(이해관계인의 심판참여) ① 이해관계인은 심판장의 허가를 받고 심판에 참여하여 진술할 수 있다.

② 제1항에 따라 심판참여의 허가를 받은 이해관계인이 제44조에 따른 심판원의 소환과 신문에 연속하여 2회 이상 불응하거나 심판의 진행을 방해하는 것으로 인정되는 경우 심판장은 직권으로 해당 이해관계인에 대한 심판참여의 허가를 취소할 수 있다.

③ 심판장은 제1항에 따라 심판참여를 허가하거나 제2항에 따라 심판참여의 허가를 취소한 경우에는 해당 조사관과 해양사고관련자 및 심판변론인에게 그 사실을 알려야 한다.

④ 이해관계인의 심판참여 절차 등에 필요한 사항은 해양수산부령으로 정한다. 〈개정 2013. 3. 23.〉

[본조신설 2011. 6. 15.]

제44조의3(심판정에서의 속기, 녹음·영상녹화) ① 심판장은 조사관, 해양사고관련자 또는 심판변론인의 신청이 있는 경우에는 특별한 사유가 없으면 심판정에서의 심리의 전부 또는 일부를 속기사로 하여금 속기하게 하거나 녹음 또는 영상녹화(녹음이 포함된 것을 말한다. 이하 같다) 장치를 사용하여 녹음 또는 영상녹화를 하도록 하여야 한다.

② 심판장은 필요하다고 인정하는 경우에는 직권으로 심판정에서의 심리의 전부 또는 일부를 속기사로 하여금 속기하게 하거나 녹음 또는 영상녹화를 하도록 할

수 있다.

③ 제1항 및 제2항에 따른 속기, 녹음·영상녹화는 심판조서의 일부로 삼는다.

[본조신설 2018. 12. 31.]

제44조의4(관계 서류 및 증거물의 열람·복사) ① 해양사고관련자, 이해관계인 또는 심판변론인은 지방심판원에 심판조서, 그 밖의 관계 서류 또는 증거물의 열람 또는 복사를 신청할 수 있다. 이 경우 지방심판원은 증거를 보전하기 위하여 열람 또는 복사를 제한할 필요가 있는 경우 등 특별한 사유가 없으면 그 신청에 따라야 한다.

② 제1항에 따라 열람 또는 복사를 신청한 사람이 심판조서, 그 밖의 관계 서류 또는 증거물을 읽지 못하는 경우에는 이를 읽어 줄 것을 지방심판원에 요청할 수 있다.

③ 지방심판원은 해양사고관련자, 증인 등의 생명 또는 신체의 안전을 현저히 해칠 우려가 있는 경우에는 제1항 및 제2항에 따른 열람 또는 복사 등에 앞서 이름, 주소 등 개인정보가 공개되지 아니하도록 보호조치를 하여야 한다.

④ 제1항부터 제3항까지의 규정에 따른 열람·복사 등의 신청절차, 개인정보 보호조치의 방법 및 그 밖에 필요한 사항은 대통령령으로 정한다.

[본조신설 2018. 12. 31.]

제45조(필요적 구술변론) ① 심판의 재결은 구술변론을 거쳐야 한다. 다만, 다음 각 호의 어느 하나에 해당하는 경우에는 구술변론을 거치지 아니하고 재결을 할 수 있다.

1. 해양사고관련자가 정당한 사유 없이 심판기일에 출석하지 아니한 경우
2. 해양사고관련자가 심판장의 허가를 받고 서면으로 진술한 경우
3. 조사관이 사고 조사를 충분히 실시하여 해양사고관련자의 구술변론이 불필요한 경우 등 심판장이 원인규명을 위한 해양사고관련자의 소환이 불필요하다고 인정하는 경우
4. 제41조의3에 따른 약식심판을 행하는 경우

② 제1항제3호에 해당하는 경우에는 해양사고관련자의 명시한 의사에 반하여서는 아니 된다.

[전문개정 2011. 6. 15.]

제46조(인정신문) 심판장은 해양사고관련자의 성명·주민등록번호 및 주소를 신문하고 해양사고관련자가 해기사 및 도선사인 경우에는 면허의 종류 등을 신문하여 해양사고관련자임이 틀림없다는 것을 확인하여야 한다.

[전문개정 2009. 12. 29.]

제47조(조사관의 최초 진술) 조사관은 심판청구서에 따라 심판청구의 요지를 진술하여야 한다.

[전문개정 2009. 12. 29.]

제48조(증거조사) ① 지방심판원은 조사관, 해양사고관련자 또는 심판변론인의 신청에 의하거나 직권으로 필요한 증거조사를 할 수 있다.

② 지방심판원은 제1회 심판기일 전에는 다음의 방법에 따른 조사만을 할 수 있다.

1. 선박이나 그 밖의 장소를 검사하는 일
2. 장부·서류 또는 그 밖의 물건을 제출 하도록 명하는 일
3. 관공서에 대하여 보고 또는 자료제출 을 요구하는 일

③ 지방심판원은 구속·압수·수색이나 그 밖에 신체·물건 또는 장소에 대한 강 제처분을 하지 못한다.

[전문개정 2009. 12. 29.]

제48조의2(증거자료의 한글사용) 심판원에 증거로 제출하는 항해일지 등의 문서는 한글(국한문혼용을 포함한다)로 작성하여 제출하는 것을 원칙으로 하되, 외국어로 작성된 문서를 제출하는 경우에는 그 번 역문을 첨부하여야 한다.

[전문개정 2009. 12. 29.]

제49조(선서) 지방심판원은 제48조제1항에 따른 증거조사를 할 때 증인·감정인·통 역인 또는 번역인에게 증언·감정·통역 또는 번역을 하게 하는 경우에는 대통령 령으로 정하는 방법에 따라 선서하게 하 여야 한다.

[전문개정 2009. 12. 29.]

제49조의2(심판청구서의 변경 등) ① 조사관 은 심판청구서에 기재된 사건명을 변경하 거나 해양사고 사실 또는 해양사고관련자 를 추가·철회 또는 변경할 수 있다.

② 심판장은 심리의 경과에 비추어 필요 하다고 인정하면 조사관에게 해양사고관 련자를 추가·철회 또는 변경할 것을 서 면으로 요구할 수 있다.

③ 심판장은 제1항과 제2항에 따라 해양 사고 사실 또는 해양사고관련자가 추가·

철회 또는 변경되었을 때에는 지체 없이 해양사고관련자, 심판변론인 및 제44조의 2에 따라 심판참여의 허가를 받은 이해관 계인에게 그 사실을 알려야 한다. 〈개정 2011. 6. 15.〉

④ 제1항과 제2항에 따른 심판청구서의 추 가·철회 또는 변경의 요건·절차 등에 관 하여 필요한 사항은 대통령령으로 정한다.

[전문개정 2009. 12. 29.]

제49조의3(심판청구의 취하) 조사관은 심판 청구된 사건에 대한 심판이 불필요하게 된 경우로서 대통령령으로 정하는 경우에 는 제1심의 재결이 있을 때까지 심판청구 를 취하할 수 있다. 다만, 제39조의2에 따 라 심판원의 결정으로 조사관이 청구한 사건에 대하여는 그러하지 아니하다.

[전문개정 2009. 12. 29.]

제50조(증거심판주의) 사실의 인정은 심판기 일에 조사한 증거에 의하여야 한다.

[전문개정 2009. 12. 29.]

제51조(자유심증주의) 증거의 증명력은 심판 관의 자유로운 판단에 따른다.

[전문개정 2009. 12. 29.]

제52조(심판청구기각의 재결) 지방심판원은 다음 각 호의 경우에는 재결로써 심판청 구를 기각하여야 한다.

1. 사건에 대하여 심판권이 없는 경우
2. 심판의 청구가 법령을 위반하여 제기 된 경우
3. 제7조에 따라 심판할 수 없는 경우

[전문개정 2009. 12. 29.]

제53조(재결이유의 표시) 재결에는 주문(主 文)을 표시하고 이유를 붙여야 한다.

[전문개정 2009. 12. 29.]

제54조(본안의 재결) 본안의 재결에는 해양사고의 구체적 사실과 원인을 명백히 하고 증거를 들어 그 사실을 인정한 이유를 밝혀야 한다. 다만, 그 사실이 없다고 인정한 경우에는 그 뜻을 명백히 하여야 한다.
[전문개정 2009. 12. 29.]

제55조(재결의 고지) 재결은 심판정에서 재결원본에 따라 심판장이 고지한다.
[전문개정 2009. 12. 29.]

제56조(재결서의 송달) 심판원장은 제55조에 따라 재결을 고지한 날부터 10일 이내에 재결서의 정본을 조사관과 해양사고관련자 또는 심판변론인에게 송달하여야 한다.
[전문개정 2009. 12. 29.]

제56조의2(송달의 방식) 해양사고관련자, 심판변론인 또는 대리인에 대한 통고 · 통지 또는 서류의 송달에 필요한 사항은 대통령령으로 정한다.
[전문개정 2009. 12. 29.]

제57조(법령에의 위임) 이 법에서 규정한 것 외에 심판절차에 관하여 필요한 사항은 대통령령으로 정한다.
[전문개정 2009. 12. 29.]

제6장 중앙심판원의 심판 〈개정 2009. 12. 29.〉

제58조(제2심의 청구) ① 조사관 또는 해양사고관련자는 지방심판원의 재결(특별심판부의 재결을 포함한다)에 불복하는 경우에는 중앙심판원에 제2심을 청구할 수 있다.
② 심판변론인은 해양사고관련자를 위하여 제1항의 청구를 할 수 있다. 다만, 해양사고관련자의 명시한 의사에 반하여서는 아니 된다.
③ 제2심 청구는 이유를 붙인 서면으로 원심심판원에 제출하여야 한다.
[전문개정 2009. 12. 29.]

제59조(제2심의 청구기간) ① 제58조의 청구는 재결서 정본을 송달받은 날부터 14일 이내에 하여야 한다.
② 제2심 청구를 할 수 있는 자가 본인이 책임질 수 없는 사유로 인하여 제1항의 기간 내에 심판청구를 하지 못한 경우에는 그 사유가 끝난 날부터 14일 이내에 서면으로 원심심판원에 제출할 수 있다.
③ 제2항의 경우에는 그 사유를 소명하여야 한다.
[전문개정 2009. 12. 29.]

제60조(제2심 청구의 효력) 제2심 청구의 효력은 그 사건과 당사자 모두에게 미친다.
[전문개정 2009. 12. 29.]

제61조(제2심 청구의 취하) 제2심 청구를 한 자는 재결이 있을 때까지 그 청구를 취하할 수 있다.
[전문개정 2009. 12. 29.]

제62조(법령위반으로 인한 청구의 기각) 중앙심판원은 제2심의 심판청구의 절차가 법령을 위반한 경우에는 재결로써 그 청구를 기각한다.
[전문개정 2009. 12. 29.]

제63조(사건의 환송) 중앙심판원은 지방심판원이 법령을 위반하여 심판청구를 기각한 경우에는 재결로써 사건을 지방심판원에 환송(還送)하여야 한다.
[전문개정 2009. 12. 29.]

제64조(지방심판원의 청구기각 사유로 인한 청구의 기각) 중앙심판원은 지방심판원이 제52조 각 호의 어느 하나에 해당하는 사유가 있음에도 불구하고 심판의 청구를 기각하지 아니한 경우에는 재결로써 기각하여야 한다.

[전문개정 2009. 12. 29.]

제65조(본안의 재결) 중앙심판원은 제62조부터 제64조까지의 경우 외에는 본안에 관하여 재결을 하여야 한다.

[전문개정 2009. 12. 29.]

제65조의2(불이익변경의 금지) 해양사고관련자인 해기사나 도선사가 제2심을 청구한 사건과 해양사고관련자인 해기사나 도선사를 위하여 제2심을 청구한 사건에 대하여는 제1심에서 재결한 징계보다 무거운 징계를 할 수 없다.

[전문개정 2009. 12. 29.]

제66조(준용규정) 중앙심판원은 심판에 관하여는 이 장에서 규정한 사항 외에는 제5장을 준용한다. 다만, 제41조의3과 제49조의2제1항 및 제2항(해양사고관련자의 추가·철회 또는 변경 부분만 해당한다)은 준용하지 아니한다. 〈개정 2011. 6. 15.〉

[전문개정 2009. 12. 29.]

제 7 장 이의신청 〈개정 2009. 12. 29.〉

제67조(결정에 대한 이의신청) ① 지방심판원에서 결정을 받은 자는 중앙심판원에 이의를 신청할 수 있다.

② 이의신청은 제2심 재결이 있을 때까지 할 수 있다.

[전문개정 2009. 12. 29.]

제68조(이의신청의 절차) ① 이의신청을 하려면 신청서를 지방심판원에 제출하여야 한다.

② 지방심판원은 이의신청이 이유 있다고 인정하면 원심결정을 경정할 수 있다.

③ 지방심판원은 이의신청이 전부 또는 일부가 이유 없다고 인정하면 그 신청서를 수리(受理)한 날부터 3일 이내에 중앙심판원에 보내야 한다.

④ 이의신청은 원심결정의 집행을 정지하지 아니한다. 다만, 지방심판원은 상당한 이유가 있다고 인정할 때에는 조사관의 의견을 들어 집행을 정지할 수 있다.

[전문개정 2009. 12. 29.]

제69조(이의신청과 관계 서류 및 증거물) ① 이의신청이 있을 때에 지방심판원은 필요하면 원심조서, 그 밖의 관계 서류 및 증거물을 중앙심판원에 보내야 한다.

② 중앙심판원은 지방심판원에 대하여 원심조서, 그 밖의 관계 서류 및 증거물을 보내도록 요구할 수 있다.

[전문개정 2009. 12. 29.]

제70조(원심결정의 집행정지) ① 이의신청이 있는 경우 중앙심판원은 상당한 이유가 있다고 인정하면 조사관의 의견을 들어 결정으로써 원심결정의 집행을 정지할 수 있다.

② 제1항의 경우에 중앙심판원은 그 결정서의 정본을 지방심판원에 보내야 한다.

[전문개정 2009. 12. 29.]

제71조(이의신청에 대한 결정) ① 중앙심판원은 조사관의 의견을 들어 이의신청에 대한 결정을 하여야 한다.

② 이의신청이 절차를 위반하였을 때 또는 그 이유가 없을 때에는 이의신청의 기각 결정을 하여야 한다.

③ 제1항과 제2항에 따른 결정에는 반드시 그 이유를 붙일 필요는 없다.

[전문개정 2009. 12. 29.]

제72조(지방심판원에 대한 결정의 통지) 이의신청에 대한 중앙심판원의 결정은 이의신청인과 지방심판원에 알려야 한다.

[전문개정 2009. 12. 29.]

제73조(위임규정) 이의신청에 대한 결정에 관하여 필요한 사항은 대통령령으로 정한다.

[전문개정 2009. 12. 29.]

제8장 중앙심판원의 재결에 대한 소송 〈개정 2009. 12. 29.〉

제74조(관할과 제소기간 및 그 제한) ① 중앙심판원의 재결에 대한 소송은 중앙심판원의 소재지를 관할하는 고등법원에 전속(專屬)한다. 〈개정 2014. 5. 21.〉

② 제1항의 소송은 재결서 정본을 송달받은 날부터 30일 이내에 제기하여야 한다.

③ 제2항의 기간은 불변기간(不變期間)으로 한다.

④ 지방심판원의 재결에 대하여는 소송을 제기할 수 없다.

[전문개정 2009. 12. 29.]

제75조(피고) 제74조제1항의 소송에서는 중앙심판원장을 피고로 한다.

[전문개정 2009. 12. 29.]

제76조 삭제 〈1999. 2. 5.〉

제77조(재판) ① 법원은 제74조에 따라 소송이 제기된 경우 그 청구가 이유 있다고 인정하면 판결로써 재결을 취소하여야 한다. 〈개정 2014. 5. 21.〉

② 중앙심판원은 제1항에 따라 재결의 취소판결이 확정되면 다시 심리를 하여 재결하여야 한다.

③ 제1항에 따른 법원의 판결에서 재결취소의 이유가 되는 판단은 그 사건에 대하여 중앙심판원을 기속(羈束)한다.

④ 이 법에 따른 중앙심판원의 재결에 관한 소송에 관하여는 이 법에서 규정하는 사항 외에 「행정소송법」을 준용한다.

[전문개정 2009. 12. 29.]

제9장 재결 등의 집행 〈개정 2009. 12. 29.〉

제78조(재결의 집행시기) 재결은 확정된 후에 집행한다.

[전문개정 2009. 12. 29.]

제79조(재결의 집행자) 중앙심판원의 재결은 중앙수석조사관이, 지방심판원의 재결은 해당 지방수석조사관이 각각 집행한다.

[전문개정 2009. 12. 29.]

제80조(면허취소 재결의 집행) 면허취소 재결이 확정되면 조사관은 해기사면허증 또는 도선사면허증을 회수하여 관계 해양수산관서에 보내야 한다.

[전문개정 2009. 12. 29.]

제81조(업무정지 재결의 집행) 조사관은 업무정지 재결이 확정된 때에는 해기사면허증 또는 도선사면허증을 회수하여 보관하였다가 업무정지 기간이 끝난 후에 돌려주어야 한다. 다만, 제6조의2에 따라 집행유예 재결을 받은 경우에는 회수하지 아니 한다.

[전문개정 2011. 6. 15.]

제81조의2(징계의 실효) 제5조에 따라 업무정지 또는 견책의 징계를 받은 해기사나 도선사가 그 징계 재결의 집행이 끝난 날부터 5년 이상 무사고 운항을 하였을 경우에는 그 징계는 실효(失效)된다. 이 경우 그 징계기록의 말소절차에 관하여 필요한 사항은 해양수산부령으로 정한다. 〈개정 2013. 3. 23.〉

[전문개정 2009. 12. 29.]

제82조(면허증의 무효선언과 고시) 면허취소 또는 업무정지 재결을 받은 사람이 조사관에게 그 해기사면허증 또는 도선사면허증을 제출하지 아니할 때에는 중앙수석조사관은 그 면허증의 무효를 선언하고 그 사실을 관보에 고시한 후 해양수산부장관에게 보고하여야 한다. 〈개정 2013. 3. 23.〉

[전문개정 2009. 12. 29.]

제83조(재결의 공고) 중앙수석조사관은 제5조제3항에 따른 시정·개선을 권고하거나 명하는 재결을 하였을 때에는 그 내용을 관보에 공고하고 해양수산부장관에게 보고하여야 한다. 다만, 필요하다고 인정하는 경우에는 관보를 대신하여 신문에 공고할 수 있다. 〈개정 2013. 3. 23.〉

[전문개정 2009. 12. 29.]

제84조(재결 등의 이행) ① 다음 각 호의 어느 하나에 해당하는 자는 그 취지에 따라 필요한 조치를 하고, 수석조사관이 요구하면 그 조치내용을 지체 없이 통보하여야 한다.

　1. 제5조제3항에 따라 시정 또는 개선을 명하는 재결을 받은 자

　2. 제5조의2에 따라 시정 또는 개선조치의 요청을 받은 자

② 수석조사관은 제1항에 따른 통보내용을 검토하여 그 조치가 부족하다고 인정할 때에는 그 이행을 요구할 수 있다.

[전문개정 2009. 12. 29.]

제10장 보칙 〈개정 2009. 12. 29.〉

제85조(증인 등의 수당지급) 이 법에 따라 출석하는 증인, 감정인, 통역인 및 번역인에게 대통령령으로 정하는 바에 따라 여비·일당·숙박료, 감정료, 통역료 또는 번역료를 지급할 수 있다.

[전문개정 2009. 12. 29.]

제85조의2(불이익한 처우 등의 금지) 누구든지 해양사고의 조사 및 심판과 관련하여 이 법에 따른 증언·감정·진술을 하거나 자료·물건을 제출하였다는 이유로 해고, 전보, 징계, 부당한 대우, 그 밖에 신분·처우와 관련한 불이익을 받지 아니한다.

[본조신설 2014. 3. 24.]

제86조(비상임심판관 등의 수당) 심판에 참여하는 비상임심판관과 제30조에 따라 선정된 국선 심판변론인에 대하여는 대통령령으로 정하는 바에 따라 수당을 지급할 수 있다.

[전문개정 2011. 6. 15.]

제87조(행정심판 등의 제한) 이 법에 따른 재결에 대하여는 「행정심판법」이나 그 밖의 법령에 따른 행정심판의 청구 또는 이의신청을 할 수 없다.

[전문개정 2009. 12. 29.]

제88조(수수료) 각급 심판원으로부터 이 법

에 따른 재결서·결정서 등의 등본을 발급받거나 심판조서, 그 밖의 관계 서류 또는 증거물을 복사하려는 사람은 해양수산부령으로 정하는 수수료를 내야 한다. 〈개정 2013. 3. 23., 2018. 12. 31.〉
[전문개정 2009. 12. 29.]

제88조의2(벌칙 적용 시의 공무원 의제) 다음 각 호의 어느 하나에 해당하는 사람은 「형법」 제129조부터 제132조까지의 규정을 적용할 때에는 공무원으로 본다.
1. 제14조제2항에 따라 심판에 참여하는 비상임심판관
2. 제18조의3에 따라 특별조사부에서 조사를 담당하는 해양사고 관련 전문가
[본조신설 2011. 6. 15.]

제88조의3(해양사고정보시스템의 구축·운영) ① 중앙심판원장은 해양사고에 대한 조사 및 심판과 관련되는 정보를 효율적으로 관리하기 위하여 해양사고정보시스템을 구축하여 운영할 수 있다.
② 중앙심판원장은 제1항에 따른 해양사고정보시스템을 통하여 관리하는 정보를 해양사고에 대한 조사 및 심판 업무의 수행 외의 목적에는 활용할 수 없으며, 해양사고관련자, 증인 등의 개인정보 등을 침해하지 아니하도록 관리하여야 한다.
③ 제1항 및 제2항에서 규정한 사항 외에 해양사고정보시스템의 구축·운영 등에 필요한 사항은 해양수산부령으로 정한다.
[본조신설 2018. 12. 31.]

제11장 벌칙 〈개정 2009. 12. 29.〉

제89조(벌칙) 제29조제3항을 위반하여 직무

상 알게 된 비밀을 누설한 사람은 1년 이하의 징역 또는 1천만원 이하의 벌금에 처한다.
[전문개정 2009. 12. 29.]

제90조(과태료) ① 제85조의2를 위반하여 해양사고의 조사 및 심판과 관련하여 증언·감정·진술을 하거나 자료·물건을 제출한 사람에게 그 증언·감정·진술이나 자료·물건의 제출을 이유로 해고, 전보, 징계, 부당한 대우, 그 밖에 신분·처우와 관련한 불이익을 준 자에게는 1천만원 이하의 과태료를 부과한다. 〈신설 2014. 3. 24.〉
② 다음 각 호의 어느 하나에 해당하는 자에게는 500만원 이하의 과태료를 부과한다. 〈개정 2014. 3. 24., 2018. 12. 31.〉
1. 제5조제3항에 따른 시정 또는 개선을 명하는 재결을 이행하지 아니한 자
2. 제35조제3항을 위반한 자
2의2. 제35조제4항을 위반한 자
3. 제37조제1항제1호부터 제3호까지의 규정에 따른 조사관의 처분에 따르지 아니하거나 처분에 따르는 것을 방해한 자. 다만, 제37조제1항제1호·제3호의 경우 해양사고의 원인과 직접 관련이 없는 자는 제외한다.
4. 제48조제2항제1호에 따른 심판원의 검사를 거부, 방해 또는 기피한 자
5. 제48조제2항제2호에 따른 심판원의 제출명령을 받은 장부, 서류, 그 밖의 물건을 제출하지 아니하거나, 거짓으로 기록한 장부, 서류, 그 밖의 물건을 제출한 자
6. 제49조에 따른 선서를 위배하여 거짓

사실을 진술한 사람

③ 다음 각 호의 어느 하나에 해당하는 자에게는 200만원 이하의 과태료를 부과한다. 〈개정 2014. 3. 24., 2018. 12. 31.〉

1. 심판원으로부터 계속 2회의 소환을 받고도 정당한 사유 없이 출석하지 아니한 해양사고관련자

2. 심판원으로부터 계속 2회의 소환을 받고 정당한 사유 없이 출석하지 아니하거나 그 의무를 이행하지 아니한 증인·감정인·통역인 또는 번역인

3. 제42조제2항에 따른 심판장의 명령에

복종하지 아니한 사람

④ 제1항부터 제3항까지의 규정에 따른 과태료는 대통령령으로 정하는 바에 따라 심판원장이 부과·징수한다. 〈개정 2014. 3. 24.〉

[전문개정 2009. 12. 29.]

제91조 삭제 〈2009. 12. 29.〉

부칙 〈제16164호, 2018. 12. 31.〉

이 법은 공포 후 6개월이 경과한 날부터 시행한다.

[참고자료 2] 해양사고관련자 징계량 결정 지침

[시행 2016. 6. 27.] 중앙해양안전심판원예규 제22호, 2016. 6. 27. 일부개정

제1조(목적) 이 지침은 해양사고의 조사 및 심판에 관한 법률(이하 '법'이라 한다) 제6조와 같은 법 시행령(이하 '영'이라 한다) 제7조의2에서 규정한 징계에 관한 사항을 정함을 목적으로 한다.

제1조의2(정의) 이 지침에서 사용하는 용어의 정의는 다음과 같다.

1. "고의"라 함은 해양사고발생의 결과를 인식하고 이를 실현하려는 의사를 말한다.
2. "중과실"이라함은 선박의 운항 및 선박과 관련한 제 법령 또는 선원의 일상적인 업무에 대한 주의의무를 현저하게 태만히 한 경우를 말한다.
3. "경과실"이라 함은 제2호 이외의 과실의 정도가 경미한 경우를 말한다.
4. "전손"이라 함은 선박이 침몰 또는 행방불명되거나 좌초 및 화재 등으로 구조불능상태가 되거나 수리하여도 선박으로 사용할 수 없거나 그 수리비용이 과다하여 경제성이 없다고 인정될 때에는 전손으로 본다.
5. "중손"이라 함은 손상의 정도가 심하여 스스로 운항이 불가능하거나 대수리를 하여야 운항할 수 있는 경우를 말한다.
6. "경손"이라 함은 전손 및 중손에 해당하지 아니하는 손상의 정도가 경미한 경우를 말한다.
7. "1급 사상"이라 함은 2인 이상의 사망자 또는 실종자가 발생한 경우를 말한다.
8. "2급 사상"이라 함은 1인의 사망자 또는 실종자가 발생하거나 2인 이상의 중상자가 발생한 경우를 말한다.
9. "3급 사상"이라 함은 제7호 및 제8호의 경우 이외의 부상자가 발생한 경우를 말한다.
10. "여객선"이라 함은 선박안전법 제2조제10호에 의한 여객선을 말한다.
11. "위험물운송선박"이라 함은 「위험물 선박운송 및 저장규칙」 제2조제1호에 따른 위험물을 운송하는 선박을 말한다.

제2조(징계원칙) 해기사 또는 도선사를 징계 할 때에는 해양사고의 원인 행위에 대한 고의 또는 과실의 정도와 해양사고로 인한 피해의 경중에 따라 공정하게 결정하되 해양사고의 원인을 규명함으로써 해양 안전의 확보에 이바지함을 목적으로 하는 법의 기본 취지에 어긋나서는 아니 된다.

제3조 삭제

제4조 삭제

제5조(징계량의 결정) 징계는 제6조에서 규정한 기준에 의하여 정하되 제7조부터 제9조까지의 규정에 의하여 조정 결정한다.

제6조(징계 기준) ① 징계기준은 별표와 같다.

② 운항저해의 경우에는 그 저해의 시간이 48시간 이상인 때는 중손으로, 48시간 미만인 때는 경손으로 간주하여 제1항의 규정을 준용한다. 안전저해의 경우에는 그 정도에 따라 구분 적용한다.

제7조(징계의 감면) ① 법 제6조제3항의 규정에 의하여 감면하고자 할 때에는 제6조에 규정한 기준 징계량이 면허취소의 경우에는 6월 이상의 업무정지로, 업무정지인 경우에는 2분의1의 범위(1월인 경우에는 견책) 내에서, 견책인 경우에는 면제로 감면할 수 있다.

② 삭제

제8조(징계량 결정시 고려 사항) 제6조제1항 별표에 의한 징계량을 결정할 때에는 다음 각 호의 경우에 해당하는지 여부를 고려하여 결정한다.

1. 여객선이나 위험물운송선박 등 특별한 주의의무가 요구되는 선박의 운항 중 해양사고를 발생시킨 경우
2. 전문적인 판단력과 주의력이 요구되는 업무수행 중에 업무상 과실로 해양사고를 발생시킨 경우
3. 해양사고를 발생시킨 날로부터 2년 이내에 다시 해양사고를 일으킨 경우
4. 시설물 손상이나 해양오염피해 등 사고로 인한 피해액이 현저하게 큰 경우
5. 구조작업 등 극한 상황에서 사고가 발생한 경우
6. 해양안전심판으로 인하여 승선을 하지 못하여 생계에 막대한 지장을 빚는 경우
7. 동일 사고로 형사처벌을 받은 경우

제9조(징계의 집행유예) 법 제6조의2의 규정에 따라 징계의 집행유예를 결정할 때에는 해양사고관련자가 다음 각 호에 해당하는 자는 제외한다. 다만, 특별한 사유가 있을 경우에는 그러하지 아니할 수 있다.

1. 최근 3년 이내의 해양사고 징계처분(징계유예 포함)자와 사회적 물의를 야기한 사고의 해양사고관련자
2. 여객선 및 위험물운송선박의 해양사고관련자
3. 도선사 및 1급부터 4급까지의 해기사
4. 사망자 발생 등 그 결과가 중대한 해양사고관련자

제10조(재검토기한) 중앙해양안전심판원장은 「훈령·예규 등의 발령 및 관리에 관한 규정」에 따라 이 지침에 대하여 2016년 7월 1일 기준으로 매 3년이 되는 시점(매 3년째의 6월 30일까지를 말한다)마다 그 타당성을 검토하여 개선 등의 조치를 하여야 한다.

[별표] 해양사고관련자 징계량 결정 지침 <신설 2015. 3. 30.>

선박 등 피해	인적 피해	행위기준		
		고의	중과실	경과실
전손	1급사상	면허취소	6월 이상 1년 이하의 업무정지 또는 면허취소	4월 이상 8월 이하의 업무정지
	2급사상	면허취소	5월 이상 1년 이하의 업무정지 또는 면허취소	4월 이상 7월 이하의 업무정지
	3급사상	면허취소	4월 이상 1년 이하의 업무정지 또는 면허취소	4월 이상 6월 이하의 업무정지
	없음	면허취소	3월 이상 1년 이하의 업무정지 또는 면허취소	3월 이상 6월 이하의 업무정지
중손	1급사상	면허취소	4월 이상 1년 이하의 업무정지 또는 면허취소	4월 이상 6월 이하의 업무정지
	2급사상	면허취소	4월 이상 1년 이하의 업무정지	4월 이상 5월 이하의 업무정지
	3급사상	면허취소	3월 이상 1년 이하의 업무정지	3월 이상 4월 이하의 업무정지
	없음	면허취소	1월 이상 10월 이하의 업무정지	3월 이하의 업무정지
경손	1급사상	면허취소	3월 이상 1년 이하의 업무정지 또는 면허취소	3월 이상 6월 이하의 업무정지
	2급사상	면허취소	3월 이상 1년 이하의 업무정지	2월 이상 5월 이하의 업무정지
	3급사상	면허취소	3월 이상 10월 이하의 업무정지	2월 이상 4월 이하의 업무정지
	없음	면허취소	2월 이상 8월 이하의 업무정지	1월 이하의 업무정지 또는 견책
선박 피해 없음	1급사상	면허취소	3월 이상 1년 이하의 업무정지 또는 면허취소	3월 이상 6월 이하의 업무정지
	2급사상	면허취소	3월 이상 1년 이하의 업무정지	2월 이상 5월 이하의 업무정지
	3급사상	면허취소	3월 이상 10월 이하의 업무정지	2월 이상 4월 이하의 업무정지
시설물 손상 및 해양 오염 피해	1급사상	면허취소	6월 이상 1년 이하의 업무정지 또는 면허취소	4월 이상 8월 이하의 업무정지
	2급사상	면허취소	5월 이상 1년 이하의 업무정지 또는 면허취소	4월 이상 7월 이하의 업무정지
	3급사상	면허취소	4월 이상 1년 이하의 업무정지 또는 면허취소	4월 이상 6월 이하의 업무정지
	없음	면허취소	3월 이상 1년 이하의 업무정지 또는 면허취소	3월 이상 6월 이하의 업무정지

[참고자료 3] 충돌사고 원인제공비율 산정 지침

제정　　　2007. 1. 1.
일부개정　2009. 6. 15.
일부개정　2017. 7. 19.

제1조(목적) 이 지침은 해양사고의 조사 및 심판에 관한 법률 제4조 제2항에 의거 충돌사고의 원인제공 정도를 산정하기 위한 통일적인 기준을 제시하는 것을 목적으로 한다.

제2조(적용범위) ① 이 지침은 선박충돌사고에 관하여 해양사고의 발생에 2인 이상이 관련되어 있고 원인의 제공 정도를 밝히는 경우에 적용한다.

② 제4조 원인제공비율 기준에 열거된 기본적인 경우에 해당되지 않는다고 판단되는 때에는 이 지침을 적용하지 아니한다.

③ 해양사고관련자 중 일방만 희망할 경우에도 원인제공 정도를 밝히는 것을 원칙으로 한다. 다만 심판부에서 적절하지 아니한 것으로 판단하는 경우 적시하지 아니할 수도 있다.

제3조(산정방법) ① 선박 충돌사고에서의 원인제공비율을 산정할 때에는 제4조의 원인 제공비율 기준에 열거된 기본적인 경우를 전제로 하여 여기에 다른 항법위반 및 기타의 여러 사항을 고려하여 가감한다.

② 원인제공비율을 가감 산정함에 있어서 고려할 사항은 당해 충돌사고와 인과관계가 있는 것에 한한다.

제4조(원인제공비율 기준) 원인제공비율 기준은 【별표】와 같다.

부　칙

이 지침은 2007년 1월 1일부터 시행한다.

부　칙

이 지침은 2009년 6월 15일부터 시행한다.

부　칙

이 지침은 2017년 7월 19일부터 시행한다.

[별표] 원인제공비율 기준

구 분	선 박	
	원인제공비율(%)	원인제공비율(%)
1. 모든 시계 상태에서의 항법		
가. 좁은 수로(협수로)		
○ 다른 항로에 진입한 경우	진입선박	항로 항행선박
	85	15
○ 갑작스런 전타를 한 경우	전타 선박	항로 항행선박
	100	0
나. 통항분리수역		
○ 다른 항로에 진입한 경우	진입선박	항로 항행선박
	85	15
○ 갑작스런 전타를 한 경우	전타 선박	항로 항행선박
	100	0
다. 무역항의 수상구역등		
○ 항로에 진입한 경우	진입선박	항로 항행선박
	80	20
2. 서로 시계 안에 있는 때의 항법		
가. 횡단하는 상태		
○ 양선박 모두 동작을 취하지 않은 경우	피항선	유지선
	65	35
나. 마주치는 상태		
○ 양선박 모두 동작을 취하지 않은 경우	일방	일방
	50	50
다. 추월		
○ 양선박 모두 동작을 취하지 않은 경우	추월선	피추월선
	85	15
라. 조종성능의 우열		
○ 일반 동력선과 조종불능선	일반 동력선	조종불능선
	90	10
3. 제한된 시계에서 선박의 항법		
가. 아무런 조치를 취하지 않은 경우	일방	일방
	50	50
4. 선원의 상무		
가. 계류 중인 선박	항행 중인 선박	계류선
	100	0
나. 정박 중인 선박	항행 중인 선박	정박선
	95	5

[참고자료 4] 심판진행순서
(사무처리요령 별표3)

1. 심판장의 개정선언(영 제41조제2항)

    "지금부터 ○○○○○○○사건에 대한 심판을 개정하겠습니다"

2. 서기는 해양사고관련자 및 심판변론인의 출석과 결석 사유를 보고한다.

3. 심판장의 해양사고관련자에 대한 인정신문(법 제46조)

    "해양사고관련자에 대한 인정신문을 하겠습니다."

    성명 · 생년월일 · 주소 · 해양사고관련자의 해기사 또는 도선사면허증의 종류(해기사 또는 도선사인 경우에 한함)와 사고당시의 직책을 물어 본인임을 확인한다. 다만, 다른 방법을 통하여 명확히 확인할 수 있는 사항에 대하여는 일부를 생략할 수 있다.

4. 심판장은 해양사고관련자에게 동일 사건에 대하여 확정재결이 있었는지(법 제7조) 그리고 다른 심판원에 소환을 받은 사실이 있었는지를 확인한다.(법 제24조제2항) (제1심의 경우에 한함).

    "해양사고관련자는 이 사건에 대하여 다른 지방심판원으로부터 소환을 받았거나 확정재결이 있었습니까?"

    (단독심판의 경우)

    심판관은 해양사고관련자에 대하여 단독심판 진행에 동의하는가를 확인한다.(제59조의2 제1항)

    "해양사고관련자는 이 사건의 단독심판 진행에 대하여 이의가 있습니까?"

    심판관은 해양사고관련자가 합의체심판을 원하는 경우 그 사건을 합의체심판으로 할 것을 결정하여야 한다.

5. 해양사고관련자가 결석하였을 경우 조사관과 다른 출석하고 있는 심판관계인에게 결석한 상태로 심판을 진행하는 일에 대한 의견청취

    "오늘 해양사고관련자 ○○○가 결석하였으나 동인이 결석한 채로 심판을 진행하려고 합니다. 이에 대해 조사관과 출석한 심판관계인은 이의가 있습니까?"

    심판장은 심판관계인의 결석 등으로 본안 심리를 하는 것이 타당하지 않다고 인정할 때에는 심판기일을 연기한다(영 제39조)

6. 심판변론인이 속기사 사용의 허가신청을 하였을 경우 이를 허가 또는 각하한다.(영 제26조)

    "심판변론인 ○○○의 속기사 사용을 허가합니다."

7. 사실심리

"지금으로부터 사실심리를 하겠습니다."

8. 조사관의 최초진술(본안의 심리를 할 경우)(법 제47조)

"조사관은 최초진술을 해주시기 바랍니다."

9. 조사관의 최초진술에 대한 해양사고관련자 및 심판변론인의 의견 청취

"해양사고관련자는 조사관의 최초진술에 대하여 의견이 있으면 말씀하십시오."

10. 조사관의 증거목록 제출

"조사관은 증거목록을 제출해 주시기 바랍니다."(조사관은 사건철에 편철된 것과 그 후에 수집한 증거자료의 목록을 읽고 제출한다)

11. 증거목록의 증거 결정

"조사관이 제출한 자료를 증거로 채택하는데 이의가 있습니까? 이의가 없으면 증거로 채택하겠습니다."

12. 증거제출의 고지

"해양사고관련자는 제출할 증거자료가 있으면 제출하여 주시기 바랍니다." "증거로 채택하겠습니다."

13. 증거의 채택

"심판부에서 수집한 (   )을 증거로 채택하겠습니다."(법 제48조)

(심판부가 수집한 증거가 있는 경우에 한한다)

14. 수명심판관의 조사보고(영 제50조) (수명이 있는 경우에 한한다)

"수명심판관은 조사한 내역을 보고하십시오."

15. 해양사고관련자에 대한 신문

• 심판장 또는 주심이 심판관계인에 대하여 신문을 한다.(영 제45조제1항)

• 배석심판관이나 조사관 및 심판변론인은 심판장에게 고하고 해양사고관련자를 신문한다.(영 제45조제2항)

그러나 심판장은 필요에 따라 신문순서를 변경할 수 있다. 조사관이 작성한 해양사고관련자에 대한 질문조서가 증거로 채택되었으므로 사건의 핵심에 관계없는 사항 등의 신문을 중복하여야 할 필요는 없다. 주로 사건의 핵심에 관한 사항을 다시 명확히 할 필요가 있는 사실과 조사관의 질문조서에 기재되어 있지 아니한 사실 등을 신문한다.

• 조사관 심판변론인의 신문

16. 증인에 대한 신문

• "증인에 대한 인정신문을 하겠습니다."

성명·생년월일·주소·사고당시의 직책

• 증인에 대한 경고(영 제47조제5항)

"증인은 선서를 한 후 허위진술을 할 경우 위증의 벌을 받게 됨을 알려드립니다."

- 증인선서

　"증인은 선서해 주기 바랍니다."(영 제47조제1항)

　증인은 선서서 낭독시 기립한다.(영 제47조제4항)

- 증인신문

　증인이 2인 이상인 경우 뒤에 신문하여야 할 증인이 심판정에 있을 때에는 그를 퇴정시킬 수 있다.(영 제48조)

　증인에 대한 신문순서는 영 제45조제1항 및 제2항의 규정에 따른다.

17. 심판장이 사실심리완료선언 또는 제2회 심판기일 지정

- "이상으로 사실심리를 마치겠습니다."
- "다음 심판기일은 ○월 ○일 ○시로 하겠습니다."

18. 조사관의 의견진술(영 제54조)

　"조사관은 의견진술을 하여 주십시오."

19. 최후진술(영 제55조)

　"해양사고관련자 및 심판변론인은 조사관의 의견진술에 대하여 의견을 말씀하십시오."
　(심판변론인은 서면 제출)

20. 징계의 집행유예제도에 대한 의사 확인(법 제6조의2)

　"해양사고의 조사 및 심판에 관한 법률 제6조의2에 따라 1개월 이상 3개월 이하의 징계를 받은 경우에는 심판원이 정한 선박운항에 관한 직무교육을 받음으로써 징계의 집행을 유예할 수 있습니다.

　징계의 집행이 유예되어 직무교육의 이수명령을 받은 해양사고관련자는 그 유예기간중에 직무교육을 이수하고, 유예기간동안 다른 해양사고로 업무정지 이상의 징계를 추가로 받지 않은 상태로 그 집행유예기간이 경과하여야 징계를 집행한 것으로 간주됩니다.

　아울러 직무교육의 이수명령을 받은 해양사고관련자는 그 직무교육을 징계로 환원할 수 없음을 알려드립니다.

　그럼 본 사건과 관련하여 해양사고관련자(들)는 1개월 이상 3개월 이하의 징계재결을 받을 경우 심판원이 정한 직무교육을 받음으로써 징계의 집행을 유예할 의사가 있습니까?"

21. 변론의 종결

　"이상으로 변론을 종결하겠습니다."

22. 재결일시 고지

　"재결심판은 ○월 ○일 ○시에 개정하겠습니다."

23. 변론의 재개(영 제56조)

　"변론을 재개하겠습니다."

24. 심판절차의 갱신(영 제51조)
- 심판개정후 장기간에 걸쳐 개정하지 않아 필요한 경우

  "이 건 심판은 개정후 장기간에 걸쳐 개정하지 아니하였으므로「해양사고의조사및심판에관한법률시행령」제51조제1항의 규정에 의거 심판절차를 갱신하겠습니다."
- 심판개정후 해양사고관련자가 추가로 지정된 때

  "심판개정후 해양사고관련자 ○○○가 추가로 지정되었으므로「해양사고의조사및심판에관한법률시행령」제51조제2항의 규정에 의거 심판절차를 갱신하겠습니다."
- 심판개정후 심판관 또는 비상임심판관의 경질이 있는 때

  "심판개정후 심판관(또는 비상임심판관)의 경질이 있었으므로「해양사고의조사및심판에관한법률시행령」제52조의 규정에 의거 심판절차를 갱신하겠습니다."
- 심판절차의 갱신 선언 후에는 제96조의 규정에 따라 인정신문 등의 절차를 새로이 진행한다.

25. 재결의 고지(영 제60조)
- "재결을 고지하겠습니다."
- 재결의 고지는 재결서를 낭독하거나 그 요지를 알려준다.
- "해양사고관련자 및 조사관은 이 재결에 대하여 불복이 있을 때에는 재결서의 정본을 받은 날로부터 14일 이내에 중앙해양안전심판원에 제2심을 청구할 수 있습니다."(제1심의 경우)
- "해양사고관련자 및 조사관은 이 재결에 대하여 불복이 있을 때에는 재결서의 정본을 받은 날로부터 30일 이내에 중앙해양안전심판원의 소재지를 관할하는 고등법원에 소를 제기할 수 있습니다."(제2심의 경우)

26. 심판장의 폐정선언

"이상으로 심판을 마치고 폐정하겠습니다."

[참고자료 5] 선박 항해설비 비치기준 (2018. 7. 30. 기준)

* SOLAS 규격은 특별히 명기하지 않는 한 모두 SOLAS V장의 규칙 번호이며, "동일"은 표상의 항해설비 비치기준이 협약요건과 동일하다는 의미임

품 명	구 분	적 용 대 상	비치 수량	관련 기준	SOLAS 관련규격
해도 및 항해용 간행물	일반선	○ 연해구역 이상 항해선박 ※ 국내연해 항해선박은 해도(전자해도 제외)를 제외한 조석표 등 항해용간행물을 PDF 파일 등 전자적 방법으로 선박에 비치하고 상시 확인이 가능 할 경우 인정 — 면제: 한정된 해역만 운항하는 선박에 대한 조석표 또는 해당 항만의 조석표만 비치 가능 (공통) 해도에 대신하여 ECDIS 설치 가능. 다만, 배열장치 또는 이의 최신화 해도를 갖추어야 함	1	선박설비 93조	19.2.1.4 동일 ※ 국제항해를 하는 모든 선박
	어 선	○ 배의 길이 20m 이상	1	어선설비 171조	
전자해도 (ECDIS)	일반선	○ 국제항해에 종사하는 총톤수 500톤 이상 여객선 ○ 국제항해에 종사하는 총톤수 3,000톤 이상 화물선 [적용시기] — '12. 7. 1 전 건조된 총톤수 500톤 이상 여객선 : '14. 7. 1부터 — '12. 7. 1 전 건조된 총톤수 3,000톤 이상 탱커 : '15. 7. 1부터 — '13. 7. 1 전 건조된 탱커선 이외 총톤수 50,000톤 이상 : '16. 7. 1부터 — '13. 7. 1 전 건조된 탱커선 이외 총톤수 20,000톤 이상 50,000톤 미만: '17. 7. 1부터 — '13. 7. 1전 건조된 탱커선 이외 총톤수 10,000톤 이상 20,000톤 미만: '18. 7. 1부터	1	선박설비 93조	19.2.10.5〜9 동일
	어선	○ 강제 설비요건 없음. 다만, 해도를 대신하여 전자해도를 설치 가능		어선설비 171조	

품명	구분	적용대상	비치수량	관련 기준	SOLAS 관련규칙
항해용 레이다	일반선	○ 해상여객운송사업면허를 받은 선박 ○ 총톤수 30톤 이상 여객선 ○ 최대속력 20노트 이상 여객선 ○ 위 세가지에 해당하지 않는 총톤수 100톤 이상 선박 [적용시기] －총톤수 300 이상 500톤 미만 : '12.7.1 이후 첫 정기적 검사일부터 －총톤수 100 이상 300톤 미만 : '13.1.1 이후 첫 정기적 검사일부터 [면제]: 호소·하천 또는 항내선박, 출발항에서 도착항까지 거리가 5마일이내 항해 선박(단일 항로선박만 해당)은 면제 가능	1	선박설비 94조	19.2.3.2 19.2.7.1 ※협약에서는 300톤 이상의 모든 선박과 크기에 관계없이 모든 여객선에 요구
		○ 총톤수 3,000톤 이상 선박(9GHz대 1대 및 3GHz대 또는 9GHz대 추가 1대) [적용시기]: '04.4.21_(협약선박 '02.7.1) 이후 건조선	2		19.2.7.1 동일
	어선	○ 배의 길이 35m 이상(※ 내수면어선 제외)	1	어선설비 172조	
전자 플로팅 설비 (EPA: Electronic Plotting Aids)	일반선	○ 총톤수 3,000톤 이상 어선선(9GHz대 1대 및 3GHz대 또는 9GHz대 추가 1대) [적용시기]: '04. 4. 21_(협약선박 '02.7.1) 이후 건조선	2		
		○ 국제항해 여객선 ○ 국내항해 총톤수 150톤 ≤ G/T < 500톤의 여객선 ○ 여객선 이외의 총톤수 300톤 ≤ G/T < 500톤의 선박 [적용시기]: '04. 4. 21_(협약선박 '02.7.1) 이후 건조선	1	선박설비 95조 어선설비 173조	19.2.3.3 동일 ※협약에서는 300톤 이상의 모든 선박과 크기에 관계없이 모든 여객선에 요구
	어선	○ ('04. 4. 21(협약선박 '02.7.1) 이후에 건조된) 배의 길이 45m 이상	1		모든 선박과 크기에 관계없이 모든 여객선에 요구

품명	구분	적용대상	비치수량	관련기준	SOLAS 관련규칙
자동추적장치(ATA)	공통	○ 총톤수 500≤G/T<10,000톤 ○ 총톤수 3,000톤 ≤G/T<10,000톤 - 자동추적장치 또는 이와 같은 수준 이상의 자동추적장치 1대를 추가로 설치 ○ 총톤수 10,000톤 이상 - 자동추적장치(ATA) 1대 및 자동충돌예방보조장치(ARPA) 1대 비치 [적용시기]: '04. 4. 21_(협약선박 '02. 7. 1) 이후 건조선	1	선박설비 95조의2 & 96조의2 어선설비 174조	19.2.5.5 19.2.7.2 동일
자동충돌예방보조장치(ARPA)	공통	○ 총톤수 10,000톤 이상	1	선박설비 96조 어선설비 175조	19.2.8.1 동일
자기컴퍼스	일반선	기준자기컴퍼스 ○ 근해구역이상 항해선박 ○ 연해구역이상 항해선박 中,	1	선박설비 98조	19.2.1.1 19.2.2.1 * 2002. 7. 1 이후 ※국제항해를 하는 모든 선박
		조타자기컴퍼스 - 총톤수 500톤 이상 선박 - 총톤수 500톤 미만 여객선, 유조선, 위험물운반선(AIS 비치 시 면제)	1		
		예비의 나북 ※ 기준자기컴퍼스, 조타자기컴퍼스, 예비의 나북 비치 면제 세부요건은 '선박설비기준 제98조제2항' 참조	1		
	어선	기준자기 컴퍼스 - 면제: 자이로컴퍼스 또는 그 리피터 비치 어선 또는 근해어업 어선	1	어선설비 177조	
		조타자기컴퍼스 ○ 배의 길이 24m 이상 - 면제: 반영식 기준자기컴퍼스 비치 어선, 자이로컴퍼스 또는 그 리피터 비치 어선, 기준자기컴퍼스	1		

품명	구분	적용대상		비치수량	관련 기준	SOLAS 관련규칙
		예비의 내용	방위정보 이용 어선 등			
			- 자이로컴퍼스 비치 어선, 조타자기컴퍼스 비치 어선, 기준자기컴퍼스의 나침부와 조타자기컴퍼스의 나침부가 가지는 어선에 비치	1		
휴대용 자기 컴퍼스	일반선	○ 평수구역을 항해하는 선박 - 면제: 호소, 하천 또는 항내만을 항해하는 선박 설치 ○ 연해구역을 항해하는 총톤수 500톤 미만의 선박 - 여객선, 유조선 및 위험물운반선을 제외한 선박 - 자동식별장치(AIS)를 설치한 여객선, 유조선 및 위험물운반선 ○ 의장항해선(조타기 방위정보 수단으로 사용) - 면제: 조타기실에 자이로컴퍼스의 리피터용의 콘센트가 있고, 신속히 조타기실내로 반입 가능 장소에 자이로컴퍼스리피터가 있는 경우		1	선박설비 100조	
	어선	○ 배의 길이 24m 미만 어선(다만, 내수면 어선 면제) ○ 배의 길이 45m 이상 어선(조타기 방위정보 수단으로 사용) - 면제 : 조타기실에 자이로 컴퍼스 리피터용 콘센트가 있고, 신속히 조타기실 반입 가능 장소에 리피터가 있는 경우		1	어선설비 179조	
자이로 컴퍼스	일반선	○ 총톤수 500톤 이상 선박(다만, 평수구역 항해선박 면제) [적용시기]: '87. 5. 27_(협약선박 '84. 9. 1) 이후 건조선 ※ 자이로리피터 설치(총톤수 1,600톤 이상 선박) [적용시기] - '87. 5. 27_(협약선박 '84. 9. 1) 이후 건조선 : 전방위에 걸쳐 시계가 넓은 장소		1	선박설비 99조	19.2.5.1 19.2.5.2 19.2.5.3 동일

품명	구분	적용대상	비치수량	관련기준	SOLAS 관련규칙
	어선	─ '04. 4. 21_(협약선박 '02. 7. 1) 이후 건조선 : 전방위 확인 가능 장소에 전방위 확인 가능한 자이로리피터 설치 & 비상조타기실 내에 설치 ○ 선박길이 45m 이상 어선 ※ 자이로리피터 설치(길이 75미터 이상 어선) ─ 전방위 확인 가능 장소에 전방위 확인 가능한 자이로리피터 설치 & 비상조타기실 내에 설치	1	어선설비 178조	
	일반선	○ ('04. 4. 21_(협약선박 '02. 7. 1) 이후에 건조된) 총톤수 150톤 이상의 여객선 및 여객선 이외의 연해구역 이상을 항해구역으로 하는 총톤수 300톤 이상 선박	1	선박설비 101조	19.2.3.1 동일 ※협약에서는 300톤 이상의 모든 선박과 크기에 관계없이 모든 여객선에 요구
음향측심기	어선	○ 총톤수 300톤 이상 어선	1	어선설비 180조	
	공통	※ 면제대상 총톤수 500톤 미만 선박(국제항해에 종사하는 선박으로 근해구역이상을 항해구역으로 하는 선박 제외) 및 어선으로서 위성항법장치, 어군탐지기(어선만 해당) 또는 항해하여야 할 해역의 해도를 비치한 경우에는 면제 가능			
도선사용	일반선	○ 국제항해 선박 및 국내항해 총톤수 1000톤 이상 선박	1	선박설비	23

품명	구분	적용대상	비치수량	관련기준	SOLAS 관련규칙
사다리		− 면제: 도선사를 필요로 하지 않는 선박 [적용시기]: 새로이 비치하거나 교체하는 도선사다리부터 적용 − ('12.7.1 이후): 도선사용 사다리 외의 다른 장치(도선사용승강기 등) 설치 금지 − ('12.11.26 이후): 해당 일자 개정 요건(선박설비 제42조제5항 및 102조 참조)		102조	동일
명령전달장치	일반선	○ 국제항해 선박(명령전달장치 중 1개는 엔진텔레그라프)	2	선박설비103조	II-1/37 동일
	어선	○ 배의 길이 45m이상 어선(명령전달장치 중 1개는 엔진텔레그라프)		어선설비 181조	
통화장치	공통	○ 조타기실과 선교와의 사이 ○ 기준자기컴파스를 설치한 장소와 선교와의 사이(해당선박) ○ 무선방위측정기를 설치한 장소와 선교와의 사이(해당선박) ○ 선교 및 주기제어실과 식당, 휴게실 및 기관부 작원실의 상호 통화장치(기관구역 무인화선) [적용시기]: 일반선박의 경우 '87.5.27_(협약선박 '84.9.1 이후 건조선 이후 건조선)	각 1개	선박설비 104조 어선설비 182조	II-1/37 V/19.2.1.9 II-1/50 * 기준자기컴파스를 설치한 장소와 선교 사이의 통화장치는 2002.7.1 삭제됨 (V/19.2.1.1.)
기관부 작원 호출장치	일반선	○ ('87.5.27_(협약적용 선박: '84.9.1 이후 건조된) 국제항해 선박	1	선박설비 105조	II-1/38 동일
선속	일반선	○ ('04.4.21_(협약선박 '02.7.1 이후 건조된) 아래의 선박에는 대수속력 및 대수거리	1	선박설비	19.2.3.4 동일

품명	구분	적용대상	비치수량	관련기준	SOLAS 관련규칙
거리계		리를 측정할 수 있는 선속거리계 설치 ※ 면제대상: 한정연해선박 ㅡ 국제항해 여객선 및 국제항해 여객선으로 연해구역 이상을 항해구역으로 하는 여객선 ㅡ 연해항해 이상 총톤수 300톤 이상의 선박		106조	※협약에서는 300톤 이상의 모든 선박과 크기에 관계없이 모든 여객선에 요구
	어선	○ 배의 길이 45m 이상 어선	1	어선설비 183조	
	공통	○ 총톤수 50,000톤 이상 선박(어선): 대지속력 및 대지거리 측정 가능할 것 ※ 면제대상 500톤 미만의 선박(근해구역 이상 국제항해 선박 제외)으로서 속력 등을 표시할 수 있는 위성항법장치를 설치한 경우 면제 가능			19.2.9.2 동일
선회율 지시기	일반선	○ ('04. 4. 21_협약선박 '02. 7. 1 이후에 건조된) 총톤수 50,000톤 이상 선박	1	선박설비 107조	19.2.9.1 동일
타각 지시기 등	공통	[타각지시기 등] ㅡ타각지시기 + 프로펠러의 회전수 및 회전방향(가변피치프로펠러의 경우 그 피치) 표시기 + 사이드스러스트 운전상태표시기 [일반선] ○ 총톤수 500톤 이상 선박 ○ 국제항해 총톤수 500톤 미만 여객선 [적용시기]: '87. 5. 27_협약선박 '84. 9. 1 이후 건조선	각 1개	선박설비 108조 어선설비 184조	19.2.5.4 동일 ※협약에서는 총톤수 500톤 이상의 모든 선박

품명	구분	적용대상	비치수량	관련기준	SOLAS 관련규칙
		[어선] ○ 배의 길이 45m 이상 어선			
	일반선	○ 국제항해에 종사하는 선박 ○ 국내항해 연해구역 이상 총톤수 20톤 이상 선박 ○ 국내항해 평수구역 총톤수 500톤 이상 선박	1		
	어선	○ 모든 어선 ※ 면제대상 - 면허어업의 어장관리선, 기선권현망어업 또는 소형선망어업에 종사하는 어선 중 본선과 운반선을 제외한 부속선, 서해 특정해역에 출어하는 근해자망어업에 종사하는 본선을 제외한 부속선	1	선박설비 108조의2	
위성항법장치	공통	[적용시기] - '04. 4. 21.(협약어선 '02. 7. 1 이후에 건조선: 제108조의2의 규정에 의한 위성항법장치에 관한 규정의 적용에 있어서 현존선에 대하여는 이 규정 시행일이후 처음 도래하는 검사시부터 적용. 다만, 국제항해에 종사하지 아니하는 현존선으로서 위성항법장치(제108조의2 제2항의 성능요건에 부합하여도 된다)를 설치한 경우 적용 면제 - '04. 4. 21.(협약어선 '02. 7. 1) 이후에 건조선으로 '09. 9. 10 이후 국제항해에 종사하는 경우 선박설비 제108조의2제1항의 보정위성항법장치 설치 ※ 면제대상 - 해당 선박에 설치된 자동식별장치 등의 항해장비 내부에 본선의 위치를 측정할 수 있는 위성항법장치가 설치된 경우		어선설비 185조, 제348조	19.2.1.6 동일 ※국제항해를 하는 모든 선박
음향	일반선	○ 국제항해 여객선 및 여객선 이외의 총톤수 150톤 이상 선박	1	선박설비	19.2.1.8

품 명	구 분	적 용 대 상	비치수량	관련 기준	SOLAS 관련규칙
수신장치		○ 국내 근해구역 이상 항해선박 및 연해구역 이하 총톤수 500톤 이상 항해선박 [적용시기]: '04. 4. 21 이후 건조선		108조의3	※국제항해를 하는 모든 선박 ※협약은 "모든 선박"의 선교가 완전히 폐위된 경우 적용
	어 선	○ 배의 길이 45m 이상 신규가 완전히 둘러싸인 어선 − 면제: 해양수산부장관이 방음성 등을 고려하여 지장이 없다고 인정하는 어선	1	어선설비1 86조	
선수방위 전달장치 (THD)	공 통	○ 레이다(RADAR), 전자플로팅장치(EPA), 자동식별장치(AIS) 등의 장비가 하나 이상 설치된 선박(어선)으로 자이로컴퍼스를 설치하지 아니한 선박(어선)	1	선박설비 108조의4 어선설비 187조	19.2.3.5 ※협약에서는 300톤 이상의 모든 선박
자동 조타장치	일반선	○ ('04. 4. 21 (협약선박 '02. 7. 1) 이후에 건조된) 총톤수 10,000톤 이상 선박	1	선박설비 108조의6	19.2.8.2 동일
	어 선	○ ('09. 12. 14 이후 건조된) 배의 길이 45m 이상 어선	1	어선설비 189조	
선박자동 식별장치 (AIS)	일반선	○ 「해운법」에 따른 여객선 총톤수 150톤 이상의 여객선 − 면제: 호소·하천을 운항하는 선박과 「유선 및 도선사업법」에 따른 도선 ○ 여객선 이외의 다음의 선박 − 국제항해 총톤수 300톤 이상의 여객선 이외의 선박 − 국제항해에 종사하지 않는 총톤수 500톤 이상 여객선 이외의 선박	1	선박설비 108조의5	19.2.4 ※협약에서는 300톤 이상의 모든 선박 ※국제 항해에 종사하지

품명	구분	적용대상	비치수량	관련기준	SOLAS 관련규칙
		- 연해구역이상을 항해하는 총톤수 50톤 이상의 예선, 유조선 및 위험물을 운송하는 선박(부선 제외) [적용시기] : 예선, 유조선 및 위험물운반선을 제외한 선박 - 총톤수 100톤≤G/T<500톤: '11.1.1 이후 첫 검사일 - 총톤수 50톤≤G/T<100톤: '12.1.1 이후 첫 검사일			아니하는 총톤수 500톤 이상의 화물선 ※크기에 관계없이 모든 여객선에 요구
	어 선	○ 총톤수 10톤 이상의 어선 [적용시기]: '08.7.1 이후 최초로 도래하는 정기적인 검사(정기 또는 중간검사)일 까지 설치	1	어선설비 제188조	
항해자료기록장치(VDR)	일반선	○ 국제항해 선박 中 아래의 선박 - 여객선 * '02.7.1 전 건조된 로로여객선 이외의 여객선으로 본선에 이 장치를 접속시키는 것이 불가능할 경우 설치 면제 - 여객선 이외의 총톤수 3,000톤 이상의 선박 * '02.7.1 전 건조된 선박은 간이항해자료기록장치 설치 가능	1	선박설비 108조의7	20.1 20.2 동일
레이다반사기	공통	○ 총톤수 20톤 미만의 강제임로마눔함급계 선박 ○ 총톤수 30톤 미만의 함수수지제·목제 선박 ※ 면제대상 [일반선]: 호소·하천을 항해하는 선박, 주간항수지제·목제 선박, 주간항해만 하는 선박 [어 선]: 내수면어선, 주간항해만 하는 어선	1	선박설비 108조의8 어선설비 190조	19.2.1.7 ※국제항해를 하는 모든 선박 ※150톤 미만, 실행가능한 경우

품명	구분	적용대상	비치수량	관련기준	SOLAS 관련규칙
항해당직 경보장치 (BNWAS)	일반선	○ 국제항해 여객선 ○ 국제항해 여객선 이외 총톤수 150톤 이상 선박 [적용시기]: '11.7.1부터 적용 및 '11.7.1 전에 건조된 국제항해 현존선은 아래 시기 이후 도래하는 첫 번째 정기적 검사 시까지 설치 - 모든 여객선: '12.7.1 이후 - 총톤수 3,000톤 이상 화물선 : '12.7.1 이후 - 총톤수 500≤G/T<3,000톤 화물선: '13.7.1 이후 - 총톤수 150≤G/T<500톤 화물선: '14.7.1 이후	1	선박설비 108조의9	19.2.2.3 동일

[참고자료 6] 「해양사고의 조사 및 심판에 관한 법률」 객관식 문제 30선

1. 다음 중 「해양사고의 조사 및 심판에 관한 법률」상 '해양사고'에 해당하는 사고는 총 몇 개인가?

> ○ 선박이 충돌·좌초·전복·침몰된 사고
> ○ 선박이 멸실·유기되거나 행방불명된 사고
> ○ 선박의 구조·설비 또는 운용과 관련하여 사람이 사망 또는 부상을 입은 사건
> ○ 선박의 운용과 관련하여 해양오염 피해가 발생한 사고
> ○ 선박의 운용과 관련하여 선박이나 육상시설·해상시설이 손상된 사고

① 2   ② 3   ③ 4   ④ 5

〈해설〉 모두 해양사고에 해당한다(제2조 제1호).

2. 다음 중 「해양사고의 조사 및 심판에 관한 법률」상 '선박'에 포함되지 않는 것은?

① 동력선
② 무동력선(범선과 부선을 포함한다)
③ 국가경찰용 선박
④ 수면비행선박

〈해설〉 ①②④ 시행령 제1조의2, ③ 군용 선박 및 국가경찰용 선박, 그 밖에 해양수산부장관이 정하여 고시하는 수상레저기구는 제외한다.

3. 다음 중 '심판원의 관할'에 대한 내용으로 틀린 것은?

① 심판원은 중앙해양안전심판원과 지방해양안전심판원의 2종이 있다.

② 지방심판원은 부산, 인천, 목포, 동해에 설치되어 있다.

③ 심판에 부칠 사건의 관할권은 해양사고가 발생한 지점을 관할하는 지방심판원에 속한다. 다만, 해양사고 발생지점이 분명하지 아니하면 그 해양사고와 관련된 선박의 선적항을 관할하는 심판원에 속한다.

④ 국외에서 발생한 한국선박의 해양사고에 대해서는 관할권이 없다.

〈해설〉 ① 제8조 제1항, ② 시행령 제2조, ③ 제24조 제1항, ④ 국외에서 발생한 사건에 대하여도 관할권이 있을 수 있다(제24조 제5항).

4. 「해양사고의 조사 및 심판에 관한 법률」상 해양사고의 발생 후 몇 년이 지나면 조사 및 심판에 관한 청구를 할 수 없게 되는가?

① 5년　　　　② 3년　　　　③ 2년　　　　④ 1년

〈해설〉 조사관은 사건이 발생한 후 3년이 지난 해양사고에 대하여는 심판청구를 하지 못한다(제38조 제1항).

5. 다음 중 해양안전심판원의 '해양사고의 원인규명'에 대한 내용으로 틀린 것은?

① 심판원은 해양사고의 발생에 2명 이상이 관련되어 있는 경우에는 각 관련자에 대하여 원인의 제공 정도를 밝혀야 한다.

② 심판원은 해양사고의 원인을 밝히고 재결로써 그 결과를 명백하게 하여야 한다.

③ 해양안전심판은 제1심(지방해양안전심판원), 제2심(중앙해양안전심판원)의 2단계 심판을 거친다.

④ 조사관은 해양사고관련자와 대립하여 심판을 청구하고, 지방해양안전심판원의 재결에 대하여 불복이 있을 때에는 중앙해양안전심판원에 제2심

의 청구를 할 수 있는 등 공익의 대표자인 지위에 있다

〈해설〉 ① 원인제공의 정도를 밝힐 수 있다(제4조 제2항). 심판원은 사고발생 원인비율을
반드시 명시하여야 하는 것은 아니다(대법원 2007. 7. 13. 선고 2005추93 판
결), ② 제5조 제1항, ③ 제21조, ④ 대법원 2002. 9. 6. 선고 2002추54 판결

6. 다음 중 '해양사고관련자'에 대한 설명으로 틀린 것은?

① 해양사고관련자란 조사관이 심판을 청구함에 있어 해양사고 발생의 원
인과 관계가 있다고 인정하여 지정한 자를 말한다.
② 조사관이나 해양사고관련자는 해당 해양사고의 해양사고관련자가 관할
지방심판원에 출석하는 것이 불편하다고 인정되는 경우에는 중앙심판원
에 관할의 이전을 신청할 수 있다.
③ 해양사고관련자는 심판관이 불공평한 심판을 할 우려가 있는 경우에는
심판관의 기피를 신청할 수 있다.
④ 해양사고관련자의 법정대리인·배우자·직계친족과 형제자매는 독립하
여 심판변론인을 선임할 수 없다.

〈해설〉 ① 제2조 제3호, ② 제26조, ③ 제15조 제2항, ④ 해양사고관련자의 법정대리
인·배우자·직계친족과 형제자매는 독립하여 심판변론인을 선임할 수 있다(제27
조 제2항).

7. 다음 중 '이해관계인'에 대한 내용으로 틀린 것은?

① 이해관계인이란 해양사고의 원인과 직접 관계가 없는 자로서 해양사고
의 심판 또는 재결로 인하여 경제적으로 직접적인 영향을 받는 자를 말
한다.
② 심판참여의 허가를 받은 이해관계인이 심판원의 소환과 신문에 연속하
여 2회 이상 불응하거나 심판의 진행을 방해하는 것으로 인정되는 경우
심판장은 직권으로 해당 이해관계인의 심판참여 허가를 취소할 수 있다.

③ 이해관계인은 제1심의 재결에 불복하여 제2심을 청구할 수 있다.

④ 이해관계인은 심판장의 허가를 받고 심판에 참여하여 진술할 수 있으며, 심판변론인을 선임할 수도 있다.

〈해설〉 ① 제2조 제3의2호, ② 제44조의2 제2항, ③ 이해관계인은 제2심을 청구할 수 없다(제58조), ④ 제44조의2 제1항, 제27조

8. 다음 중 '심판변론인'에 대한 설명으로 틀린 것은?

① 해양사고관련자나 이해관계인은 심판변론인을 선임할 수 있으며, 해양사고관련자의 법정대리인·배우자·직계친족과 형제자매는 독립하여 심판변론인을 선임할 수 있다.

② 해양사고관련자나 이해관계인은 심판정에서의 변론이 끝나기 전까지는 언제든지 심판변론인을 선임할 수 있다.

③ 심판변론인은 중앙심판원에 심판변론인으로 등록한 사람 중에서 선임하여야 하나, 각급 심판원장의 허가를 받은 경우에는 그러하지 아니하다.

④ 심판변론인을 선임하면 제2심까지 선임의 효력이 계속된다.

〈해설〉 ① 제27조 제1항, 제2항, ② 시행령 제23조, ③ 제27조 제3항, ④ 심판변론인을 선임하고자 할 때에는 심급마다 선임하여야 하며, 심판변론인과 연명날인한 서면을 심판원에 제출하여야 한다(시행령 제24조). 즉, 심판변론인 선임의 효력은 그 심급의 종료 시까지 계속된다.

9. 다음 중 '심판변론인의 등록자격'이 있는 사람이 아닌 것은?

① 심판관 및 조사관으로 근무한 경력이 있는 사람

② 변호사 자격이 있는 사람

③ 해사 관련 분야의 법학박사 학위를 취득한 사람

④ 해양수산부 공무원으로 10년 이상 근무한 사람

〈해설〉 ①②③ 제28조 제1항

10. 다음 중 '심판변론인의 권리'가 아닌 것은?

① 심판관, 비상임심판관에 대한 기피신청권
② 이해관계인이 심판원에 대하여 하는 신청·청구의 대리권
③ 증인에 대한 소환, 신문권
④ 서류 및 증거물의 열람·복사권

〈해설〉 ① 제15조 제2항, ② 제29조 제1항, ③ 증인에 대한 소환은 심판원의 권한이다
(제44조), ④ 시행령 제25조

11. 다음 중 해양안전심판의 '필수적 국선심판변론인 선정사유'가 아닌 것은?

① 해양사고관련자가 미성년자인 경우
② 해양사고관련자가 70세 이상인 경우
③ 해양사고관련자가 빈곤 또는 그 밖의 사유로 심판변론인을 선임할 수
없는 경우
④ 해양사고관련자가 심신장애의 의심이 있는 경우

〈해설〉 ③ 심판원은 해양사고관련자가 빈곤 또는 그 밖의 사유로 심판변론인을 선임할
수 없는 경우로서 해양사고관련자의 청구가 있는 경우에는 예산의 범위에서 심
판변론인을 선정할 수 있다(제30조 제2항). 필수적 선정사유는 아니다.

12. 다음 중 '해양안전심판원 심판부의 구성'에 대한 내용으로 맞는 것은?

① 중앙심판원은 심판관 3명 이상으로 구성하는 합의체에서 심판을 한다.
② 합의체 심판부는 합의체를 구성하는 심판관의 전원의 찬성으로 의결한다.
③ 약식심판 사건에 관하여는 3명의 심판관이 심판을 한다.
④ 심판에 참여하는 비상임심판관의 직무와 권한은 심판관과 같다.

〈해설〉 ① 5명(제22조 제2항), ② 과반수의 찬성(제22조 제4항), ③ 1명(제22조 제1
항), ④ 제14조 제3항

13. 다음 중 「해양사고의 조사 및 심판에 관한 법률」상 '심판관'에 대한 내용으로 맞
지 않은 것은?

① 심판원장과 심판관은 별정직 공무원으로 한다.

② 심판장과 심판관은 독립하여 심판직무를 수행한다.

③ 심판원장과 심판관의 임기는 3년으로 하며, 연임할 수 있다.

④ 심판원장과 심판관은 형의 선고, 징계처분 또는 법에 의하지 아니하고
는 그 의사에 반하여 면직·감봉이나 그 밖의 불리한 처분을 받지 아니
한다.

〈해설〉 ① 심판원장과 심판관은 일반직공무원으로서 국가공무원법 제26조5에 따른 임
기제공무원으로 한다(제13조 제1항). ② 제2조, ③ 제13조 제2항, ④ 제13조
제3항

14. 다음 중 '조사관'에 대한 내용으로 틀린 것은?

① 조사관은 해양안전심판의 청구뿐만 아니라 해양사고의 조사, 재결의 집
행 및 해양사고 방지에 관한 사무를 담당하는 공무원이다.

② 조사관은 중앙심판원의 재결에 불복하여 법원에 재결취소소송을 제기할
수 있다.

③ 조사관은 해양사고관련자와 대립하여 심판을 청구하고, 지방해양안전심
판원의 재결에 대하여 불복이 있을 때에는 중앙해양안전심판원에 제2심
의 청구를 할 수 있는 등 공익의 대표자인 지위에 있다.

④ 「해양사고의 조사 및 심판에 관한 법률」 제18조에는 조사관 동일체의
원칙이 규정되어 있다.

〈해설〉 ① 제17조, 제38조, ② 대법원 2002. 9. 6. 선고 2002추54 판결, ③ 대법원

2002. 9. 6. 선고 2002추54 판결, ④ 2011. 12. 16. 해양사고심판법 개정으로 위 원칙은 삭제되고 '조사사무에 관한 지휘·감독'으로 변경되었다.

15. 다음 중 '조사관의 직무'에 해당하지 않는 것은?

① 해양사고 심판의 청구
② 재결의 집행
③ 해양사고 피해자와의 합의
④ 지방심판원 재결에 대한 불복

〈해설〉 ③ 조사관은 해양사고의 조사, 심판의 청구, 재결의 집행, 그 밖에 대통령령으로 정하는 사무를 담당한다(제17조). 해양사고 피해자와의 합의는 조사관의 직무사항이라고 볼 수 없다.

16. 다음 중 해양안전심판 절차상 특징에 대한 내용으로 틀린 것은?

① 심판의 대심(對審)과 재결은 공개된 심판정에서 한다.
② 심판원장은 해양사고관련자가 교통의 불편 등으로 심판정에 직접 출석하기 어려운 경우에는 원격영상심판을 할 수 있다.
③ 원격영상심판은 해양사고관련자가 심판정에 직접 출석하지 않으므로, 해양사고관련자가 심판정에 출석하여 진행하는 심판과 동일시 되지는 않는다.
④ 약식심판이 청구된 사건에 대하여는 심판의 개정절차를 거치지 아니하고 서면으로 심판한다.

〈해설〉 ① 제41조, ② 제41조의2 제1항, ③ 원격영상심판은 해양사고관련자가 심판정에 출석하여 진행하는 심판으로 본다(제41조의2 제2항), ④ 제41조의3

17. 다음 중 해양안전심판 절차상 특징에 대한 내용으로 틀린 것은?

① 이해관계인은 심판장의 허가를 받고 심판에 참여하여 진술할 수 있다.

② 심판의 재결은 구술변론을 거쳐야 한다. 그러나 해양사고관련자가 심판장의 허가를 받고 서면으로 진술한 경우에는 구술변론을 거치지 않고 재결을 할 수 있다.

③ 지방심판원은 조사관, 해양사고관련자 또는 심판변론인의 신청에 의하거나 직권으로 필요한 증거조사를 할 수 있다.

④ 지방심판원은 구속·압수·수색을 할 수 없으나, 그 밖에 신체·물건 또는 장소에 대한 강제처분은 할 수 있다.

〈해설〉 ① 제44조의2 제1항, ② 제45조, ③ 제48조 제1항, ④ 지방심판원은 구속·압수·수색이나 그 밖에 신체·물건 또는 장소에 대한 강제처분을 하지 못한다(제48조 제3항).

18. 다음 중 해양안전심판 절차상 특징에 대한 내용으로 틀린 것은?

① 심판기일에는 해양사고관련자를 소환하여야 한다. 다만, 심판장은 1회 이상 출석한 해양사고관련자에 대하여는 소환하지 아니할 수 있다.

② 조사관의 심판청구가 없으면 심판을 할 수 없다.

③ 심판의 재결은 구술변론을 거쳐야 하나, 약식심판을 하는 경우에는 구술변론을 거치지 않을 수 있다.

④ 이해관계인은 심판장의 허가가 없더라도 심판에 참여하여 진술할 수 있다.

〈해설〉 ① 제43조, ② 제40조, ③ 제45조 제1항, ④ 이해관계인은 심판장의 허가를 받고 심판에 참여하여 진술할 수 있다(제44조의2).

19. 다음 중 해양안전심판 절차상 특징에 대한 내용으로 틀린 것은?

① 증거의 증명력은 심판관의 자유로운 판단에 따른다.

② 재결에는 주문(主文)을 표시하고 이유를 붙여야 한다.

③ 해양안전심판은 형사소송절차와 유사한 심리구조를 택하면서도 증거능력에 관한 규정을 두지 않고 있다.

④ 심판원은 조사관, 해양사고관련자 또는 심판변론인의 신청에 의하여 증거조사를 할 수 있으나, 직권으로 증거조사를 할 수는 없다.

〈해설〉 ① 제51조, ② 제53조, ③ 대법원 2010. 4. 8. 선고 2009추213 판결, ④ 지방심판원은 조사관, 해양사고관련자 또는 심판변론인의 신청에 의하여 직권으로 필요한 증거조사를 할 수 있다(제48조).

20. 다음 중 '심판원의 심판청구 기각사유'로 틀린 것은?

① 사건에 대하여 심판권이 없는 경우

② 심판의 청구가 법령을 위반하여 제기된 경우

③ 일사부재리원칙에 위반하는 경우

④ 사건이 발생한지 2년이 지난 해양사고가 심판청구된 경우

〈해설〉 ①② 제52조, ③ 제7조, ④ 사건이 발생한 후 3년이 지난 해양사고는 심판청구를 하지 못한다(제38조 제1항).

21. 다음 중 「해양사고의 조사 및 심판에 관한 법률」상 '징계재결'에 대한 내용으로 맞지 않은 것은?

① 심판원은 해양사고가 해기사나 도선사의 직무상 고의 또는 과실로 발생한 것으로 인정할 때에는 재결로써 해당자를 징계하여야 한다.

② 징계의 종류는 면허의 취소, 업무정지, 견책의 3가지이며, 징계량이 높은 순서는 면허취소, 업무정지, 견책의 순이다.

③ 업무정지 기간이 1개월 이상 3개월 이하의 징계를 재결하는 경우에 그 징계재결과 함께 6개월 이상 9개월 이하의 기간 동안 징계의 집행유예를 재결할 수 있다.

④ 심판원은 징계재결을 받을 사람의 명시한 의사에 반하는 경우 징계의 집행유예를 할 수 없다.

〈해설〉 ① 제5조 제2항, ② 제6조 제1항, ④ 제6조의2 후문. ③ 업무정지 기간이 1개월 이상 3개월 이하의 징계를 재결하는 경우에 그 징계재결과 함께 3개월 이상 9개월 이하의 기간 동안 징계의 집행유예를 재결할 수 있다(제6조의2).

22. 다음 중 「해양사고의 조사 및 심판에 관한 법률」상 '징계재결'에 대한 내용으로 맞지 않은 것은?

① 심판원이 징계의 집행을 유예할 때 직무교육을 반드시 병과할 필요는 없다.

② 징계의 집행유예 재결을 받은 사람이 집행유예기간 내에 직무교육을 이수하지 아니한 경우 그 집행유예의 재결은 효력을 잃는다.

③ 징계의 집행유예 재결을 받은 후 그 집행유예의 재결이 실효됨이 없이 집행유예기간이 지난 때에는 징계를 집행한 것으로 본다.

④ 심판원은 징계재결을 할 때 해양사고의 성질이나 상황 또는 그 사람의 경력과 그 밖의 정상을 고려하여 징계를 감면할 수 있다.

〈해설〉 ① 심판원은 징계의 집행을 유예하는 때에는 그 유예기간 내에 직무교육을 이수하도록 명하여야 한다(제6조의3). 즉, 집행유예를 할 경우 직무교육은 필수적으로 병과되어야 한다. ② 제6조의4, ③ 제6조의5, ④ 제6조 제3항

23. 다음 중 「해양사고의 조사 및 심판에 관한 법률」상 '징계재결'에 대한 내용으로 맞지 않은 것은?

① 업무정지 기간은 1개월 이상 1년 이하로 한다.

② 직무상 고의 또는 과실이 중대한 경우 해기사나 도선사 면허를 취소할
  수도 있다.
③ 면허를 취소할 경우, 정상을 고려하여 직무교육과 함께 집행유예를 할
  수 있다.
④ 견책의 경우에는 집행유예를 할 수 없다.

〈해설〉 ① 제6조 제2항, ② 제6조 제1항, ③④ 업무정지 징계를 할 경우에만 집행유예
      재결이 가능하다(제6조의2).

24. 다음 중 「해양사고의 조사 및 심판에 관한 법률」상 '재결'에 대한 내용으로 맞
   지 않은 것은?

① 심판원은 필요하면 해기사나 도선사 이외의 해양사고관련자에게 시정을
  명하는 재결을 할 수 있다.
② 해양사고관련자가 아닌 행정기관이나 단체에 대하여 시정 또는 개선조
  치를 요청할 수 있다.
③ 시정명령을 받은 자가 재결을 이행하지 않은 경우 과태료 처분을 받을
  수 있다.
④ 시정권고를 받은 자가 재결을 이행하지 않은 경우 과태료 처분을 받을
  수 있다.

〈해설〉 ① 심판원은 필요하면 제2항에 규정된 사람 외에 해양사고관련자에게 시정 또
      는 개선을 권고하거나 명하는 재결을 할 수 있다(제5조 제3항). ② 심판원은 심
      판의 결과 해양사고를 방지하기 위하여 시정하거나 개선할 사항이 있다고 인정
      할 때에는 해양사고관련자가 아닌 행정기관이나 단체에 대하여 해양사고를 방지
      하기 위한 시정 또는 개선조치를 요청할 수 있다(제5조의2). ③④ 재결을 집행
      함에 있어 권고를 받은 사람은 재결을 이행하지 않더라도 제재가 없으나, 시정
      또는 개선을 명하는 재결을 이행하지 아니한 자는 200만원 이하의 과태료 처분
      을 받게 된다(제90조 제2항).

25. 다음 중 「해양사고의 조사 및 심판에 관한 법률」상 '재결'에 대한 내용으로 맞지 않은 것은?

① 해양사고관련자가 아닌 행정기관이나 단체에 대하여 시정 또는 개선조치를 요청할 수 있다.

② 해양사고관련자로 지정된 행정기관에 대하여 시정 또는 개선을 명할 수 있다.

③ 해양사고관련자로 지정된 단체에 대하여 시정 또는 개선을 권고할 수 있다.

④ 해기사나 도선사에게 시정 또는 개선조치를 요청할 수 없다.

(해설) ① 제5조의2, ② 행정기관에 대하여는 시정 또는 개선을 명하는 재결을 할 수 없다(제5조 제3항), ③ 제5조 제3항, ④ 제5조 제2항

26. 다음 중 해양안전심판 제도에 있어 '제2심 청구'에 대한 내용으로 틀린 것은?

① 조사관 또는 해양사고관련자는 지방심판원의 재결에 불복하는 경우에는 중앙심판원에 제2심을 청구할 수 있다.

② 제2심의 청구는 재결서 정본을 송달받은 날부터 14일 이내에 하여야 한다.

③ 제2심 청구의 효력은 그 사건과 당사자 모두에게 미친다.

④ 심판변론인은 제2심을 청구할 수 없다.

〈해설〉 ① 제58조 제1항, ② 제59조 제1항, ③ 제60조, ④ 심판변론인은 해양사고관련자를 위하여 제2심을 청구할 수 있다. 다만, 해양사고관련자의 명시한 의사에 반하여서는 아니 된다(제58조 제2항).

27. 다음 중 해양안전심판 제도에 있어 '불이익변경금지의 원칙'에 대한 내용으로 틀린 것은?

① 해양사고관련자인 해기사나 도선사가 제2심을 청구한 사건과 해양사고

관련자인 해기사나 도선사를 위하여 제2심을 청구한 사건에 대하여는 제1심에서 재결한 징계보다 무거운 징계를 할 수 없다.

② 해양사고관련자가 중한 징계로 변경될 것을 우려하여 제2심 청구를 단념하는 것을 방지함으로써 해양사고관련자의 제2심 청구권을 보장하려는 정책적 이유에서 도입된 것이다.

③ 조사관만 제2심을 청구한 경우에도 불이익변경금지 원칙이 적용된다.

④ 제1심의 해양안전심판에는 불이익변경금지 원칙이 적용되지 않는다.

〈해설〉 ①②④ 제65조의2, ③ 조사관이 제2심을 청구한 경우에는 불이익변경금지 원칙이 적용되지 않으며, 제1심의 징계 보다 무거운 징계를 할 수 있다(제65조의2).

28. 다음 중 '재결의 집행'에 대한 내용으로 틀린 것은?

① 재결은 확정된 후에 조사관이 집행한다.

② 견책 재결이 확정되면 조사관은 해기사면허증 또는 도선사면허증을 회수하여 관계 해양수산관서에 보내야 한다.

③ '지방심판원 재결'의 경우, 제2심의 청구기간이 지났거나 재결기각재결서 또는 각하 결정서의 정본을 송달받은 때 집행한다.

④ 징계의 집행이 완료된 경우라도, 해양사고관련자는 향후 해양사고를 일으킬 경우 심판원으로부터 가중된 징계를 받을 수 있으므로 취소소송을 제기할 소의 이익이 있다.

〈해설〉 ① 제78조, 제79조, ② 견책의 경우 경고의 의미이므로 실제 징계의 집행은 이루어지지 않는다. 수석조사관은 해양안전심판의 결과 해기사나 도선사에 대한 견책재결이 확정되었을 때에는 그 견책재결의 요지를 면허관청에 통보하여야 한다(시행규칙 제23조), ③ 시행령 제72조의2, ④ 대법원 2011. 10. 13. 선고 2009추183 판결

29. 다음 중 '중앙심판원의 재결에 대한 소송'에 대한 내용으로 틀린 것은?

① 중앙심판원의 재결에 대한 소송은 중앙심판원의 소재지를 관할하는 고등법원에 전속한다.

② 해양안전심판은 제1심(지방해양안전심판원), 제2심(중앙해양안전심판원)의 2단계 심판을 거치며, 중앙해양안전심판원의 재결에 대한 불복의 소는 대전고등법원의 전속관할로 하며, 대전고등법원의 판결에 대한 불복은 대법원에 상고하는 체계이다.

③ 2014년까지는 중앙해심의 재결에 대한 소의 관할을 대법원으로 하였으나, 2014. 5. 21. 해심법 개정을 통하여 대전고등법원이 사실심을 담당하고 대법원이 법률심을 담당하는 심급체계로 변경되었다.

④ 일반 행정소송의 제소기간이 90일인 데 반하여, 해양안전심판에 대한 재결취소소송은 재결서의 정본을 송달 받은 날로부터 60일 이내에 제기하여야 한다.

〈해설〉　① 제74조 제1항, 중앙심판원의 소재지(세종특별자치시)를 관할하는 고등법원은 대전고등법원이다. ② 제58조, 제74조, ③ 해양사고의 조사 및 심판에 관한 법률(법률 제12660호, 2014. 5. 21. 일부개정) 제정·개정이유, ④ 일반 행정소송의 제소기간이 90일인 데 반하여(행정소송법 제20조), 해양안전심판에 대한 재결취소소송은 재결서의 정본을 송달 받은 날로부터 30일 이내에 제기하여야 한다(제74조 제2항).

30. 다음 중 '중앙심판원의 재결에 대한 소송'에 대한 내용으로 틀린 것은?

① 중앙심판원의 재결에 대한 소송은 중앙심판원장을 피고로 한다.

② 지방심판원에 대한 재결에 대한 소송은 지방심판원장을 피고로 한다.

③ 중앙심판원으로부터 징계재결을 처분 받은 해양사고관련자는 그 취소를 구하는 소송을 제기할 수 있다.

④ 법원의 판결에서 중앙심판원 재결취소의 이유가 되는 판단은 그 사건에 대하여 중앙심판원을 기속한다.

〈해설〉 ① 제75조, ② 지방심판원 재결에 대하여는 소송을 제기할 수 없다. 지방심판원
의 재결에 불복하는 경우에는 중앙심판원에 제2심을 청구할 수 있다(제58조).
③ 제74조, ④ 제77조 제3항

• 정답 •

1.	2.	3.	4.	5.	6.	7.	8.	9.	10.
④	③	④	②	①	④	③	④	④	③
11.	12.	13.	14.	15.	16.	17.	18.	19.	20.
③	④	①	④	③	③	④	④	④	④
21.	22.	23.	24.	25.	26.	27.	28.	29.	30.
③	①	③	④	②	④	④	②	④	②

[참고자료 7] 해양안전심판 통계자료
(출처: 2018년 중앙해양안전심판원 통계연보)

1. 해역별 해양사고 발생건수

단위: 건

해 역			연 도	2014	2015	2016	2017	2018
국 내	개 항 및 진 입 수 로		인천항 및 진입수로	14	22	37	22	43
			장항, 군산항 및 진입수로	12	12	23	24	34
			대산항	1	6	5	3	8
			평택·당진항	1	5	11	10	20
			목포항 및 진입수로	15	14	24	31	37
			여수항, 광양항 및 진입수로	6	11	13	27	16
			삼천포, 통영항 및 통영해만, 견내량수로	3	56	20	17	1
			마산항, 진해항, 진해만(가덕수로)	7	25	28	5	2
			부산항 및 진입수로	45	66	85	52	19
			부산-거제수역(옥포, 장승포함)	1	2	-	2	-
			울산항 및 진입수로, 포항항	25	58	47	52	30
			동해, 속초, 삼척항	5	9	11	4	6
			제주, 서귀포항	7	5	8	26	12
			기타 개항*	3	17	23	30	23
	영 해		동 해	112	206	250	279	373
			서 해	405	546	579	743	748
			남 해	425	783	807	958	1,020
	계			1,087	1,843	1,971	2,285	2,392
국 외	동 해			66	101	132	128	108
	서 해			25	42	36	43	47
	남 해			93	75	96	91	74
	기 타			59	40	72	35	50
	계			243	258	336	297	279
총 계				1,330	2,101	2,307	2,582	2,671

* 기타개항(9개) : 경인항, 서울항, 태안항, 보령항, 완도항, 하동항, 고현황, 호산항, 옥계항
※ 해역분류: '영해'는 개항, 지정항 및 진입로를 제외한 영해내를 말하며 국외 해역중 '동·서·남해'는 한국영해, 일본영해, 중국영해를 제외한 동·서·남해 공해

2. 연도별 해양사고 조사건수

구분 / 연도	전년 이월	당년 접수	계	처 리				
				심판 청구	비해당사건 또는 이송	불필요 처분	익년 이월	계
2014	226	1,041	1,267	222	91	505	449	1,267
2015	449	2,438	2,887	211	428	1,701	548	2,888
2016	548	2,761	3,309	226	472	2,149	462	3,309
2017	462	3,169	3,631	223	601	2,280	527	3,631
2018	527	3,397	3,924	168	675	2,350	731	3,924

 * 전년이월 : 접수년도에 사고조사를 완료하지 못하고 다음연도로 넘어간 사고건수
** 비해당사건 : 해심법 제2조 제1호 소정의 '해양사고'에 해당하지 않는 것으로서 해양사고 조
　　사·심판의 실익이 없는 사건

3. 연도별 해양사고 심판건수

연도 / 구분	전년이월	당년접수	계	재결	익년이월
2014	57	222	279	183	96
2015	96	211	307	211	96
2016	96	226	322	222	100
2017	100	223	323	233	90
2018	90	168	258	187	71

4. 사고종류별 재결건수

연도\사고종류	충돌	접촉	좌초	전복	화재폭발	침몰	기관손상	안전사고	부유물감김	운항저해	해양오염	기타	계
2014	90	12	12	3	19	7	5	25	1	–	–	9	183
2015	77	9	11	7	29	7	14	34	3	–	–	20	211
2016	91	9	19	10	14	8	15	31	–	–	–	25	222
2017	100	7	20	8	13	8	17	35	–	1	–	24	233
2018	67	7	18	7	17	10	9	38	–	–	6	8	187

* 기타사고: 침수, 추진축계손상, 조타장치손상, 속구손상, 시설물손상, 행방불명 등
** 2017년부터 '안전·운항저해' 항목 분리, '안전저해' → '부유물감김' 명칭변경, '수상레저기구' 분리
*** 2018년부터 '인명사고' → '안전사고' 명칭변경, '해양오염' 분리

5. 심판 횟수

연도\횟수	1회	2회	3회	4회	5회 이상	계	건당 평균횟수
2014	–	–	98	52	33	183	3.7
2015	4	–	110	60	37	211	3.7
2016	4	–	108	77	33	222	3.7
2017	16	1	142	59	15	233	3.3
2018	23	–	94	54	16	187	3.2

6. 심판 계류일수

일수 연도	30일 미만	30일 이상~ 60일미만	60일 이상~ 90일미만	90일 이상~ 120일미만	120일 이상	계	건당평균 계류일수
2014	1	40	65	26	51	183	120
2015	2	37	62	25	85	211	152
2016	2	37	70	35	78	222	153
2017	–	24	55	54	100	233	158
2018	–	25	39	30	93	187	163

7. 면허별 징계통계

징계 \ 연도		도선사	1급항해사	2급항해사	3급항해사	4급항해사	5급항해사	6급항해사	1급기관사	2급기관사	3급기관사	4급기관사	5급기관사	6급기관사	소형선박조종사	계
면허취소	2014	–	–	–	–	–	–	–	–	–	–	–	–	–	–	–
	2015	–	–	–	–	–	–	–	–	–	–	–	–	–	–	–
	2016	–	–	–	–	–	–	–	–	–	–	–	–	–	–	–
	2017	–	–	–	–	–	–	–	–	–	–	–	–	–	–	–
	2018	–	–	–	–	–	–	–	–	–	–	–	–	–	–	–
업무정지	2014	4	6	6	19	20	24	30	1	1	2	4	2	2	31	152
	2015	1	11	8	11	10	7	30	3	–	1	4	1	7	37	131
	2016	2	9	5	12	10	13	26	3	1	2	1	1	–	44	129
	2017	3	6	7	16	11	14	49	–	–	3	1	3	3	56	172
	2018	7	7	6	8	8	16	29	4	–	4	2	4	2	28	125
업무정지중집행유예	2014	–	–	5	9	14	23	24	1	1	2	4	2	2	26	113
	2015	–	–	–	–	2	5	18	–	–	–	–	1	6	21	53
	2016	–	–	–	1	–	11	13	–	–	1	–	1	–	21	48
	2017	–	–	–	–	1	7	27	–	–	–	–	1	2	35	73
	2018	–	–	–	–	1	14	16	–	–	–	–	4	1	13	49
견책	2014	2	2	2	4	5	3	16	1	1	3	–	2	4	25	70
	2015	1	8	8	7	3	3	16	6	2	5	4	4	3	14	84
	2016	4	3	3	10	9	7	10	6	3	4	3	1	6	18	83
	2017	1	4	6	6	11	4	11	1	1	3	3	2	4	13	70
	2018	–	3	4	1	7	5	10	1	–	1	1	1	3	5	42

8. 제2심 청구현황

구분 / 연도	1심재결 건수	2심청구 건수	비율(%)	청구자별		
				해양사고 관련자	조사관	조사관 및 해양사고관련자
2014	183	19	10.4	16	1	2
2015	211	27	12.8	27	—	—
2016	222	33	14.9	28	3	2
2017	233	24	10.3	19	1	4
2018	187	24	12.8	19	—	5

9. 제1심과 제2심의 징계량 비교

2심청구자 / 징계량	연도	2014	2015	2016	2017	2018
조사관	동일	—	—	2	1	—
	가중	—	—	—	1	—
	경감	—	—	—	—	—
	계	—	—	2	2	—
해양사고 관련자	동일	10	13	16	12	8
	가중	4	—	—	—	—
	경감	2	11	5	6	7
	계	16	24	21	18	15
조사관 및 해양사고관련자 상호청구	동일	1	—	—	—	3
	가중	1	—	—	—	1
	경감	—	—	1	—	3
	계	2	—	1	—	7

[참고자료 8] 판결 및 원재결번호 비교표

판결선고일	판결번호	사건명	원재결 번호
1963. 7. 22	대법원 68후41 판결	수심인의 지위승계에 관한 재결취소	중앙해심 제1968-003
1969. 8. 19	대법원 67후19 판결	수심인추가지정	중앙해심 제1967-005
1977. 7. 26	대법원 76후16 판결	재결취소	중앙해심 제1976-004
1983. 5. 24	대법원 81추5 판결	재결취소	중앙해심 제1981-024
1984. 5. 29	대법원 84추1 판결	재결취소	중앙해심 제1983-010
1986. 9. 9	대법원 86추1 판결	재결취소등 (조사관)	중앙해심 제1986-003
1987. 7. 7	대법원 83추1 판결	재결취소 (파기환송)	중앙해심 제1983-002
1989. 6. 27	대법원 86추4 판결	재결취소 (파기환송)	중앙해심 제1986-008
1990. 9. 11	대법원 89추17 판결	재결취소	중앙해심 제1989-014
1991. 1. 15	대법원 88추27 판결	재결취소	중앙해심 제1988-008
1991. 12. 10	대법원 91추10 판결	재결취소	중앙해심 제1991-003
1991. 12. 24	대법원 91추13 판결	재결취소	중앙해심 제1990-011
1992. 10. 13	대법원 92추48 판결	재결취소	중앙해심 제1991-018
1993. 2. 12	대법원 92추79 판결	재결취소(조사관)	중앙해심 제1992-014
1993. 3. 23	대법원 92추86 판결	재결취소(수심인)	중앙해심 제1992-014

판결선고일	판결번호	사건명	원재결 번호
1993. 6. 11	대법원 92추55 판결	재결취소 (파기환송)	중앙해심 제1992-006
1994. 12. 27	대법원 93추205 판결	재결취소 (재파기환송)	중앙해심 제1993-012
1994. 6. 24	대법원 93추182 판결	재결취소	중앙해심 제1993-010
1993. 12. 24	대법원 93추106 판결	재결취소	중앙해심 제1993-004
1995. 2. 28	대법원 93추137 판결	재결취소	중앙해심 제1993-005
1996. 11. 8	대법원 96추77 판결	재결취소	중앙해심 제1996-008
1997. 2. 14	대법원 95추70 판결	재결취소	중앙해심 제1995-015
1997. 4. 11	대법원 96추220 판결	재결취소	중앙해심 제1996-025
1998. 1. 23	대법원 95추63 판결	재결취소	중앙해심 제1995-012
1998. 12. 8	대법원 97누15562 판결	도선사면허취소처분 취소	광주고등법원 1997. 8. 7. 선고 96구3783 판결
1999. 8. 20	대법원 98추33 판결	재결취소	중앙해심 제1998-015
1999. 8. 20	대법원 98아51 결정	위헌법률심판제청	중앙해심 제1998-015
2000. 6. 9	대법원 99추16 판결	재결취소	중앙해심 제1998-022
2002. 8. 23	대법원 2002추61 판결	재결취소	중앙해심 제2002-009
2002. 8. 27	대법원 2002추30 판결	결정취소	중앙해심 제2002-012(결정)
2002. 9. 6	대법원 2002추54 판결	재결취소(조사관)	중앙해심 제2002-008
2002. 9. 6	대법원 2002추47 판결	재결취소(수심인)	중앙해심 제2002-008
2004. 4. 16	대법원 2003추20 판결	재결취소	중앙해심 제2003-006
2005. 9. 28	대법원 2004추65 판결	재결처분취소	중앙해심 제2004-004

판결선고일	판결번호	사건명	원재결 번호
2005. 10. 26	대법원 2004추58 판결	재결취소	중앙해심 제2004-001호
2007. 7. 13	대법원 2005추93 판결	재결처분취소청구	중앙해심 제2005-013호
2008. 8. 21	대법원 2007추80 판결	재결취소	중앙해심 제2007-012호
2008. 8. 21	대법원 2007추97 판결	재결취소	중앙해심 제2007-012호
2008. 10. 9	대법원 2006추21 판결	재결취소	중앙해심 제2006-003호
2009. 7. 9	대법원 2007추66 판결	재결취소	중앙해심 제2007-011호
2009. 5. 28	대법원 2008추49 판결	재결취소	중앙해심 제2008-018호
2009. 5. 28	대법원 2008추56 판결	재결취소	중앙해심 제2008-018호
2010. 4. 8	대법원 2009추213 판결	재결취소	중앙해심 제2009-024호
2011. 1. 13	대법원 2009추220 판결	재결취소	중앙해심 제2009-027호
2011. 10. 13	대법원 2009추183 판결	재결취소	중앙해심 제2009-022호
2011. 2. 24	대법원 2009추15 판결	재결취소	중앙해심 제2008-026호
2011. 5. 26	대법원 2009추145 판결	재결취소	중앙해심 제2009-021호
2011. 10. 13	대법원 2009쿠16 결정	집행정지	중앙해심 제2009-022호
2011. 1. 13	대법원 2009추220 판결	재결취소	중앙해심 제2009-027호
2011. 8. 25	대법원 2009추114 판결	재결취소	중앙해심 제2009-019호
2012. 11. 29	대법원 2012추138 판결	재결취소	중앙해심 제2012-003호
2013. 12. 26	대법원 2011추100 판결	재결취소	중앙해심 제2011-013호
2014. 2. 13	대법원 2012추107 판결	재결취소	중앙해심 제2012-002호
2014. 4. 10	대법원 2013추74 판결	재결취소	중앙해심 제2013-003호

판결선고일	판결번호	사건명	원재결 번호
2014. 12. 4	대전고법 2014누401 판결	재결취소 (확정)	중앙해심 제2014-004호
2015. 1. 29	대법원 2013추104 판결	재결취소	중앙해심 제2013-005호
2015. 7. 23	대전고법 2014누562 판결	재결취소 (확정)	중앙해심 제2014-010호
2015. 6. 11	대전고법 2014누623 판결	재결취소 (확정)	중앙해심 제2014-013호
2015. 12. 10	대법원 2012추244 판결	재결취소	중앙해심 제2012-009호
2016. 4. 28	대전고법 2015누13237 판결	재결취소 (확정)	중앙해심 제2015-009호
2016. 6. 9	대전고법 2015누12821 판결	재결취소	중앙해심 제2015-007호, 중앙해심 제2016-025호
2016. 10. 13	대법원 2016두43831 판결	재결취소	
2016. 8. 18	대전고법 2015누13961 판결	재결취소 (확정)	중앙해심 제2015-019호
2016. 9. 7	대전고법 2015누13831 판결	재결취소 (확정)	중앙해심 제2015-013호
2017. 11. 23	대전고법 2017누11518 판결	재결취소 (확정)	중앙해심 제2017-009호
2018. 5. 31	대전고법 2017누12887 판결	재결취소	중앙해심 제2017-014호
2018. 10. 25	대법원 2018두48892 판결	재결취소	
2018. 9. 5.	대전고법 2018누10154 판결	자격정지처분취소 (확정)	중앙해심 제2017-021호

참고문헌

김인현, 「해상교통법」 제5판, 삼우사, 2018.

이시윤, 「신민사소송법」 제10판, 박영사, 2016.

중앙해양안전심판원, 「해양안전심판 업무편람(심판분야)」, 2010.

최종현, 「해상법 상론」 제2판, 박영사, 2014.

특허법원 지적재산소송실무연구회, 「지적재산 소송실무」 전면개정판, 박영사, 2010.

김인현, "선박충돌에서 과실비율과 해양안전심판재결과의 관련성에 대한 고찰", 법조 제562권, 2003. 7.

김종성, "과실이론과 해양안전심판", 해양안전 2000년 가을호, 2000.

_____, "좁은 수로 항법과 예인선단의 조종제한 여부", 한국해법학회지 제29권 제1호, 2007.

박경현, "우리나라 해난심판법의 문제점과 개정방향에 관한 연구", 한국해양대학교 박사학위논문, 1997.

박영선, "선박충돌 사고에 따른 민사법원의 과실비율과 해양안전심판원의 원인제공비율에 관한 비교고찰", 한국해법학회지 제37권 제2호, 2015.

정영석, "행정심판과 해양안전심판의 인적 요소에 대한 비교 고찰", 부산대학교 법학연구, 2017. 8.

정재용·나송진, "해양사고 조사·심판제도의 비교연구", 한국항해항만학회지 제27권 제2호, 2003.

A.N. Cockcroft & J.N.F. Lameijer, *A GUIDE TO THE COLLISION AVOIDANCE RULES*, Butterworth—Heinemann, 2011.

찾아보기
INDEX

이정훈

성균관대학교 법학과 졸업
인하대학교 법학전문대학원 졸업
한국해양대학교 해사법학과 박사과정
제1회 변호사시험 합격
법무법인 청해 변호사
부산지방법원 국선전담변호사
부산지방변호사회 법제위원회 위원
한국해법학회 회원
現 해양수산부 해양안전심판원 심판관
　　인천선원노동위원회 공익위원

해양안전심판 실무

초판발행	2019년 10월 25일
지은이	이정훈
펴낸이	안종만 · 안상준
편 집	나경선
기획/마케팅	이영조
표지디자인	BEN STORY
제 작	우인도 · 고철민
펴낸곳	(주) **박영사**
	서울특별시 종로구 새문안로3길 36, 1601
	등록 1959. 3. 11. 제300-1959-1호(倫)
전 화	02)733-6771
f a x	02)736-4818
e-mail	pys@pybook.co.kr
homepage	www.pybook.co.kr
ISBN	979-11-303-3464-6　93360

정 가　　　18,000원